ullstein

Das Buch

Plötzlich stehen sie in der ärmlichen Hütte, die Miriams Familie ihr Zuhause nennt: schwerbewaffnete weiße Männer in Uniform. Mit ihren Lederstiefeln treten sie Miriam und ihre Geschwister nieder. Nach nur wenigen Minuten sind sie wieder weg – mit ihren Eltern. Niemand weiß, warum sie verhaftet wurden. Seitdem ist Angst ein ständiger Begleiter des kleinen Mädchens.
Miriam weiß, daß die Schule ihr einziger Ausweg aus dem Elend und der Armut des südafrikanischen Ghettos ist. Sie gehört zu den besten Schülerinnen. Doch auch die Schule bedeutet für sie nur eines: Demütigung. Sie bekommt Schläge für schmutzige Fingernägel, Schläge für fehlende Unterwäsche, Schläge für einen fehlenden Bleistift. Als sie von einem Nachbarsjungen vergewaltigt und schwanger wird, droht auch Miriam in der Ausweglosigkeit des Townships zu versinken. Aber dank ihrem starken Lebensmut findet sie die Kraft, ihren Traum zu leben und der schwarzen Hoffnungslosigkeit zu entfliehen.

Die Autorin

Miriam Mathabane wuchs im Ghetto von Alexandria in der Nähe von Johannesburg auf. Ihr Bruder Johannes Mathabane, der aus Gründen politischer Verfolgung den Vornamen Mark angenommen und schon mehrere Bücher veröffentlicht hat, half ihr, ihre Lebensgeschichte aufzuschreiben. Heute lebt Miriam Mathabane mit ihrem Sohn Sibusiso in Amerika.

Miriam Mathabane

Mein Herz blieb in Afrika

Aus dem Amerikanischen
von Ewald und Lina Ritter

Ullstein

Besuchen Sie uns im Internet:
www.ullstein-taschenbuch.de

Ungekürzte Ausgabe im Ullstein Taschenbuch
6. Auflage 2010

Titel der amerikanischen Originalausgabe: Miriam's Song
(Simon & Schuster, New York)
Umschlaggestaltung: HildenDesign, München
Titelabbildung: Look, München
Satz: Franzis print & media GmbH, München
Papier: Pamo Super von Arctic Paper Mochenwangen GmbH
Druck und Bindearbeiten: CPI – Ebner & Spiegel, Ulm
Printed in Germany
ISBN 978-3-548-36297-7

Widmung

Dieses Buch ist all meinen Freunden und Kameraden gewidmet, die in den achtziger Jahren erwachsen geworden sind. Viele von ihnen starben, viele wurden eingesperrt und gefoltert, als sie für ein besseres Bildungssystem kämpften und für das Recht auf Freiheit in dem Land, in dem sie geboren wurden. Das folgende Lied vermittelt für mich den trotzigen Geist einer Generation, deren Furchtlosigkeit und deren Opfer die Apartheid schließlich in die Knie gezwungen haben. Wir haben es vor allem bei Protestmärschen und Nachtwachen angestimmt. Es wird a cappella gesungen, und jede Zeile wird viermal wiederholt.

Senzeni Na?
Was haben wir getan?
Sibozwa nje?
Daß wir so geknechtet werden?
Sono zethu ubu myama?
Sind unsere Verbrechen so abscheulich?
Amabunu a vi zinja.
Weiße Polizisten sind Hunde.
Vopu mthwala sigoduke.
Laßt uns die Bürde dieses Lebens tragen;
unser Weg ist nicht mehr weit.

1

Das Herz pocht heftig in meiner Brust, und die Zunge klebt mir am ausgetrockneten Gaumen. Tränen brennen mir in den Augen, die fast aus den Höhlen treten, während ich meine Grundschullehrerin anstarre. Sie ist eine große, schlanke Frau mit einem gequälten Ausdruck in ihrem dunklen Gesicht. Wir müssen sie mit »Mistress« anreden. Männer werden dagegen mit »Herr Lehrer« angesprochen. Die Mistress fuchtelt mit einem dicken Lineal in der Luft herum und bleut uns mal wieder ein, wie wichtig es ist, daß wir uns die Fingernägel schneiden. Es ist ungefähr halb neun. Wir sind gerade nach dem Morgenappell in die Klasse gekommen.

Ende Januar, mitten im Hochsommer, ist es sehr heiß und stickig in dem kleinen Klassenzimmer, das nur wenige Fenster hat und keine Klimaanlage. Der Raum ist mit über einhundert sechs bis sieben Jahre alten Kindern restlos überfüllt. Viele weinen und schniefen, weil sie gerade von der Mistress geschlagen wurden. Andere schreien und wollen nach Hause zu ihren Müttern. Wieder andere singen aus vollem Hals das Fingernagellied.

Am liebsten würde ich einfach weglaufen, aber meine nackten Füße kleben am Boden, wo ich mit meinen Freundinnen Cynthia, Janice und Anania in der Ecke kauere. Sie haben auch schreckliche Angst. Alle in der Klasse fürchten sich vor der Mistress, wenn sie sich wieder mal mit dem dicken Lineal bewaffnet. In der gegenüberliegenden Ecke kauern noch mehr Kinder. Wir drängen uns zusammen wie Vieh, das sich vor dem Brandeisen fürchtet.

Ängstlich beobachte ich die Mistress. Immer wenn sie den Namen eines der verängstigten Schüler bellt, muß das Kind nach vorne gehen und seine Hände vorzeigen, damit sie sehen kann, ob die Fingernägel zu lang oder schmutzig sind.

Ich bete, daß die Mistress meinen Namen nicht aufruft. Mama hat gestern abend vergessen, den Nagelklipper von unserem Nachbarn auszuborgen, um meine langen, schmutzigen Nägel zu schneiden. Mama und Papa hatten mal wieder Streit, es ging um Geld. Während ich die Mistress nicht aus den Augen lasse, kann ich den Schmerz der anderen Kinder mitfühlen, die nach den Schlägen schreien und kreischen wie in einem Irrenhaus.

Nach fast einer halben Stunde ruft die Mistress schließlich doch meinen Namen auf. Ich bin eins der letzten Kinder, das nach vorne gehen muß. Tränen schießen mir in die Augen.

»Hör auf zu weinen!« befiehlt sie schroff. »Zeig mir deine Hände.«

Tapfer trete ich vor und starre dabei unverwandt auf das Lineal in der rechten Hand der Mistress. Ungefähr einen halben Meter vor ihr bleibe ich stehen und strecke ihr zögernd meine kleinen Hände entgegen. Ich halte die Finger zusammengepreßt, die Fingerspitzen zeigen nach oben. Die Angst vor dem Schlag mit dem dicken Lineal läßt mich am ganzen Körper zittern. Die Mistress beugt sich vor, wirft einen kurzen Blick auf meine Fingernägel und sagt dann streng: »Sie sind lang und schmutzig. Jetzt hör endlich auf zu weinen und sing das Lied.«

Schluchzend singe ich das Fingernagellied. Die Mistress hebt das dicke Lineal – das so riesig aussieht wie eine Keule – hoch in die Luft und holt zum Schlag aus.

Nitsema minwala yikoma.
Ich muß meine Fingernägel schneiden.
Anitwi.
Ich war ungehorsam.

Noch bevor ich die Zeile »Ich war ungehorsam« zu Ende gesungen habe, schlägt die Mistress mit dem Ende des dicken Lineals zu. Ich schreie vor Schmerz laut auf. Wenn doch nur Mama kommen und mich aus diesem schrecklichen Haus abholen würde, das sie Schule nennen. Ich wünschte, sie würde kommen und der Mistress erklären, daß es nicht meine Schuld ist.

»Habe ich dir nicht letzte Woche befohlen, die Nägel zu schneiden?« fragt die Mistress unwirsch.

»Doch«, schluchze ich. *Marimala,* Schleim, läuft aus meiner wunden Nase und mischt sich mit den warmen, salzigen Tränen. Ich bin immer noch ein bißchen erkältet. Da ich kein Taschentuch habe, wische ich mir mit dem Ärmel übers Gesicht.

Die Mistress wird wütend. Sie schlägt mich auf die Stirn. Diesmal hinterläßt der Schlag eine dicke Strieme, und ich schreie noch lauter.

»Dein Ärmel ist kein Taschentuch!« brüllt sie. »Wo hast du dein Taschentuch?«

»Ich habe keins, Mistress.«

Die Tränen durchnässen mein zerschlissenes schwarzes Turnkleid. Wenn die Mistress doch nur verstehen würde, daß Mama es sich nicht leisten kann, mir ein Taschentuch zu kaufen, genauso, wie sie es sich nicht leisten kann, mir eine Schuluniform und Schulbücher zu kaufen oder das Schulgeld rechtzeitig zu bezahlen. Papa sagt immer, wir dürfen sein schwer verdientes Geld nicht für unnötige Schulsachen vergeuden, wo wir es doch zum Leben so dringend brauchen.

Ich wünschte, Mama hätte daran gedacht, ein Stück von ihrem alten Kleid abzureißen, wie sie es versprochen hatte, und mir ein Taschentuch daraus zu machen. Sie hat es vergessen, weil sie Streit mit Papa hatte und zu Oma flüchten mußte. Das würde ich der Mistress am liebsten sagen, aber ich tue es nicht. Ich schäme mich, jemandem zu erzählen, daß meine Eltern immer Streit haben.

Jetzt bellt die Mistress Cynthias Namen. Cynthia schlurft weinend auf die Mistress zu. Auch sie bekommt Schläge, weil ihre Fingernägel nicht ordentlich gepflegt sind. Dlayani, deren Name auf Shangaan »Töte mich« bedeutet, hat dagegen Glück; ihre Nägel sind sauber geschnitten. Janice und Anania werden diesmal ausnahmsweise auch nicht geschlagen.

Als nächstes überprüft die Mistress, ob unsere Haare gewaschen und gekämmt sind. Die meisten Kinder haben nämlich Läuse und Schuppen. Während der Haarinspektion singen wir das Haarlied.

Hikama misisi,
Wir sollen unsere Haare kämmen,
Yisaseka.
Damit sie schön aussehen.
Ahitwi.
Wir waren ungehorsam.

Zum Glück sind meine widerspenstigen Haare frisch gewaschen und gekämmt. Ich entgehe daher der doppelten Bestrafung, erst mit dem dicken Lineal einen Schlag auf den Kopf zu bekommen und mir dann von der Mistress die Haare mit einem Stahlkamm bearbeiten zu lassen, was sich anfühlt, als würden sie einem mit der Wurzel ausgerissen.

»Miriam«, sagt meine Mutter. »Bring deinem Vater das Essen.«

Es ist Abend. Ich sitze in unserer Hütte auf dem Küchenfußboden vor dem gemütlichen Feuer, dessen Flammen unter einer *Mbawula*, einer glühendheißen Kohlenpfanne, leise züngeln, und sehe Mama beim Kochen zu. Das tue ich fast jeden Abend. Ich spiele auch gerne mit den Holzscheiten und stelle mir vor, sie wären Tiere oder Menschen. Manchmal bemale ich sie mit einem Stück alter Kohle. Unsere Hütte, von der aus man auf eine *Donga*, eine Abwasserrinne, und auf eine staubige Straße namens Hofmeyer Street blickt, liegt im Hof Nummer 47 an der 13th Avenue. Die Hütte besteht aus zwei kleinen Zimmern und drei Fenstern, deren Scheiben zum Großteil zerbrochen sind. Wir haben weder fließendes Wasser noch Strom oder eine Toilette im Haus. Nachts wird die Küche als Schlafzimmer benutzt. Ich schlafe dann mit meinen drei Schwestern Florah, Linah und Diana auf Pappkartons auf dem Küchenfußboden. Weil es in der Küche so eng ist, liegen wir immer dicht aneinander gedrängt, direkt vor dem Eingang. Ich liege meistens mit dem Kopf genau an der Tür. Maria rollt sich neben mir ein. Florah und Diana müssen mit den Füßen in die andere Richtung liegen. Meine beiden Brüder George und Johannes teilen sich das schmale Bett mit der durchgelegenen Matratze.

Mama reicht mir einen großen, gut gefüllten Teller für Papa, der schon ungeduldig am wackligen Küchentisch sitzt. Als Herr des Hauses ißt Papa immer zuerst, und während der gesamten Mahlzeit sitzt er allein am Tisch. Mama und wir sitzen solange auf dem Fußboden. Als ich den Teller mit unserer Hauptnahrung *Vuswa,* einem Brei aus Maismehl, und *Marumbu,* gekochte Hühnerinnereien, vor ihn hinstelle, sieht Papa mich an. Irgend etwas fällt ihm auf. »*Khade hafa.* Komm her«, sagt er auf Venda. Seine sonst so strenge Stimme klingt ganz sanft, und das sagt mir, daß ich nichts Schlimmes getan habe und mich nicht vor einer Strafe zu fürchten brauche.

Ich gehorche.

»Laß mich mal deine Stirn sehen.« Ich neige den Kopf, und er zieht eine flackernde Kerze näher heran.

»Was ist denn mit dir passiert?« fragt er, während er mir mit den Fingern zärtlich über die dicke Strieme an meiner Stirn fährt.

»Die Mistress hat mich geschlagen«, flüstere ich.

»Sie hat dich geschlagen – weswegen?«

»Weil ich die Fingernägel nicht geschnitten hatte.«

Papa wirft Mama einen wütenden Blick zu. »Hab ich dir nicht gesagt, du sollst meine Kinder nicht in diese verdammte

Schule für die Shangaan schicken?« brüllt er. »Sieh dir doch bloß an, was sie mit dem armen Kind gemacht haben.«

»In Alexandra gibt es keine Schule für Venda«, sagt Mama beinahe reumütig. Sie weiß, Papa hat etwas dagegen, daß in unserer Schule der Unterricht auf Shangaan, der Sprache unserer Mutter, und nicht auf Venga, der Sprache unseres Vaters, abgehalten wird.

»Und was ist das für eine Schule, wo die Kinder dafür bestraft werden, daß sie zu lange Fingernägel haben?« fragt Papa.

Mama antwortet nicht. Als ich ihr am Nachmittag die Strieme auf meiner Stirn gezeigt und ihr erzählt hatte, was passiert war, hat sie nur mit Tränen in den Augen gesagt: »Mach dir nichts draus, mein Kind. Solange du etwas lernst, ist es das wert.« Mama könnte auch gar nichts gegen die strengen und brutalen Unterrichtsmethoden tun, außer mich von der Schule zu nehmen. Schwarze Schulen müssen sich nämlich genau an die strengen Disziplinregeln halten, die vom Department of Bantu Education aufgestellt wurden, und körperliche Züchtigung gehört zu den obersten Regeln.

Papa gibt einen Dreck auf diese Regeln. Er schaut mich an und ist völlig in Rage: »Morgen gehe ich mit dir zur Schule und werde dieser verdammten Lehrerin eine Lektion erteilen. Dann wird sie ihren Stock mal selbst zu spüren bekommen!«

Das hat Papa bestimmt nur aus lauter Wut gesagt, denn Mama lächelt ihn an und sagt: »Du vergißt, daß morgen Freitag ist. Wenn du nicht zur Arbeit gehst, wirst du gefeuert. Und was hilft es, die Mistress zu verprügeln, wenn die Kinder nichts zu essen haben und wir aus der Hütte gejagt werden?«

Papa macht ein finsteres Gesicht. Er langt tief in die rechte Tasche seiner zerschlissenen Hose und holt ein Zwei-Cent-Stück hervor. »Hier, kauf dir was Süßes.«

»*Ndi ya livuha*, danke«, ich mache einen Knicks.

Papa tätschelt mir den Kopf und nennt mich ein braves Mädchen. Ich weiß, wie sehr er sich darüber freut, daß ich in seiner Gegenwart immer Venda spreche – im Gegensatz zu meinen älteren Geschwistern, die meistens Shangaan sprechen.

Während Linah, Diana und ich uns um die Schüssel mit *Vusva* und *Marumbu* scharen und mit der rechten Hand essen – es ist tabu, mit der linken zu essen –, träume ich schon davon, was ich mit den zwei Cents machen werde. Ich werde mir *Hebelungu* kaufen, eine Schulmahlzeit, die von der katholischen Kirche angeboten wird. Sie besteht aus zwei Scheiben dunklem Brot mit Erdnußbutter und einer Tasse aus Pulver angerührter Milch. Neben Fish and Chips gibt es für mich nichts Köstlicheres. Und bei dem Wenigen, das wir zu Hause zu essen bekommen, weil Papa als Hilfsarbeiter nur zehn Rand die Woche verdient, ist es gut, sich wenigstens einmal am Tag richtig satt essen zu können.

Eines Morgens nach dem Appell verkündet die Mistress aus der Sub B, daß unsere Unterhosen inspiziert werden. Alle Jungs werden rausgeschickt. Wir Mädchen müssen uns in einer Reihe aufstellen und unsere Röcke hochheben. Die Mistress geht umher und schnüffelt an unseren Unterhosen. Meine ist zwar zerschlissen, aber sauber. Die Unterhosen der meisten Mädchen stinken nach Urin; manche tragen sogar Unterhosen mit Spuren von Fäkalien. Mit Zeitungspapier kann man sich nun mal nicht richtig abputzen, und die meisten Familien können sich kein Toilettenpapier leisten. Einige Mädchen haben überhaupt keine Unterhose an, sie werden alle mit dem Rohrstock verprügelt.

Die Mistress hält uns einen Vortrag darüber, wie wichtig es ist, eine saubere Unterhose anzuhaben. Sie sagt, wenn so viele Schüler wie Sardinen in einem Klassenzimmer zusammengequetscht sind und die Lüftung nicht richtig funktioniert, verbreiten die miefenden Unterhosen noch mehr Gestank in der ohnehin schon stickigen Luft und machen das Atmen unerträglich. Unsere Klasse ist sowieso schon die reinste Krankenstation. Viele Schüler leiden an Husten, Asthma, Bronchitis und Tuberkulose. Atemwegserkrankungen grassieren überall im Ghetto. Es gibt kein Abwassersystem, die Leute leben zusammengepfercht in baufälligen Hütten, und die Luft ist verpestet vom Rauch der *Mbawulas*, brennendem Müll und Kohleöfen.

Nachdem ich lange genug gebettelt habe, kauft mir Mama schließlich eine gebrauchte Unterhose auf dem Flohmarkt. Sie kostet fünf Cents, ein Vermögen. Mama ist immer noch auf Arbeitssuche, und Papa gibt ihr nicht mehr die zehn Rand Wochenlohn, die er verdient. Er wirft ihr immer wieder vor, sie würde sein schwer verdientes Geld für nutzloses Zeug wie Kleider und Zeitungen für meinen ältesten Bruder Johannes vergeuden, wo es doch für die Miete, für Lebensmittel, Busfahrkarten und Bestechungsgeld für die Polizei gebraucht wird. Mama leiht sich die fünf Cents von Granny, die als Gärtnerin in Rosebank arbeitet, einem nahe gelegenen Vorort von Johannesburg. Mama weiß von der Unterhoseninspektion in der Schule und macht sich Sorgen, daß die gebrauchte Unterhose verschleißt, bevor sie wieder Arbeit findet und mir eine neue kaufen kann. Sie rät mir, die Unterhose nicht immer zu tragen und sie auszuziehen, wenn ich schlafen gehe, weil ich manchmal noch ins Bett mache.

2

Es ist Montag morgen, und meine Freundin Cynthia steht an der halboffenen Küchentür. »Beeil dich, Miriam«, drängt sie. »Sonst kommen wir zu spät.«

Cynthia wohnt in der 11th Avenue. Jeden Morgen holt sie mich ab, und dann gehen wir zusammen den halben Kilometer zur Schule.

Ich bin gerade dabei, mir das zerschlissene schwarze Turnkleid anzuziehen. »Ich beeil mich ja schon.« Ich binde mir den grün-schwarzen Schulgürtel um und schnappe mir die kaputte Schiefertafel. Es ist zehn vor acht. Ich habe solche Angst, zu spät zu kommen, daß ich mir noch nicht einmal die Mühe mache, mir das Gesicht anständig zu waschen. Ich befeuchte nur schnell meine Fingerspitzen mit Spucke und wische mir den Schlaf aus den Augen und die weißen Speichelspuren aus den Mundwinkeln.

Meine Geschwister sind alle schon weg. Johannes ist um halb sieben mit dem Bus zur Tembisa Highschool gefahren. Mein elfjähriger Bruder George und meine neunjährige Schwester Maria sind schon um sieben Uhr aufgebrochen, weil sie im Schulchor singen und vor Unterrichtsbeginn noch Chorprobe haben. Mama ist vor ungefähr einer halben Stunde mit meinen beiden jüngeren Geschwistern, der vierjährigen Linah und der zweijährigen Diana, losgegangen. Sie begleiten Florah in die Klinik. Meine Schwester fällt in letzter Zeit in der Schule ständig in Ohnmacht und ist deswegen bei mehreren wichtigen Prüfungen durchgefallen. Mama war schon zweimal mit ihr in der Klinik, aber jedesmal war die Schlange zu lang, und die wenigen überarbeiteten Ärzte konnten Florah nicht untersuchen.

Cynthia und ich rennen die Hofmeyer Street entlang. Auf der engen, ungepflasterten, mit Schlaglöchern übersäten Straße wimmelt es von Schülern, die in alle Richtungen zu ihren jeweiligen Stammesschulen rennen.

Cynthia und ich kommen gut voran. Als wir uns der 15th Avenue nähern, ruft die Glocke die Schüler bereits zum Morgenappell. Keuchend laufe ich noch schneller. Es ist gut, daß ich *Mikwenkwes* habe. Das ist eine schuppenartige Hornhautschicht, die sich an den Füßen armer Kinder bildet. Auf diese Weise sind meine bloßen Füße unempfindlich gegen all die spitzen Steine, rostigen Nägel und Glasscherben, die auf der Sraße herumliegen.

»Los, Cynthia. Wir schaffen es noch. Laß uns die Abkürzung nehmen.« Ich überhole Cynthia. Plötzlich höre ich sie hinter mir rufen: »Warte, Miriam, bleib stehen!«

Ich drehe mich um. »Was ist denn los?«

»Schau dich mal von hinten an.«

»Was ist denn?«

Ich bemerke, daß sie mit großen Augen auf meinen Hintern starrt. Wahrscheinlich guckt meine Unterhose raus.

»O Gott, du hast vergessen, deine Unterhose anzuziehen. Dein *Marhaku* guckt raus.« Mein Hintern.

Ich fühle nach dem Saum von meinem Kleid. In der Eile habe ich vergessen, meine Unterhose anzuziehen. Und der Kleidersaum hat sich beim Rennen im Gürtel eingeklemmt. Mein Hintern ist für die ganze Welt zu sehen.

»O mein Gott«, schreie ich. Was soll ich denn jetzt tun? Wenn ich nach Hause zurücklaufe, um mir meine Unterhose anzuziehen, komme ich zu spät. Vielleicht sollte ich lieber so zur Schule gehen. Aber das kann ich nicht. Was ist, wenn es wieder eine Inspektion gibt und die Mistress herausfindet, daß ich keine Unterhose anhabe? Dann würde sie mich bestimmt ebenso brutal mit dem dicken Lineal schlagen wie das dünne, kränkliche Mädchen, das immer ohne Unterhose in die Schule kommt, weil ihre arbeitslosen Eltern es sich nicht leisten können, ihr eine zu kaufen.

»Ich kann unmöglich ohne Unterhose in die Schule gehen«, sage ich zu Cynthia. »Geh du schon vor. Ich laufe schnell nach Hause und ziehe sie an.«

Nach kurzem Zögern entscheidet Cynthia: »Ich komme mit dir.«

Wir laufen so schnell wir können zu mir. Als wir wieder bei der Schule ankommen, hat der Morgenappell schon begonnen. Wir hören die anderen Schüler singen und stellen uns zu den etwa zwanzig Zuspätkommern, die betrübt vor dem Schultor warten. Sie werden von einem Lehrer und einer Lehrerin bewacht, die beide mit einem Rohrstock bewaffnet sind. Sobald die Schüler, die sich drinnen versammelt haben, das Vaterunser zu Ende gesprochen haben, öffnen die beiden Lehrer das Tor und führen die Zuspätkommer zum Büro des Direktors gegenüber den Toiletten, wo wir alle verprügelt werden.

Die Schläge schmerzen sehr und hinterlassen dunkelrote Striemen auf meinen Pobacken. Ausgerechnet heute gibt es natürlich keine Unterhoseninspektion. Statt dessen üben wir eine Stunde lang Vokale, die wir mit weit aufgerissenem Mund nachsprechen müssen, als wären wir alle Nilpferde:

AAAA!
EEEE!
IIII!
OOOO!
UUUUUUUU!

Dann lernen wir ein paar wenige Wörter auf Shangaan, die die Mistress an die Tafel geschrieben hat. Ich muß mich ganz schön anstrengen, um sie lesen zu können, denn die Tafel ist ziemlich weit weg, und die Wörter sind ein bißchen verschwommen. Die Lehrerin deutet mit dem Lineal auf jedes Wort, das wir erst buchstabieren und dann ganz vorlesen.

M-A-N-A-N-A = MANANA (Mutter)
T-A-T-A-N-A = TATANA (Vater)
K-O-K-W-A-N-A = KOKWANA (Oma)
S-E-S-I = SESI (Schwester)
B-U-T-I = BUTI (Bruder)
K-A-Y-A = KAYA (Zu Hause)

Als nächstes üben wir das kleine Einmaleins. Wir sagen es laut im Chor auf:

EINMAL EINS IST EINS.
ZWEIMAL ZWEI IST VIER.
DREIMAL DREI IST NEUN.
VIERMAL VIER IST SECHZEHN.

Das Schreien ist unglaublich anstrengend, und ich habe wie die meisten anderen Kinder großen Hunger, weil ich nicht gefrühstückt habe. Nach dem Mittagessen schlafen viele Kinder ein, weil ihr Bauch zu voll ist, oder weil sie einfach zu müde sind. Schließlich lernen wir noch verschiedene Stellen aus der Bibel auswendig und singen Kirchenlieder. Die Kinder, die beim Schlafen erwischt werden, bekommen einen Schlag auf den Kopf.

Um zwei Uhr läutet Mandleve, ein großer, kräftiger Junge, dessen Name »große Ohren« bedeutet, die Glocke, und die Schule ist aus. Ich kann es kaum erwarten, nach Hause zu kommen und meiner Mutter die gute Nachricht zu überbringen. Ich bin überglücklich, weil die Mistress wieder mal einen großen Haken auf meine Tafel gemalt hat und weil sie mir gesagt hat, daß ich ebenso klug bin wie meine Brüder Johannes und George und meine Schwestern Florah und Maria, die auch alle bei ihr in den Unterricht gegangen sind. Auf dem Heimweg sehe ich zwei Mädchen miteinander streiten, weil die eine aus Versehen den Haken von der Tafel der anderen gewischt hat.

Ich bin so stolz auf meinen Haken, daß ich die Tafel die ganze Zeit auf dem Kopf trage, damit er nicht verwischt wird.

Mama sagt, jeder Haken ist ein Beitrag für ein Paar nagelneue Schuhe. Sie hat mir versprochen, mir ein Paar zu kaufen, sobald sie am Monatsende ihr erstes Geld bekommt. Sie hat jetzt nämlich einen Job und arbeitet als Hausmädchen in den Kitchens, einem geheimnisvollen Ort, wo Weiße wohnen.

Mein Herz hüpft vor Freude, weil ich endlich, nachdem die anderen Kinder mich monatelang wegen meiner nackten Füße aufgezogen haben, ein Paar nagelneue Schuhe bekommen soll.

Ich kann es kaum erwarten, daß der Monat zu Ende ist.

»Ich hab dich so lieb, Mama«, sage ich und drücke sie ganz fest.

»Ich hab dich auch lieb, mein Kind.«

Florah fällt immer noch ungefähr zweimal die Woche in der Schule in Ohnmacht, aber in der Klinik konnten sie nicht feststellen, was mit ihr nicht stimmt. Mama sagt, sie haben meine Schwester gar nicht richtig untersucht, weil zu viele Patienten mit schlimmeren Krankheiten da waren und es sowieso zu wenige Ärzte gibt. Ich habe immer schreckliche Angst, wenn Florah in Ohnmacht fällt. Sie sieht dann aus, als wäre sie tot, wenn die großen Mädchen sie zu dem riesigen Baum neben dem Schultor tragen und sie dort in den Schatten legen. Die Mistress gibt ihr jedesmal eine Prise Schnupftabak, und dann muß sie so heftig niesen, daß sie wieder zu sich kommt.

»Warum fällt Florah dauernd in Ohnmacht?« frage ich Mama eines Abends, als sie gerade *Vuswa* und *Machondo na tinhloko ta huku*, gekochte Hühnerköpfe und -füße zum Abendessen zubereitet.

»Ich weiß es auch nicht, meine Kleine. Sogar die Ärzte konnten ihr nicht helfen.«

»Vielleicht ist sie von *Swikwembu* besessen«, sagt George, »die Geister unserer Ahnen haben sie auserwählt, eine *Sangoma*, eine Wahrsagerin, zu werden. Sie muß nur noch den Initiationsritus, die *Kutwasa*, hinter sich bringen.

»Ich bin nicht besessen«, fährt Florah ihn wütend an.

»Bist du doch«, stichelt George weiter. »Nur Menschen, die von *Swikwembu* besessen sind, fallen so oft in Ohnmacht wie du. Du solltest so schnell wie möglich die *Kutwasa* mitmachen, damit du eine Wahrsagerin wirst, dann werden wir alle reich, und ich kann mir endlich so einen tollen Anzug kaufen, wie ihn sonst nur die Weißen tragen.«

»Hör auf, mich zu ärgern«, Florah wirft mir einen gequälten Blick zu und fängt an zu weinen.

Im stillen wünsche ich, Florah würde eine *Sangoma* werden, denn ich liebe es, bei den Initiationsriten zuzusehen. Der Vater meiner Freundin Anania ist ein berühmter Wahrsager. Ab und zu veranstaltet er ein großes Fest, zu dem viele *Sangomas* von überall her anreisen. Sie bringen ihre Schützlinge mit, die kunstvolle Tänze, Gesänge und Trommeln darbieten. Das nennt man *Manchomani*. Es fasziniert mich, den Tänzern zuzusehen und ihrer entrückten Musik und den Gesängen zu lauschen, wenn sie mit der Geisterwelt Kontakt aufnehmen. Anania und ich sammeln oft alte Konservendosen und ahmen die Trommler nach.

»Florah ist nicht von *Swikwembu* besessen«, sagt Mama, »aber irgend etwas stimmt mit ihr nicht. Wenn ich doch nur genug Geld hätte, um sie zu einem Spezialisten zu bringen.«

Spezialisten sind die wenigen weißen und indischen Ärzte, die in den Ghettos praktizieren dürfen. Sie verlangen wesentlich mehr Geld für ihre Dienste als die Klinikärzte, da sie besser ausgebildet sind als die meist unerfahrenen Medizinstudenten und Assistenzärzte, die in der überfüllten und unterbesetzten Klinik arbeiten.

»Eine meiner Freundinen in der Schule fällt auch immer in Ohnmacht, Mama«, mische ich mich ein. »Und sie hat mir erzählt, ihre Eltern sagen, das kommt davon, daß sie von *Swikwembu* besessen ist.«

»Wie heißt denn deine Freundin?«

»Janice Manganyi.«

»Sie ist wirklich von *Swikwembu* besessen, manchmal wird sie allerdings auch vor lauter Hunger ohnmächtig, da wird euer Trommeln ihr nicht viel helfen«, lacht Mama. »Ihre Mutter hat mir aber neulich selbst gesagt, daß es die Geister sind, die von ihr Besitz ergreifen. Sie wartet darauf, bis Janice alt genug ist, um an der *Kutwasa* teilzunehmen.«

»Weißt du was, Mama?«

»Was denn?«

»Ich bin immer froh, wenn Janice während der Reinlichkeitsinspektion in Ohnmacht fällt.«

»Warum das denn?«

»Dann braucht die Mistress so lange, um sie wieder aufzuwecken, daß sie ganz vergißt, uns zu bestrafen.«

Alle lachen.

3

Endlich kriegen wir in Südafrika Fernsehen«, sagt Johannes wichtigtuerisch. Bis 1976 hatte die regierende National Party Fernsehübertragungen in Südafrika verboten, weil sie der Auffassung war, die öffentliche Moral würde dadurch untergraben.

»Fernsehen? Ist das wieder eine von deinen neumodischen Ideen?« fragt Mama.

Johannes verdreht die Augen. »Du weißt nicht, was Fernsehen ist?«

»Nein. Woher soll ich denn das wissen, wo ich doch nie zur Schule gegangen bin und noch nicht einmal lesen kann.«

Ich spitze die Ohren, als Johannes Mama erklärt, was Fernsehen ist. Es kommt mir alles wahnsinnig kompliziert vor. Das einzige, was ich mitbekomme, ist, daß dieses Wunderding, genannt Fernseher, etwas ganz Alltägliches in einem fernen Land namens Amerika ist, wo Johannes' Idol, Arthur Ashe wohnt, und wo er eines Tages die Universität besuchen und Tennis spielen will.

»Du träumst also immer noch von Amerika«, stellt Mama fest.

»Eines Tages werde ich dorthin gehen«, sagt Johannes. »Dann werde ich genauso reich und berühmt wie Arthur Ashe. Und dann kaufe ich dir ein großes Haus mit Strom und fließendem Wasser, damit du endlich aus dieser elenden, rattenverseuchten Hütte ausziehen kannst. Dann wirst du auch auf einem richtigen Herd kochen, anstatt auf einer *Mbawula.* Abends wirst du im Wohnzimmer auf deinem Plüschsofa vor einem riesigen Fernseher sitzen und zusehen, wie ich in Wimbledon gewinne.«

Mama lächelt. »Ich weiß zwar immer noch nicht, was Fernsehen ist, und Wimbledon kenne ich auch nicht, aber ich würde natürlich gern in einem großen Haus mit all diesen modernen Sachen wohnen.«

»Das wirst du auch eines Tages«, verspricht Johannes und vertieft sich wieder in die Zeitung.

»Kannst du mir bei den Hausaufgaben helfen, *Buti?*« frage ich Johannes. Wenn ich ihn so nett bitte und ihn mit dem respektvollen Ausdruck für Bruder anrede, kann er mir meist keinen Wunsch abschlagen.

»Klar. Wobei brauchst du denn Hilfe?«

»Ich kapier einfach nicht, wie man Zahlen addiert. Und wir schreiben morgen eine Klassenarbeit. Und wenn ich eine schlechte Note bekomme, schlägt die Mistress mich wieder.«

Johannes geht schon in die Standard Eight, er besucht also in seinem zehnten Schuljahr die dritte Klasse der High-School, nachdem er in der Standard Seven ein erstklassiges Zeugnis erhalten hat. Mama ist unglaublich stolz auf seine schulischen Leistungen. Um ihm das zu zeigen, gibt sie ihm oft einen *Tickie,* damit er sich die *World* kaufen kann, seine Lieblingszeitung, ein Blatt, das sich nur an Schwarze richtet. Wenn das Papa erfährt, dann schimpft er wieder über die Verschwendung.

»Dein Bruder soll mal Lehrer werden«, erklärt Mama zu ihrer Verteidigung. »Und Lehrer müssen jeden Tag die Zeitung lesen.«

Johannes liest uns ein paar Artikel vor, die wenig mit Politik zu tun haben, während Mama auf der *Mbawula* das Mittagessen kocht. Ich liege auf dem Betonfußboden, höre ihm mit halbem Ohr zu, und mache gleichzeitig bei Kerzenlicht meine Hausaufgaben.

Mein großer Bruder bringt mir nicht nur das Addieren, sondern auch das Subtrahieren, Multiplizieren und Dividieren bei. Ich bewundere ihn sehr; er weiß so unglaublich viel. Natürlich ist er immer der Beste in der Schule. Und obwohl er längst nicht mehr auf unsere Schule geht, sprechen die Lehrer immer noch davon, was er für ein kluger Schüler war. Das muß von den vielen Zeitungen und Büchern kommen, die er auf Englisch liest. Ich kann noch kein Englisch, bisher spreche und schreibe ich nur afrikanische Sprachen: Venda, Shangaan, Sotho und Zulu. Aber ich möchte es auch lernen, damit ich einmal so klug werde wie Johannes.

Papa ist sehr wütend darüber, daß Johannes all diese englischen Bücher und Zeitungen liest. Seiner Meinung nach versucht Johannes, ein Weißer zu sein. Es gefällt ihm auch nicht, daß sein ältester Sohn Tennis spielt und auf die Tembisa Highschool geht. Papa findet, Johannes ist lange genug zur Schule gegangen, er soll sich besser mal eine Arbeit suchen, damit er die Familie mit ernähren kann. Nach der Stammestradition muß der erstgeborene Sohn seine Eltern unterstützen, um sie dafür zu entschädigen, daß sie ihn großgezogen haben.

Die beiden haben oft Streit wegen Johannes' Leidenschaft für das Lesen und das Tennisspielen. Mein Bruder verbringt nämlich sehr viel Zeit in der Bibliothek und auf den Tennisplätzen im Stadion auf der 12th Avenue. Er hat drei Maxply Tennisschläger, und sie sind – neben den englischen Büchern – sein kostbarster Besitz. Es kursiert das Gerücht, daß Johannes manchmal heimlich aus der Welt der Schwarzen ausbricht und mit den Weißen Tennis spielt, und daß sie ihm dann alte Tennisschläger, Schuhe, Kleider und Bücher schenken. Vielleicht auch noch andere Sachen.

Für mich klingen die ganzen Geschichten über meinen Bruder völlig unvorstellbar. Mir hat noch nie ein Weißer auch nur irgend etwas geschenkt. Ich habe eine Riesenangst vor ihnen. Die einzigen, die ich kenne, sind die Polizisten, die regelmäßig bei den Razzien in den Ghettos alle Leute verhaften, die keine Erlaubnis haben, in Johannesburg zu wohnen und zu arbeiten. Jedesmal, wenn ich einen Polizisten sehe, laufe ich weg, so schnell ich kann. Sie könnten mich ja schlagen oder auffressen oder sonst irgendwas. Die meisten meiner Freunde fürchten sich vor den Weißen. Wir haben schon oft gesehen, wie weiße Polizisten Schwarze verprügeln, und im Kino schießen sie immer aufeinander.

»Warum sind die Weißen so böse, Mama?« frage ich, als wir am Nachmittag zusammen in der Küche sitzen und ich gerade das große Einmaleins übe.

»Sie sind nicht alle böse«, versucht sie mich zu beruhigen.

»Aber alle Polizisten sind böse«, beharre ich und sehe sie dabei fragend an.

Mama hört auf, in der Küche herumzuräumen und setzt sich zu mir. »Das stimmt, aber nicht alle Weißen sind Polizisten«, sie streichelt mir über den Kopf.

»Soll ich weglaufen, wenn ich die Polizei sehe?«

»Ja.«

»Soll ich auch weglaufen, wenn ich Weiße sehe?«

»Nicht immer«, sie lächelt unsicher und steht wieder auf.

Ich werde langsam ungeduldig. »Wann soll ich denn weglaufen?« frage ich gereizt, das Einmaleins habe ich schon längst vergessen.

»Wenn sie dir weh tun wollen.«

»Die Mistress hat heute gesagt, daß Weiße in unsere Schule kommen.«

»Wirklich? Was wollen die denn bei euch?« Jetzt habe ich Mamas Neugierde geweckt. Wenn es um die Schule geht, will sie immer alles ganz genau wissen. Sie ist so glücklich darüber, daß alle ihre Kinder sich bemühen gute Schüler zu sein.

»Sie sagt, das sind wichtige Inspektoren. Wenn sie kommen, sollen wir sauber angezogen sein und uns gut benehmen. Dann werden die Inspektoren uns nämlich mehr Bänke zum Sitzen geben.«

»Das ist gut.«

»Ich kann es nicht leiden, in der Schule auf dem Boden zu sitzen.«

»Warum nicht?«

»Es ist so kalt. Vor allem im Winter.«

»Die Inspektoren werden euch bestimmt mehr Bänke geben«, Mama klingt sehr zuversichtlich.

Die weißen Inspektoren, allesamt Buren, inspizieren tatsächlich eine Woche später unser Klassenzimmer. Ich fürchte mich vor ihnen wie meine Mitschüler auch. Aber die Mistress hat uns eingeschärft, uns die Angst nicht anmerken zu lassen. Die weißen Inspektoren lächeln und nicken wohlwollend, während wir inbrünstig das Vaterunser aufsagen und ihnen aus vollem Hals etwas vorsingen. Schließlich müssen wir unser Bestes tun, damit sie unserer Schule helfen.

Sie tun es nicht. Aber meine Enttäuschung läßt nach, als ich am Ende des Schuljahres nach der Abschlußprüfung in die Sub B versetzt werde. Ich bin überglücklich. Die Kinder, die durch die Prüfung fallen, dürfen nicht in die nächste Klasse aufsteigen. Sie müssen die Sub A wiederholen. Manche Schüler sind schon zehn Jahre alt und immer noch in der Sub A. Meist brechen sie die Schule irgendwann ab, weil nur wenige Eltern es sich leisten können, ihr schwer verdientes Geld für Schulgebühren, Schuluniformen und Bücher auszugeben, noch dazu wenn das Kind ständig durch die Prüfungen fällt.

Zu meinem Entsetzen gibt es in der Sub B noch mehr Sauberkeitsinspektionen, außerdem finden sie meistens unangekündigt statt. Ich lerne schnell, daß Körperhygiene an der Bovet Community School eine richtige Manie ist.

»Reinlichkeit kommt gleich nach der Gottesfurcht«, wird uns pausenlos eingebleut. Die Lehrer erklären uns, daß der erbärmliche Zustand unserer Hütten und die große Armut in Alexandra keine Entschuldigung dafür sind, wie Schweine auszusehen und auch so zu stinken. Sauberkeit ist auch deshalb so wichtig, weil man nie weiß, wann die weißen Inspektoren wiederkommen, um unsere Fortschritte zu begutachten. Wenn sie dann irgendwelche schlampig gekleideten Schüler entdecken, werden sie es womöglich der Schule anlasten, und dann ist vom Department of Bantu Education vielleicht nicht genug Geld zu erwarten, um die ständig steigenden Kosten der Schule zu decken: Bänke, Tische, Bücher, Kreide, die Gehälter der Lehrer und mehr Klassenräume.

In der Sub B sind viel zu viele Schüler, es ist nicht genug Platz für alle im Klassenzimmer. Während eines *Xivitanelo*, eines Diktats, wird der Text für eine Hälfte der Klasse im staubigen Hof diktiert, weil wir in dem überfüllten Klassenzimmer zu leicht voneinander abschreiben können. Und Abschreiben ist eines der schlimmsten Vergehen.

Zum Glück gehöre ich nicht zu denen, die während des *Xivitanelo* draußen sitzen müssen. Das letztemal, als ich im Hof bleiben mußte, habe ich alles falsch geschrieben. Wie die Krähen hockten wir am Boden in der heißen Sonne. Mir ist ganz schwindlig geworden, als ich versucht habe, auf meiner Schiefertafel zu schreiben und gleichzeitig zu hören, was die Mistress uns vom oberen Treppenabsatz aus einer Entfernung von etwa zehn Metern zuschrie. Ihre Stimme wurde abwechselnd leiser und lauter, je nachdem, wohin sie sich gerade drehte, um die vielen Schüler im Auge zu behalten. Oftmals schliefen ein paar Kinder sogar vor Erschöpfung und Hunger immer wieder ein.

Nach dem *Xivitanelo* geht die Mistress von Schüler zu Schüler, um das Ergebnis zu überprüfen. Mit weißer Kreide malt sie einen großen Haken auf die Tafeln der Kinder, die alles richtig geschrieben haben, und ein großes Kreuz auf die Tafeln derjenigen, die Fehler gemacht haben. Ich gehöre zu denen, die einen Haken bekommen. Ich könnte vor Freude laut losschreien.

Während die Schüler, die ein Kreuz bekommen haben, bestraft werden, träume ich vom Mittagessen. Ich kann es kaum erwarten, bis Mandleve die große Kirchenglocke im Flur läutet, um die Elf-Uhr-Pause für die ganze Schule anzukündigen. Diesmal bin ich besonders hungrig. Aus lauter Angst, wieder zu spät zu kommen und bestraft zu werden, habe ich mich heute morgen ohne Frühstück auf den

Schulweg gemacht. Als ich losging, hat Mama mir zwei Cents zugesteckt, damit ich mir ein *Hebelungu* kaufen kann. Obwohl es so wenig kostet, können sich die meisten Kinder kein *Hebelungu* leisten. Und weil sie immer Hunger haben, stehlen sie sich gegenseitig Geld und Essen.

Mir knurrt der Magen. Mein Kopf ist ganz leer vor Hunger. Die Mistress läßt uns aufstehen und mein Lieblingslied singen, eine Shangaan-Version des französischen Kinderlieds Frère Jacques.

Hitandlala, hitandlala,
Wir haben Hunger, wir haben Hunger,
Harila, harila,
Wir weinen, wir weinen,
Tsimbi yi ba rini, tshibi yi ba rini,
Wann läutet die Glocke, wann läutet die Glocke,
Hi ta dla, hi ta dla?
Damit wir essen können, damit wir essen können?

Mandleve springt hoch und packt das dicke Seil, das an der Glocke hängt. Er ist fast achtzehn, geht aber immer noch in die Sub B, weil er jedesmal durch die Prüfung fällt. Er ist ein bißchen zurückgeblieben, aber er geht gern zur Schule. Er ist immer pünktlich, immer aufmerksam und immer sauber gekleidet; aber wenn die Mistress ihm eine Frage stellt, weiß er nie die Antwort. Er grinst dann nur dumm, und wenn er etwas schreibt, ist es immer Quatsch.

Alle sehen gespannt zu, als Mandleve an dem Seil zieht wie Quasimodo in *Der Glöckner von Notre Dame,* einem von Johannes' Lieblingsbüchern, das er mir und meinen Geschwistern mal vorgelesen hat.

»Pause!« ruft die Mistress endlich.

Florah, meine dreizehnjährige Schwester, die schon in die sechste Klasse, die Standard Four geht, wartet vor dem Schultor auf mich. Sie nimmt mich an der Hand, und wir reihen uns in die lange, gewundene Schlange der Schulkinder ein, die alle auf das Mittagessen warten.

»Weißt du was, Florah?« sage ich und starre beschämt auf meine Füße.

»Was denn?«

»Ich wünschte, ich hätte ein paar Schuhe, damit ich so sein könnte wie die anderen Kinder. Sie ziehen mich immer auf, weil ich barfuß herumlaufe. Vor allem wegen meiner *Mikwenkwes*.« Bei mir sind sie im Winter besonders dick, weil ich nicht in dem kalten Wasser baden will.

»Keine Sorge«, sagt Florah und versucht mich zu trösten. »Mama kauft dir ein Paar Schuhe, sobald sie einen *Skorop*, einen Job, gefunden hat.«

Seit ich in die Schule gekommen bin, ist Mama immer wieder, so wie jetzt, arbeitslos. Sie hat ihre Arbeit in den *Kitchens* verloren. Ihre Madam hat sie gefeuert, weil sie an dem Tag, als sie Florah in die Klinik begleiten mußte, nicht zur Arbeit gekommen ist. Deswegen streitet sie sich dauernd mit Papa um Geld, und ich werde von der Lehrerin oft bestraft, weil ich weder eine Schuluniform noch eine Tafel, Schuhe oder Bücher habe.

4

Eines Nachts stürzen vier weiße Polizisten vor dem Morgengrauen in unsere Hütte. Das angsterfüllte Geschrei meiner Geschwister und fremde Stimmen, die Befehle brüllen, reißen mich aus dem Schlaf. Wir Mädchen liegen wie immer vor der Tür auf dem Boden, und ein Polizist tritt mit seinem schweren Stiefel auf die Finger meiner linken Hand, als er über uns hinwegstürmt.

Zwei der weißen Männer leuchten mit starken Taschenlampen in der ganzen Küche herum, wo wir Kinder noch immer völlig überrumpelt auf dem Fußboden liegen. Die anderen beiden stürzen ins Schlafzimmer zu meinen Eltern. Diana, Linah und ich kauern jetzt schreiend in einer Ecke. Ein weißer Polizist mit stark behaarten Armen fragt meinen Bruder Johannes aus, ob er ein rechtmäßiger Schüler ist, und schreit uns an, wir sollen die Klappe halten.

Die anderen beiden Polizisten schubsen meine Eltern, denen sie Handschellen angelegt haben, aus dem Schlafzimmer. Mama sagt uns, wir sollen still sein, sie verspricht uns, daß alles wieder gut wird. Dann bittet sie Johannes, zu Granny zu laufen und ihr zu sagen, daß sie und Papa verhaftet worden sind.

Zusammen mit meinen Geschwistern laufe ich zum Hoftor und sehe zu, wie unsere Eltern auf einen *Kwela-Kwela*, einen Polizeilastwagen, geladen und abtransportiert werden. Johannes schwänzt die Schule und rennt den ganzen weiten Weg zu Granny, die auf der 16th Avenue wohnt.

An dem Tag geht Granny nicht zur Arbeit. Sie geht zur Peri-Urban-Polizeistation in Wynberg und zahlt die zwei Rand Strafe für Mama, damit sie wieder freigelassen wird.

Bei ihrer Freilassung sagen die Polizisten zu Mama, sie soll sich auf der Stelle eine neue Arbeit besorgen oder zurück nach Gazankulu in das Homeland gehen, das sie kaum kennt. Granny hat nicht genug Geld, um auch die Kaution für Papa zu bezahlen, deswegen muß er seine Haftstrafe von vierzehn Tagen absitzen. Sie sagen Papa, er soll sich die nötigen Papiere beschaffen oder seine Familie zurück nach Venda schicken, in das Homeland, das er vor dreißig Jahren verlassen hat, um sich Arbeit in der Stadt zu suchen. Wenn er der Aufforderung nicht umgehend nachkommt, kann er jederzeit aus dem »weißen« Südafrika deportiert werden.

Mama kann sich keine Fahrkarte für den Bus leisten, deswegen geht sie oft meilenweit zu Fuß in die weißen Vororte mit Namen wie Edenvale, Rosebank, Rivonia, Malanshof, Morningside, Parkmore, Sandhurst, um dort eine neue Arbeit zu suchen. Aber die meisten Madams wollen nur Hausmädchen einstellen, die auch bei ihnen im Haus schlafen. Mama kann nicht über Nacht bei den Leuten bleiben, weil sie nicht weiß, wer sich dann um uns kümmern soll. Viele Frauen schicken ihre Kinder in weit entfernt gelegene Homelands, damit sie solche Stellen als Hausmädchen annehmen können. Mama hat geschworen, daß sie das niemals tun wird. Außerdem haben wir kein Homeland, in das wir gehen könnten. Papa und Mama haben sich 1957 in Alexandra kennengelernt, und seitdem leben sie hier.

In anderen Vororten beschäftigen die Madams nur Hausmädchen, deren Papiere in Ordnung sind. Mama hat aber keine Papiere. Keine Arbeit zu haben, ist allerdings nicht Mamas einziges Problem. Sie und Papa müssen sich auch vor der Peri-Urban in acht nehmen, der Sonderpolizei-Einheit von Alexandra, die regelmäßig im Township Razzien durchführt, um die Einhaltung der Paßgesetze zu überwachen.

Die Paßgesetze gehören zu den Zuzugskontrollsystemen. Johannes hat mir mal erklärt, das dieses System bestimmt, welche Schwarzen sich im »weißen« Südafrika aufhalten dürfen und welche nicht, und wie lange sie bleiben dürfen. Um im »weißen« Südafrika bleiben zu dürfen, muß ein Schwarzer nach Absatz 10 der Paßgesetze und dem Black-Urban-Areas-Erlaß von 1945 drei Bedingungen erfüllen: Er muß in einem Township geboren sein, er muß nachweisen, daß er zehn Jahre lang für denselben Arbeitgeber tätig war oder daß er seit mindestens fünfzehn Jahren in einem Township wie Alexandra lebt.

Erfüllen sie die Bedingungen von Absatz 10 nicht, dürfen sich Schwarze in »weißen« Gegenden höchstens zweiundsiebzig Stunden lang aufhalten. Nach Ablauf dieser Frist können sie jederzeit verhaftet und in eins der neun verarmten Stammesreservate, die Homelands, deportiert werden.

Meine Eltern erfüllen keine der drei Bedingungen. Sie sind beide nicht in Alexandra geboren, sondern in ihren jeweiligen Homelands: Papa in Venda und Mama in Louis Trichardt. Keiner von ihnen ist zehn Jahre am Stück beim selben Arbeitgeber beschäftigt – das trifft sowieso nur für wenige Schwarze zu. Schwarze Arbeitskräfte sind so billig, daß die Weißen sie nach Belieben anstellen und wieder feuern, vor allem sobald sie mehr Lohn oder bessere Arbeitsbedingungen verlangen.

Obwohl meine Eltern seit fünfzehn Jahren verheiratet sind, gelten sie nach dem Gesetz nicht als Einwohner von Alexandra. Sie haben nicht das Recht, in Alexandra als Mann und Frau zusammenzuleben, weil Mama keine Arbeit hat und deswegen offiziell eine »illegale Ausländerin« ist. Und Papa läuft Gefahr, verhaftet zu werden, weil er eine illegale Ausländerin bei sich beherbergt und keine Papiere hat, die ihm gestatten, mit seiner Familie in Alexandra zu leben.

In unserem Hof, der ungefähr einen halben Hektar Land umfaßt und mehr als ein Dutzend Familien beherbergt, leben ganz viele illegale Ausländer wie Mama, aber auch viele, die aus anderen Gründen gegen Absatz 10 verstoßen. Deswegen führt die Peri-Urban fast jeden Morgen ihre Razzien durch.

Das Bild von den weißen Polizisten mit den behaarten Armen verfolgt mich immer noch Tag und Nacht. Jedesmal, wenn ich einen Weißen mit behaarten Armen sehe, fange ich an zu schreien. Die meisten schwarzen Kinder lernen aus diesen brutalen Zusammenstößen mit den weißen Polizisten, alle Weißen zu fürchten. Manche fallen sogar schon beim Anblick eines Weißen in Ohnmacht.

Das Gefängnis wird Papas zweites Zuhause. Er wird oft zwei- oder dreimal im Monat verhaftet. Eines Abends versammelt Mama meine Geschwister und mich in der Mitte der kleinen Küche um die Kohlenpfanne, die mit rotglühenden Kohlen gefüllt ist. Sie hat schlechte Neuigkeiten. Papa ist verhaftet worden, als er an der Haltestelle auf den Bus wartete. Er wollte in die Stadt, weil sein Arbeitgeber in Urlaub gefahren ist und vergessen hat, ihm vorher einen Stempel in seinen Paß zu machen, der bestätigt, daß Papa Arbeit hat. Diesen Stempel braucht Papa jeden Monat.

»Also hat euer Vater seinen Paß weggeworfen«, berichtet Mama.

»Warum das denn?« fragt George.

»Weil seinen Paß zu verlieren ein weniger schweres Verbrechen ist, als keine Arbeit zu haben«, erklärt sie uns.

Ich verstehe das alles nicht, aber ich weiß, daß es jedesmal, wenn Papa ins Gefängnis kommt, nur wenig oder gar nichts zu essen gibt. Dann muß Mama sich immer das Nötigste wie *Mealy-Meal,* Maisbrei, und Zucker von den Nachbarn und Verwandten erbetteln. Dann muß sie zur Müllhalde, zur *Mlothi,* auf der anderen Seite des Jukskei River gehen und die Abfälle der Weißen nach etwas Eßbarem absuchen. Es bedeutet auch, daß ich *Sonjas,* stachelige Würmer, essen muß, was ich ganz furchtbar finde, weil ich davon immer schlimme Bauchschmerzen bekomme und es bedeutet, daß es kein Weihnachtsfest geben wird.

Während Papa im Gefängnis sitzt, fange ich an, mich an Glücksspielen zu beteiligen. Ich möchte Geld gewinnen, um

Lebensmittel zu kaufen, damit wir wenigstens ein bißchen Weihnachten feiern können.

Florah und Maria spielen auch und George und Johannes sowieso. Wir spielen Karten, *Kopi*, Würfel, und Kreisel. Mama gefällt das überhaupt nicht. »Glücksspiel ist Teufelswerk«, sagt sie dann immer. »Seht euch bloß an, was es bei eurem armen Vater angerichtet hat.«

Aber wir hören nicht auf sie. Fast alle Kinder in der Nachbarschaft spielen, und manche Eltern sind sogar auf die Glücksspielgewinne ihrer Kinder angewiesen. Wenn wir gewinnen, können wir uns außerdem KitKat-Riegel kaufen und *Msokobuns*, Biskuitschnitten, oder *Vetkoekies*, Butterkekse, *Eat-Sum-More*-Kekse, Cola und Fish and Chips.

Eines Nachmittags spiele ich gerade mit sechs oder sieben anderen Mädchen ein Kartenspiel namens *boom-any-boom-jumping*. In diesem Spiel, bei dem man eine Folge von Karten gleicher Farbe sammeln muß, bin ich ziemlich gut. Es geht um fünfzig Cents, ein echtes Vermögen.

Ich bin so sehr in das Spiel vertieft, daß ich nicht bemerke, wie einer unserer Nachbarn – ein dicker, rabenschwarzer Mann – in seinen klapprigen Kleinbus steigt und den Motor anläßt. Er kann hier nicht wenden, weil der ganze Hof mit *Scraps*, alten Autowracks, vollgestellt ist, die der Mann ausgeschlachtet hat, um seinen Kleinbus in Ordnung zu bringen. Er setzt ein Stück zurück. Wir Kinder merken gar nicht, daß er auf uns zusteuert – zumindest ich nicht.

»Miriam, paß auf!« schreit plötzlich Mashudu, die Tochter unseres Vermieters.

»Was ist?« rufe ich erschrocken aus und drehe mich um.

Zu spät. Der Bus ist nur noch einen halben Meter von mir entfernt. Ich versuche, mich wegzurollen, aber mein rechtes Bein wird von einem Hinterrad des Wagens eingeklemmt.

Meine Freundinnen springen entsetzt auf und bedeuten dem Fahrer, er soll anhalten. Er glaubt aber nur, daß sie sich über ihn lustig machen, und dann rollt der dicke Reifen ganz über mein Bein. Wundersamerweise habe ich keinen Knochen gebrochen. Aber das Bein ist ganz blau und schwillt stark an. Mama hat kein Geld, um mich in die Klinik zu bringen. Sie massiert mir das Bein mit warmem Wasser und Salz, bis die Schwellung zurückgeht.

Weil die armen Familien sich den Luxus einer ärztlichen Behandlung nicht leisten können, kennt Mama sich sehr gut mit Hausmitteln aus. Warmes Wasser und Salz hilft gegen alles, von offenen Wunden bis zu Halsschmerzen. Warmes Schweinefett dagegen ist gut gegen Ohrenschmerzen. Urin wird benutzt, um Verbrennungen und Augenkrankheiten, wie Bindehautentzündungen, zu behandeln. Wenn eine Krankheit besonders hartnäckig ist oder immer wiederkommt, gehen wir zu einer *Sangoma*, um die Ahnen nach dem Grund für die schwere Strafe zu befragen. *Sangomas* werden auch aufgesucht, wenn es Probleme mit den Papieren gibt, wenn man kein Dach über dem Kopf hat oder lange Zeit keine Arbeit findet. Aber Mama ist Christin, und sie vertraut deshalb ihrem Priester mehr als den *Sangomas*. Sie geht jede Woche zu ihm und bittet ihn um seinen Segen, damit sie Lösungen für die unzähligen Probleme findet, die unsere Familie quälen. Und ihr größtes Problem ist, daß sie immer noch keine Arbeit hat.

5

Ich bin todunglücklich und weine stundenlang. Ich will noch nicht mal die zwei Cents haben, die Mama mir gibt, um mir ein *Hebelungu* zu kaufen. Sie kommt an das Fenster zur Straße, wo ich stehe und vor mich hin jammere, und versucht, mich zu trösten.

Mama hat mir nämlich gerade mit Tränen in den Augen erklärt, daß sie nicht genug Geld hat, um mir die Schuhe zu kaufen, von denen ich seit fast einem Jahr träume. Papa sitzt wieder im Gefängnis, und so mußte sie unser ganzes Geld für die Miete opfern, damit wir nicht aus unserer Hütte vertrieben werden.

»Mama wird dir irgendwann Schuhe kaufen, mein Kind. Ich glaube, daß es jetzt nicht mehr lange dauern wird, bis ich wieder Arbeit finde.«

Am nächsten Abend begleite ich Mama zu ihrem Lieblingspriester, der gegenüber der Schule auf der 16th Avenue wohnt. Er ist Pfarrer in der Twelve Apostles Church of God, die Mama regelmäßig besucht, seit sie mit dem Trinken aufgehört hat. Sie mag Pfarrer Mathebula sehr, weil er immer Zeit hat, um sich ihre Sorgen anzuhören, ihre Träume zu deuten, über ihr Bild von Gott zu lachen, der in den Vorstellungen von Mama so aussieht wie der Medizinmann ihres Volkes. Er schimpft auch mit Papa, wenn er sie mal wieder geschlagen hat, und erteilt ihr einen besonderen Segen, damit sie endlich Arbeit findet. Mama ist fest davon überzeugt, daß es, nachdem sie nun schon seit Monaten vergebens nach Arbeit gesucht hat, mit dem Job klappen wird, wenn er sie noch einmal segnet.

Wir treffen Pfarrer Mathebula nicht zu Hause an. Seine Frau Linah erklärt uns, daß er noch bei der Arbeit ist. Mama beschließt zu warten. Linah ist eine ziemlich rundliche Frau mit Brille und unglaublich lieb. Sie macht uns Tee, während wir warten, und hört freundlich zu, als Mama von ihren Problemen erzählt. Linah ist eine von Mamas besten Freundinnen. Sie hat unserer Familie schon oft geholfen und Mama Geld, alte Kleider und Lebensmittel gegeben. Mama hat nie vergessen, daß Linah ihr einmal dreißig Rand geliehen hat, damit sie Johannes auf die High-School schicken konnte, nachdem er die Standard Five als Klassenbester abgeschlossen hatte. Ohne dieses Geld, mit dem er Bücher kaufen und das Schulgeld bezahlen konnte, hätte Johannes von der Schule abgehen müssen. Mama war so dankbar für alles, was Pfarrer Mathebulas Frau für uns getan hat, daß sie meine jüngere Schwester Linah nach ihr genannt hat.

Schließlich kommt Pfarrer Mathebula nach Hause. Nachdem er seine Arbeitskleidung abgelegt und den dunklen Anzug angezogen hat, den er immer im Gottesdienst trägt, kommt Pfarrer Mathebula ins Wohnzimmer seines großen, blitzsauberen Hauses und nimmt Mama und mir gegenüber Platz. Erst spricht er ein Gebet mit Mama, und dann hört er sich geduldig ihre traurige Geschichte an: Wie sie seit Monaten jeden Tag betet und in alle Vororte gewandert ist, um eine Arbeitsstelle zu finden, und einfach kein Glück hat.

»Du hast also immer noch keine Arbeit gefunden, Schwester Mathabane?« In Mamas Kirche werden die Frauen mit »Schwester« und die Männer mit »Bruder« angeredet.

»Nein, Pfarrer Mathebula«, sagt Mama beschämt. »Und ich weiß wirklich nicht mehr weiter. Ich habe keinen Berechtigungsschein, um nach Arbeit zu suchen. Und ohne Arbeit kann ich keinen Berechtigungsschein bekommen. Aber meine Kinder müssen essen. Und sie brauchen Schulsachen.«

»Es gibt überall Arbeit für alle, die an Gott glauben«, sagt der Pastor zuversichtlich. »Ob sie nun einen Berechtigungsschein besitzen oder nicht.«

»Und warum gibt es dann für mich keine Arbeit?« Mama klingt skeptisch.

»Glaubst du von ganzem Herzen, daß Gott lebt und Wunder wirken kann?«

»Ja, das glaube ich. Aber manchmal denke ich, daß Gott mich verlassen hat. Ich habe mein ganzes Leben lang um ein Wunder gebetet. Aber bis jetzt ist keins geschehen.«

»Er hat dich nicht verlassen, Schwester Mathabane«, sagt Pfarrer Mathebula und lächelt Mama aufmunternd zu. »Er stellt nur deinen Glauben auf die Probe.«

»Wie lange wird er mich denn noch auf die Probe stellen?«

»Solange es ihm gefällt, Schwester Mathabane. Gott handelt stets nach seinem eigenen Zeitplan und nach seinen eigenen Gesetzen. Erinnerst du dich an die Geschichte von Hiob?«

Mama nickt. »Ja.«

»Er hatte es so satt, auf Gottes Segen zu warten, daß er begann, Gott zu verfluchen. Er wußte nämlich nicht, daß Gott nur seinen Glauben auf die Probe stellte.«

»Ich werde Gott niemals verfluchen«, sagt Mama nachdrücklich, »egal, wie sehr er mich leiden läßt. Eher würde ich mir die rechte Hand abhacken, als meinen Herrn und Erlöser zu verfluchen.«

»Du bist eine Frau mit einem starken Glauben, Schwester Mathabane.«

Mama läßt nicht locker. »Aber ich brauche Hilfe, Pfarrer Mathebula. Meine Kinder leiden.«

»Ihr werdet bald Hilfe bekommen. Erinnerst du dich noch an die Geschichte von der Geburt Samuels?«

»Ja, Pfarrer Mathebula, ich erinnere mich daran.«

»Kannst du sie mir erzählen?«

Mama, die ein unglaublich gutes Gedächtnis hat, erzählt die Geschichte aus dem Alten Testament von Hanna, einer frommen und tugendhaften Frau, die sich heftig nach einem

Kind sehnte. Da sie aber keins bekommen konnte, ging sie jeden Tag in den Tempel und betete um einen Sohn. Schließlich sagte der Hohepriester Eli zu ihr, sie solle ruhig nach Hause gehen, und Gott würde ihren Wunsch erfüllen.

»Glaubst du, daß ich Gottes Bote bin, Schwester Mathabane?« fragt Pfarrer Mathebula.

»Ja, ich glaube, daß du ein direkter Nachkomme von Gottes Aposteln bist und daß die Twelve Apostles Church of God die einzig wahre Kirche ist.«

»Dann geh jetzt nach Hause, Schwester Mathabane. Dein Glaube ist stark. Gott wird deinen Wunsch nach einer Arbeitsstelle erfüllen.«

Ich kann mir beim besten Willen nicht vorstellen, daß Mamas Besuch bei Pfarrer Mathebula ihr einen Job bescheren wird, aber ich wünsche mir so sehr ein Paar Schuhe, daß ich sogar bereit bin, an Wunder zu glauben. Am nächsten Tag, einem Montag, leiht sie sich zehn Cents von unserem Vermieter und fährt mit dem Bus in den Vorort Randburg.

Als sie am Abend zurückkehrt, strahlt sie vor Freude. »Gott hat meine Gebete erhört, Kinder. Gleich in der ersten Straße, durch die ich in Randburg gegangen bin, habe ich Arbeit gefunden. Ich werde zweimal pro Woche putzen und waschen. Und ich bekomme dreißig Rand im Monat. Dreißig Rand! Könnt ihr euch das vorstellen? Soviel Geld habe ich in meinem ganzen Leben noch nie verdient.«

Ich bin wie vom Donner gerührt. Für mich ist Pfarrer Mathebula der größte Wundertäter aller Zeiten. Vor allem, als Mama uns erzählt, daß ihr neuer Arbeitgeber sie eingestellt hat, obwohl ihr Paß nicht in Ordnung ist. Wie oft ist Mama schon abgewiesen worden, weil sie keine gültige Arbeitsberechtigung hatte.

»Kriege ich jetzt meine Schuhe, Mama?« frage ich hoffnungsvoll.

»Ja, mein Kind. Gleich von meinem ersten Geld werde ich dir ein Paar kaufen.« Außerdem verspricht sie meinen Geschwistern, ihnen Schulsachen zu kaufen. »Aber wir dürfen den Zehnten nicht vergessen«, sagt sie ernst. »Ein Zehntel von dem, was ich verdiene, muß ich dem Herrgott geben.«

»Was passiert, wenn du das nicht tust, Mama?« fragt Maria.

»Wenn ich es nicht tue, wird Gott mir seinen Segen entziehen. Und dann werde ich wieder arbeitslos sein.«

Papa kehrt abgemagert und verbittert aus dem Gefängnis zurück. Seine Verbitterung wird noch schlimmer, als er erfährt, daß sein Arbeitgeber inzwischen einen anderen Mann eingestellt hat, weil er glaubte, Papa hätte seinen Job aufgegeben. »Entlassen« ist jetzt in seinen Paß gestempelt, was bedeutet, daß er jederzeit wieder verhaftet werden kann – diesmal, weil er entlassen wurde.

Mama sagt ihm, er soll sich keine Sorgen machen, weil Gott ihm bald eine neue Arbeit schenken wird, genauso wie er es bei Mama getan hat. Sie schlägt ihm vor, sie zu Pfarrer Mathebula zu begleiten und ihn um seinen Segen zu bitten. Papa lehnt den Vorschlag wütend ab. »Ich glaube nicht an deinen Kirchen-Hokuspokus. Ich habe meine eigenen Götter.«

»Und warum geben die dir keinen Job?«

Mama geht allein zu Pfarrer Mathebula und betet jeden Abend zu Gott, er möge Papa eine Arbeit schenken. Sie sagt ihm, daß er ein guter Mann ist, der schon viel Schlimmes durchgemacht hat, und daß er einen Job braucht, damit er seine Familie ernähren kann und seine Würde bewahrt.

Kurz darauf findet Papa tatsächlich Arbeit bei einer Baufirma in der Industriestadt Germiston. Er wird zwanzig Rand pro Woche verdienen, doppelt so viel wie bei seiner letzten Arbeitsstelle. Mama ist außer sich vor Glück. »Kommst du jetzt mit mir in die Kirche, Jackson?« fragt Mama Papa eines Abends, eine Woche später.

»Warum?« brummt er nur mürrisch.

»Um Gott dafür zu danken, daß du einen guten Job gefunden hast.«

»Wer hat denn behauptet, Gott hätte mir diesen Job verschafft?«

Mama lächelt. »Wenn Gott dir nicht geholfen hat, warum

hast du dann all die Monate vorher vergeblich nach Arbeit gesucht? Du hast erst einen Job gefunden, nachdem ich Pfarrer Mathebula um seinen Segen gebeten habe.«

»Gott hat nichts mit diesem Job zu tun, Frau. Also halt den Mund. Wenn dieser Gott, zu dem du betest, so ein Wundertäter ist, warum macht er uns dann nicht reich?«

»Das wird er eines Tages tun, wenn du nur an ihn glaubst.«

»Blödsinn.«

Trotz Papas Widerwillen betet Mama weiterhin zu Gott. Sie dankt ihm dafür, daß er unsere Familie zusammenhält und daß er uns Nahrung und ein Dach über dem Kopf gibt. Und sie dankt Gott dafür, daß er unsere Familie gesegnet hat. Mamas Gott scheint allmächtig zu sein. Auch ich fange an, jeden Abend zu ihm zu beten. In meinem Gebet bitte ich Gott um fünf Dinge.

Lieber Gott, laß Mama und Papa immer Arbeit haben.
Lieber Gott, laß uns immer genug zu essen haben.
Lieber Gott, schütze uns vor der schrecklichen Polizei.
Lieber Gott, mach, daß ich ein Paar Schuhe bekomme.
Lieber Gott, mach, daß die Mistress aufhört, mich zu schlagen.

6

An einem Freitag abend, zwei Wochen nachdem Papa seine neue Arbeit aufgenommen hat, bringt er eine große braune Tasche mit nach Hause. Diana, Linah und ich versammeln uns aufgeregt um den schwach beleuchteten Küchentisch, als er die Tasche auspackt. Zum Vorschein kommen eine Packung Kerzen, mehrere Hühnerköpfe und Hühnerfüße, ein kleines Päckchen Salz und ein Schafskopf, den ich abscheulich finde, weil ich immer die gekochten Augen essen muß.

Aber ganz unten in der Tasche liegt noch ein Päckchen mit meinem Lieblingsgericht: Fish and Chips. Nur wenige Dinge lassen mir so sehr das Wasser im Mund zusammenlaufen wie diese köstliche Leckerei, die in fettiges Zeitungspapier eingewickelt ist.

»Miriam«, sagt Papa, »du teilst die Fish and Chips gerecht zwischen euch dreien auf.«

»Ja, Papa.«

»Und vergiß nicht, Diana die größte Portion zu geben. Sie ist die Kleinste.«

»Mach ich, Papa«, ich würde ihm alles versprechen, nur um endlich essen zu können.

Papa geht ins Schlafzimmer, und Mama folgt ihm.

Erwartungsvoll reiße ich das fettige Zeitungspapier auf, und mir fallen fast die Augen aus dem Kopf. Papa hat noch zwei der leckersten Sachen außer Fish and Chips gekauft:

Viennas und Russians. Es gibt nichts Besseres, als genüßlich an einer heißen Vienna, einem Wiener Würstchen, oder einer Russian, einem polnischen Würstchen zu knabbern.

Linah und Diana bekommen gleich große Portionen von den Fish and Chips, und ich nehme mir den größten Teil. Ich bin froh, daß Maria draußen spielen gegangen ist, sonst hätte sie ihn nämlich abgekriegt.

Da tritt Papa aus dem Schlafzimmer.

Hinter ihm steht Mama; sie hält einen braunen Umschlag in der Hand. Daran sehe ich, daß Papa ihr einen Anteil von seinem Wochenlohn abgegeben hat. Ich bin ganz glücklich, weil das bedeutet, daß wir die ganze Woche etwas zu essen haben werden und ich sogar Geld bekomme für das *Hebelungu*.

»Willst du nicht mit uns zu Abend essen?« fragt Mama liebevoll, als Papa zur Tür geht.

»Stell mir den Teller warm«, erwidert Papa. »Ich esse, wenn ich zurück bin«, und schon ist er verschwunden, ohne sich noch einmal umzudrehen.

»Wohin geht Papa denn?« frage ich.

Mama zögert, dann antwortet sie niedergeschlagen: »Zu einer Versammlung.«

Papa kommt gegen Mitternacht von der »Versammlung« zurück. Er ist betrunken. Ohne den abgedeckten Teller mit seinem Essen zu beachten, steuert er auf direktem Wege das Schlafzimmer an. Mir ist klar, warum er so zielstrebig ins Schlafzimmer gegangen ist, und ich bekomme Angst. Ich weiß, daß Papa wieder beim Glücksspiel verloren hat und nun von Mama das Geld zurück haben will, das er ihr am Abend für Essen und Miete gegeben hat. Ich weiß auch schon, daß Mama sich weigern wird und daß sie sich gleich streiten werden. Wenn doch nur Johannes und Florah zu Hause wären, um Mama zu beschützen, wie sie es in der Vergangenheit schon so oft gemacht haben. Florah ist unterwegs, weil sie an einer *Tikhomba* teilnimmt, einem Initiationsritus, bei dem sie sich vier Wochen lang mit anderen jungen Mädchen zurückzieht und in alle Geheimnisse eingeweiht wird, die das Leben einer erwachsenen Frau ausmachen. Johannes ist auch nicht da, weil er am Wochenende ein Tennisturnier bestreitet und nicht vor Sonntag wieder zurückkommt.

»Ich habe gesagt, du sollst mir sofort mein Geld geben!« höre ich Papa im Schlafzimmer schreien.

»Wessen Geld?« Die Stimme meiner Mutter klingt noch völlig verschlafen.

»Mein Geld.«

»Und was ist mit den Kindern? Was sollen sie nächste Woche essen, wenn du jeden Penny von deinem Lohn verlierst?«

»Ich verliere nicht. Jetzt gib mir endlich das Geld, oder du bekommst Schläge.«

»Ich lasse meine Kinder nicht verhungern«, erwidert Mama. »Wann wirst du endlich erwachsen, Jackson? Glücksspiel ist was für junge Leute und nichts für einen erwachsenen Mann und Familienvater wie dich. Du hast sieben Kinder. Sie dürfen nicht hungern und in Lumpen herumlaufen, nur weil du so verantwortungslos bist.«

Plötzlich höre ich, wie Mama aufschreit, dann Möbelrücken. Die Schlafzimmertür wird aufgerissen, und Mama, nur mit ihrem dünnen Nachthemd bekleidet, rennt auf die dunkle Straße hinaus.

»Gib mir sofort mein Geld, hast du verstanden?« brüllt Papa von der Tür aus hinter ihr her.

»Ich lasse meine Kinder nicht verhungern«, schreit sie zurück.

»Wenn du mir mein Geld nicht zurückgibst, kannst du draußen schlafen«, droht Papa.

»Das ist mir völlig egal.«

Fluchend schließt Papa die Tür ab und steckt den Schlüssel in die Hosentasche.

Erst eine Stunde später ist ein leises Klopfen an der Tür zu hören. George schleicht sich zur Tür. »Bist du das, Mama?« flüstert er.

»Laß mich rein. Es ist eiskalt hier draußen.«

George ist zerknirscht. »Es geht nicht. Papa hat den Schlüssel eingesteckt.«

Ich höre Mama fluchen.

»Ich hab eine Idee. Ich laß dich durchs Fenster rein.« George öffnet das Fenster, und Mama versucht, sich hindurchzuzwängen. Aber es ist zu klein.

»Mach dir um mich keine Sorgen, mein Kind«, sagt sie. »Gib mir eine Decke. Ich schlafe draußen.«

Ich könnte laut losheulen. Mama schläft uns zuliebe in der Eiseskälte. Nur weil sie nicht will, daß Papa die Miete verspielt. Wenn er doch nur mit dem Glücksspiel aufhören würde. Obwohl ich Papa eigentlich liebe, hasse ich ihn immer, wenn er wieder spielt und Mama verprügelt. Andere Väter tun das schließlich auch nicht. Jeden Freitag geben sie ihren gesamten Lohn ab, und ihre Kinder haben immer etwas zu essen, bessere Sachen zum Anziehen und sogar Taschengeld, von dem sie sich in der Schulpause Fish and Chips kaufen können.

Die Abschlußprüfungen dieses Schuljahres finden in zwei Wochen statt. Ich mache nichts anderes mehr als lernen, doch meine Mühe wird schließlich belohnt. Nach den Prüfungen liest die Mistress die Noten laut vor – ich hab's geschafft. Im kommenden Januar werde ich in die Standard One, die dritte Klasse, gehen.

Mama weint vor Freude, als ich ihr den verschlossenen Briefumschlag überreiche, der die Mitteilung über die Versetzung enthält und außerdem eine Aufstellung der Noten, die ich in jedem Fach bekommen habe. Alle meine Geschwister sind versetzt worden, selbst Florah hat es trotz ihrer Ohnmachtsanfälle geschafft. Mama lobt uns, daß wir so fleißig waren, und dankt Gott, daß wir auf der Schule bleiben konnten, obwohl wir nicht so gute Schulsachen haben wie andere Kinder. Maria kommt in die Standard Three, George in die Standard Five, Flora in die Standard Six und Johannes in Standard Nine, die letzte Klasse vor der Reifeprüfung.

Weihnachten feiern wir ein großes Fest. Gleich zwei Wunder sind geschehen und beide verdanken wir Pfarrer Mathebula. Mama hat ihre beiden Stellen in den Kitchens jetzt schon seit vier Monaten – ein Rekord. Und Papa hat mit dem Glücksspiel aufgehört, nachdem Pfarrer Mathebula zu uns gekommen ist und ihm erklärt hat, was für eine Schande es ist, unschuldige Kinder verhungern und sie in Lumpen herumlaufen zu lassen. Und als Papa am Jahresende von seinem neuen Arbeitgeber eine bescheidene Prämie erhält, liefert er zur allgemeinen Verblüffung alles bei Mama ab.

»Paß gut darauf auf«, sagt er. »Ich möchte nicht, daß du es für nutzloses Zeug verschwendest.«

Dann ruft Papa Maria, Flora und mich zu sich an den Tisch. Er ist angetrunken. »Wie ich höre, seid ihr versetzt worden?«

Wir nicken.

»Ich habe gewußt, daß ihr es schaffen würdet. Schließlich habt ihr meinen Verstand geerbt.«

Mama lächelt, als sie vom Feuer herübersieht. Sie kocht zur Feier des Tages etwas, das es bei uns nur in guten Zeiten gibt: ein ganzes Huhn mit Reis.

Papa wühlt mit seinen von der Arbeit schwieligen Händen in den Taschen seiner Latzhose und holt einige glänzende Münzen hervor. Wir machen alle einen Knicks und halten die Hände auf, um das Geld entgegenzunehmen. Die Hände aufzuhalten, wenn einem ein Erwachsener etwas gibt, ist ein Zeichen von Respekt. Ich bin verblüfft über Papas Großzügigkeit. Florah hat ganze fünfzig Cents bekommen, Maria und ich je fünfundzwanzig Cents!

Maria und ich geben Mama die Münzen zur Aufbewahrung bis zum neuen Jahr. Ich weiß genau, daß Mama ihn küssen würde, wenn Papa es zuließe, und wir würden es auch gerne tun. Aber Papa kann es nicht leiden, seine Gefühle offen zu zeigen. Nur bei wenigen Gelegenheiten lächelt er oder lacht sogar. Teilweise liegt es an seiner strengen Erziehung. Aber es hängt auch damit zusammen, daß es in seinem Leben, besser gesagt, in unserem Leben, nur selten Anlässe zum Lächeln oder gar zum Lachen gibt.

Tief in meinem Herzen bin ich davon überzeugt, daß Papa stolz darauf ist, was wir geleistet haben, vor allem, weil er seinen Saufkumpanen gegenüber mit unseren Leistungen prahlt und ihnen wieder und wieder sagt, daß die Mathabanes eine sehr intelligente Familie sind und daß wir den Verstand von ihm geerbt haben. Aber wir haben auch Mamas Klugheit geerbt. Sie erzählt mir oft, daß sie auch gerne zur Schule gegangen und Lehrerin geworden wäre, wenn es zu ihrer Zeit auch den Mädchen und nicht nur den Jungs uneingeschränkt möglich gewesen wäre. Statt dessen hat sie zugunsten von Onkel Cheeks, ihrem jüngeren Bruder, darauf verzichtet. Er hat es bis zur Standard Six gebracht, verließ dann aber die Schule und wurde zum Gangster, um seine darbende Mutter zu unterstützen. Er beraubte und erstach Menschen und landete schließlich im Gefängnis. Manchmal erzählt uns Mama abends nach dem Essen die ein oder andere Geschichte von ihrem berüchtigten Bruder, und wir hängen immer wie gebannt an ihren Lippen.

Als Onkel Cheeks entlassen wurde, überredete Mama ihn dazu, sich der Twelve Apostles Church of God anzuschließen. Und er fand nicht nur eine Arbeit in einer jüdischen Bäckerei, sondern auch eine nette und gute Frau. Schließlich brachte er es in der Kirche bis zum Diakon und zum Chorleiter. Als Onkel Cheeks davon erfährt, daß wir alle versetzt worden sind, schenkt er uns auch Geld zu Weihnachten. Genau wie Tante Bushy und Onkel Piet, Mamas andere Geschwister. Onkel Piet arbeitet in einer Hosenfabrik, und Tante Bushy serviert den Weißen in einer Firma in der Nähe von Alexandra Tee. Diesen Job hat sie schon, seit sie von der Schule abgegangen ist. Damals war sie mit ihrem ersten Kind, ihrer Tochter Fikile, schwanger.

7

Mama hat eine wunderbare Überraschung für Maria, Linah und mich. Sie hat uns neue Kleider gekauft, die ersten seit Jahren. Ich habe ein wunderschönes blaues Kleid aus herrlich knisterndem und glänzendem Stoff bekommen. Es hat eine abstehende Schleife auf dem Rücken und wenn ich mich drehe, fühle ich mich wie eine Prinzessin. Maria und Linah sind auch sehr zufrieden. Ihre Kleider sind so ähnlich wie meines, nur gelb (für Maria) und hellgrün (für Linah). An diesem Weihnachten werden wir endlich auch auf den Straßen promenieren wie die anderen Kinder und unsere schönen Kleider vorführen. Mama macht auf der Kohlenpfanne Wasser heiß, und dann werden alle der Reihe nach in der verrosteten Familienbadewanne geschrubbt, die mitten in der Küche steht. Nachdem wir abgetrocknet sind, kämmt sie uns die struppigen Haare, und fettet uns die Haut mit Vaseline ein. Dann geht Mama ins Schlafzimmer und holt unsere neuen Kleider.

Als ich fertig angezogen bin, kommen meine Freundinnen Cynthia und Dlayani vorbei. Sie tragen ebenfalls todschicke neue Kleider, die noch protziger und teurer als meines sind. Für mich ist nur wichtig, daß ich dieses Jahr der Modenschau nicht vom Fenster aus zusehen muß, sondern selbst daran teilnehmen kann. Nach dem obligatorischen Gottesdienst schließen Cynthia, Dlayani und ich uns einer Gruppe von

Nachbarskindern an, um mit ihnen gemeinsam das alljährliche Weihnachtsritual zu begehen, das darin besteht, von Straße zu Straße zu schlendern und alle möglichen Leute zu besuchen. Jedermann ist in Feststimmung und schenkt uns zur Feier des Tages Kekse und Süßigkeiten. Die meisten schwarzen Südafrikaner sind Christen, obwohl viele immer noch der Ahnenverehrung anhängen und an Hexerei glauben.

Als wir uns wieder auf den Rückweg machen wollen, werden wir zu unfreiwilligen Zeugen eines grausamen Spektakels. Etwa hundert Meter vor uns auf der Straße wird ein Mann von mehreren *Tsotsis* ausgeraubt. Die Gangster stechen ihr Opfer brutal nieder und laufen dann davon. Wir sind so entsetzt, daß wir hastig losrennen und erst wieder anhalten, als wir vor unserer Hütte angekommen sind. Selbst an Weihnachten schrecken die Leute nicht vor Gewalt zurück.

Die Familie beschließt den Tag mit einem riesigen Fest. Mama hat Hühnchen, Reis, rote Beete und Gemüse gekocht. Sie hat sogar nebenan bei den Nachbarn, die einen richtigen Kohleofen besitzen, Plätzchen gebacken. Mama macht außerdem ganz viel Brause und Vanillepudding und Götterspeise, meinen Lieblingsnachtisch. Das Mahl ist so köstlich, daß ich mir wünsche, es wäre jeden Tag Weihnachten.

Das rauschende Fest dauert bis zum späten Abend. Als wir uns auf den Kartons auf dem Küchenboden zum Schlafen legen, wünscht Mama uns eine gute Nacht und ermahnt uns, am nächsten Morgen zeitig aufzustehen.

»Warum feiern wir eigentlich Weihnachten, Mama?« frage ich.

»Weil an diesem Tag Jesus Christus, unser Herr und Erlöser, in Bethlehem geboren wurde.«

»Wo liegt Bethlehem?«

»In Judäa, das ist ganz weit weg.«

»Lebt Jesus noch?« Diese Frage beschäftigt mich schon lange, aber ich wollte sie bisher nie stellen.

»Warum willst du das denn wissen?« Mama sieht mich verwundert an.

»Ich möchte mich bei ihm dafür bedanken, daß er uns Weihnachten geschenkt hat.«

»Er lebt, mein Kind.«

»Wo denn?«

»Er ist im Himmel bei seinem Vater.«

»Du meinst, da oben im Himmel?«

»Ja.«

»Fliegt er manchmal herunter?«

»Von Zeit zu Zeit.«

»Wann denn?«

»Wenn du betest.«

Ich erzähle Mama von dem Gebet, das wir in der Schule gelernt haben.

»Soll ich es dir aufsagen?«

»Natürlich, mein Kind.«

Ich schließe die Augen ganz fest, so wie die Mistress es uns beigebracht hat, falte die Hände und bete inbrünstig auf Shangaan.

Tata was hina langa matilweni,
Vater unser, der du bist im Himmel,
Vito ra wena ari hlawuriwe.
geheiligt werde dein Name.
Aku ta ku fuma ka wena,
Dein Reich komme,
Ku randa ka wena aku endliswa misaveni,
dein Wille geschehe,
Ku ta hani hi loku ku endliwa matilweni
wie im Himmel also auch auf Erden
…

Als ich zu Ende gebetet habe, lächelt Mama stolz. Noch beim Einschlafen sehe ich ihr frohes Gesicht vor mir.

Schließlich löst Mama ein Versprechen ein, das sie mir schon vor Monaten gegeben hat. »Kinder, ich nehme euch heute alle mit zu Seedat«, verkündet sie eines Samstagmorgens im Januar 1976, eine Woche nach Beginn des neuen

Schuljahrs. Nach dem Frühstück marschieren Linah, Florah, George und ich zu Alexandras größtem Geschäft auf der 1st Avenue. Bei Seedat werden hauptsächlich Schulsachen verkauft. Mama vereinbart mit dem Ladeninhaber, daß sie künftig anschreiben lassen kann.

Ich bin außer mir vor Freude, als Mama mir ein Paar schwarze Schulschuhe kauft, die man Self-shines nennt, weil man sie nicht zu putzen braucht. Ich bekomme außerdem ein paar kurze Socken – die teureren Kniestrümpfe werden nur von Schülern aus wohlhabenden Familien getragen –, einen langärmeligen Schulpullover und alle Schulsachen, die man in der Standard One, der dritten Klasse, braucht: Fibeln, Hefte, Bleistifte und einen Radiergummi. Sie kauft auch Bücher, Schuluniformen, und Schreibzeug für Maria, Florah und George. Johannes hat einen Aushilfsjob auf einem Tennisplatz in Halfway House und kann seine Schulsachen selbst bezahlen.

Als wir wieder zu Hause ankommen, sitzt Papa betrunken in der Küche. Er ist sauer auf Mama, daß sie uns Schulsachen gekauft hat und wirft ihr vor, das Geld sinnlos zu verschwenden, anstatt es für schlechte Zeiten aufzuheben.

»Die Kinder brauchen die Sachen, Jackson. Miriam läuft schon das ganze Jahr ohne Schuhe herum. Sie ist sogar deswegen bestraft worden. Hast du denn die Striemen nicht gesehen?«

»Ich habe dir doch gesagt, du sollst sie nicht auf diese verdammte Schule schicken.«

»Wenn sie nicht zur Schule gehen, wie soll dann ihre Zukunft aussehen? Bloß weil du nie zur Schule gegangen bist, ist das noch kein Grund, unseren Kindern diese Chance zu verwehren.«

»Können sie vielleicht Bücher essen, sag's mir, können wir von Büchern satt werden? Du hast nichts als Schule und Bücher im Kopf. Daran ist bestimmt Johannes schuld, er hat dich verhext!«

»Jetzt hör mir mal gut zu, Jackson«, Mama bleibt ganz ruhig, »ich bin es leid, die Kinder ständig wie Waisen herumlaufen zu lassen. Solange ich Arbeit habe, werde ich dafür sorgen, daß sie aussehen wie Kinder von anständigen Leuten.«

Papa stapft beleidigt aus dem Haus in Richtung der nahegelegenen *Shebeen*, der Kneipe, um weiterzutrinken. Das macht er immer so, wenn ihm die Argumente Mama gegenüber ausgehen und er sich nicht traut, sie zu schlagen. Das ist das Verdienst von Pastor Mathebula, aber auch von Onkel Cheeks, Mamas Bruder, der ihm angedroht hat, ihn zu verprügeln, wenn er noch einmal die Hand gegen Mama erheben sollte.

Papa schlägt Mama in der letzten Zeit wirklich kaum noch, aber er hat auch aufgehört, ihr seinen Lohn abzugeben. Mama kümmert sich nicht weiter darum, weil sie jetzt selbst arbeiten geht. »Solange ich den Zehnten bezahle«, bekräftigt sie, »wird uns der liebe Gott seinen Segen schenken.«

Wie um ihre Einstellung zu bestätigen, besorgt ihr der liebe Gott noch eine weitere Arbeitsstelle, auch in Randburg, wo Mama für eine Engländerin namens Mrs. Hunt arbeitet. Die alte Dame ist eine echte englische Lady, mit einer Haut so zart wie Porzellan. Und sie behandelt Mama immer sehr höflich und freundlich. Die drei Jobs zusammengenommen bescheren Mama die unerhörte Summe von achtzig Rand. Darüber hinaus bringt sie Unmengen von Essen mit nach Hause sowie gebrauchte Kleider von Mrs. Hunt, die ihr immer mal wieder das eine oder andere Teil zusteckt.

Mama erwirbt einen gebrauchten Kohleherd, um ihn gegen die gefährliche Kohlenpfanne auszutauschen, wegen der wir in einem Winter beinahe einmal an einer Kohlenmonoxyd-Vergiftung gestorben wären. Sie spricht sogar davon, daß sie Johannes auf die Universität schicken will, sobald er die Reifeprüfung bestanden hat, damit er der erste Lehrer in unserer Familie wird. Mama verehrt Lehrer. Für sie gibt es keinen edleren Beruf als *Kudyondisa vana ku ri va tiva dyondo*, nämlich Kindern beizubringen, das Wissen zu würdigen.

In dieser Hinsicht ist sie wie die meisten Eltern in unserem Viertel, die sich ebenso wünschen, daß aus ihren Kindern einmal Lehrer und Lehrerinnen werden. Das überrascht mich eigentlich. In erster Linie, weil die meisten unserer Eltern selbst nie zur Schule gegangen sind. Zum anderen aber auch, weil ich Lehrer und Lehrerinnen gar nicht leiden kann, wegen der harten Strafen, mit denen sie die Schüler quälen.

1976 beginnt mein drittes Jahr an der Bovet School. Der schwarze Widerstand gegen die Apartheid liegt weitgehend am Boden. Die Schwarzen haben endgültig resigniert und nehmen die Dinge jetzt, wie sie sind. Nur wenige haben noch den Mut, die Kraft oder die Zeit, gegen die Apartheid zu kämpfen. Die meisten, auch Papa und Mama, schaffen es gerade mal zu überleben. Die nächste Generation bereitet sich langsam darauf vor, sich um die wenigen anständigen Jobs zu bewerben, die Schwarzen noch zugänglich sind. Seit der Einführung des Jobs Reservation Act, dem Arbeitsplatzreservierungsgesetz, das zu den Eckpfeilern der Apartheid gehört, sind die besten und bestbezahlten Jobs den Weißen vorbehalten.

Hin und wieder beklagt sich Papa verbittert über den Jobs Reservation Act. Er behauptet, dieses Gesetz verhindert, daß er mehr verdienen kann als seine weißen Kollegen, obwohl er sich wesentlich besser auskennt mit Bautechnik und Zimmerei, härter arbeitet als die Kollegen und ihnen sogar oft erklären muß, was sie zu tun haben.

8

Nachts liege ich oft wach und lausche in die Dunkelheit hinein. Und dann höre ich, wie mein ältester Bruder flüsternd Gedichte aufsagt.

The Donkey, The Highwayman, The Lady of the Shallot, allein die Titel der Gedichte haben etwas Märchenhaftes. Johannes verrät sie mir, wenn ich ihn am Morgen danach frage. Und wenn er sie in der Nacht darauf noch einmal aufsagt, denke ich mir meine eigenen Geschichten dazu aus. Ich erkenne jedes Gedicht an seinem Rhythmus wieder. Wenn ich lange genug zuhöre, trägt mich die Melodie der Worte in den Schlaf. In einer dieser Nächte, als Johannes gerade dabei ist, mehrere Verse eines langen Gedichts mit dem Titel *In Memoriam* aufzusagen, um sich auf die Abschlußprüfung vorzubereiten, schreit Papa aus dem Schlafzimmer: »Blas endlich die Kerze aus, hörst du?«

»Das ist meine Kerze«, erwidert Johannes. »Die habe ich von meinem eigenen Geld gekauft.«

Um Papas Vorschriften zu umgehen, kauft sich Johannes häufig eigene Kerzen und sogar eigenes Essen. Das bringt Papa immer auf die Palme, weil er es nicht leiden kann, wenn irgend jemand seine Autorität im Haus in Frage stellt.

»Dann nimm deine verdammte Kerze und verschwinde aus meinem Haus.«

»Laß den Jungen in Ruhe«, fleht Mama ihn an. »Er ist mitten in der Reifeprüfung. Er muß eine Menge lernen. Er macht bald seinen Abschluß und wird einen guten Job finden. Von dem Geld, das er dann verdient, wird er mehr Kerzen bezahlen können, als er jemals aufgebraucht hat.«

»Er hat genug Bildung. Er ist schon sechzehn. Er könnte längst arbeiten gehen, anstatt seine Zeit mit diesem albernen Sport der Weißen zu verplempern.«

Papa hat auch nichts dafür übrig, daß Johannes Tennis spielt. Einmal hat er aus Wut die hölzernen Dunlop-Schläger zerbrochen. Danach gab es zwischen den beiden großen Streit.

Aber Johannes setzt immer noch alles daran, ein Profi-Tennisspieler zu werden wie Arthur Ashe, der sein großes Idol ist, seit er 1975 Südafrika besucht hat, um an den South African Breweries Open teilzunehmen. Jeden Tag nach der Schule kann Johannes gar nicht schnell genug zu den Tennisplätzen an der 12th Avenue oder beim Halfway House kommen.

Ich wundere mich, warum Johannes Tennis so sehr liebt, wo doch fast alle Jungs in Alexandra Fußball spielen. Sie nennen ihn einen Waschlappen, der den »Sport der Weißen« treibt. Aber es scheint Johannes nicht zu stören, daß sie ihn beschimpfen, und er gerät auch nur selten in Prügeleien. Dafür bewundere ich ihn sehr; ich hasse nämlich Prügeleien.

Er trainiert fast immer allein. Die Leute halten ihn für verrückt, wenn sie ihn stundenlang gegen eine Ziegelmauer Aufschläge oder Rück- und Vorhand üben sehen. Meist kommt er erst spätabends nach Hause. Dann liest er noch bis nach Mitternacht. Er liest wirklich alles: Zeitungen, Bücher und Comics. Er will sein Englisch vertiefen, damit er sich so gut ausdrücken kann wie Arthur Ashe.

Ich verstehe nicht, warum Johannes das Bedürfnis hat, sein Englisch zu verbessern, wo doch alle sagen, daß er es sowieso schon so gut kann wie ein Weißer.

Mein Bruder hört auch gern und viel Radio. Er glaubt, daß ihm das hilft, seine Aussprache echter klingen zu lassen. Meistens hört er Springbook Radio und BBC, weil auf beiden Sendern eine Menge Fortsetzungsgeschichten laufen. Ich habe große Mühe, das im Radio gesprochene Englisch zu verstehen. Es ist anders als das Englisch, das wir in der Standard One lernen und das hauptsächlich aus einfachen Sätzen besteht.

Ich bin fasziniert von Johannes' Liebe zum Lesen. Er geht nirgendwo hin, ohne ein Buch bei sich zu haben. Und nachts, wenn alle längst schlafen, sitzt er noch bei Kerzenlicht am Küchentisch und liest.

Um seine Leselust zu befriedigen, besitzt Johannes mittlerweile mehr Bücher als irgendwer im Viertel und sogar mehr als die Schulbibliothek. Die meisten hat er von den Weißen, für die er arbeitet, und er bewahrt sie in diversen Kartons unter dem Bett auf, das er mit George teilt. Ich bin begierig, auch in ihnen zu lesen, aber die meisten sind zu schwierig und fast ohne Bilder. Manchmal liest er uns etwas vor aus Büchern mit Titeln wie *Die Schatzinsel, Oliver Twist* und *Tom Sawyer*, oder etwas von Shakespeare oder aus den *Märchen aus Tausendundeiner Nacht*.

Die Lehrer und Lehrerinnen an meiner Schule schwärmen immerzu von Johannes. Ich nehme mir vor, einmal so zu werden wie er.

Obwohl wir geschlagen werden, sind wir Schüler doch bestrebt, das Beste aus unserer Situation zu machen, teils weil es von den Lehrern so erwartet wird, teils unseren Eltern zuliebe.

Ich habe Johannes immer als mein großes Vorbild gesehen und versucht, so viel wie möglich zu lernen. Auch wenn das, was man uns beigebracht hat, eher dazu diente, uns zu Sklaven zu erziehen, uns die wirklich wichtigen Dinge vorzuenthalten. Wir haben in der Schule nie etwas von Nelson Mandela, dem Vorsitzenden des Afrikanischen Nationalkongresses (ANC), oder von Robert Sobukwe, dem Vorsitzenden des Panafrikanischen Kongresses (PAC), gehört. Beide wurden 1964 auf Robben Island ins Gefängnis geworfen, weil sie für Freiheit und gleiche Rechte der Schwarzen kämpften.

Diese Männer waren allen älteren Menschen in Alexandra ein Begriff. Nelson Mandela hatte als junger Mann bei uns im Township gelebt und war während des Busboykotts von 1943 politisiert worden, als Zehntausende der Bewohner Alexandras gegen die Erhöhung der Bustarife von vier auf fünf Pence protestiert hatten. Diesen Boykott hat Mama schon miterlebt. Sie war kurz vorher aus Louis Trichardt, wo sie 1939 geboren wurde, nach Alexandra gekommen.

Aber sie selbst sagt, daß sie daran nur noch schwache Erinnerung hat. An den Busboykott von 1957 dagegen kann sie sich noch sehr lebhaft erinnern, weil sie selbst daran teilgenommen hat. »Damals war ich achtzehn«, erzählt sie Johannes, der ihr immerzu politische Fragen stellt. »Die Busgesellschaft PUTCO (Public Utility Transport Corporation) wollte wieder die Tarife um einen Penny erhöhen. Die Leute weigerten sich, den höheren Preis zu zahlen; der Boykott begann am dritten Januar 1957, einem Montag. Mehr als fünfzehntausend Menschen waren damals dabei. Ähnliche Boykotts fanden auch in anderen Townships, sogar Sophiatown, statt.«

Mama legt den Kochlöffel beiseite, um sich eine Prise Schnupftabak zu holen. Sie schiebt ihn sich unter die Zunge. »Damals wohnten wir in der 9th Avenue, Hausnummer 34«, fährt sie fort. »Mein Vater hatte bereits meine Mutter verlassen, und ich mußte mithelfen, die Familie durchzubringen.«

»Wie habt ihr das damals geschafft?« fragt Johannes.

»Granny arbeitete als Gärtnerin bei verschiedenen Weißen, und ich habe sie immer begleitet und mitgeholfen. Ich kann mich noch genau erinnern, daß sie, als der Boykott losging, bei einer Englisch sprechenden Familie in Cavendish arbeitete. Wir mußten immer morgens um fünf aufstehen und den ganzen Weg zur Arbeit laufen, eine Strecke von fast zwanzig Kilometern.«

»War das nicht furchtbar anstrengend?«

»Allerdings. Vor allem in den ersten Wochen. Aber wir waren wild entschlossen, nicht nachzugeben. Auch nicht, als die Regierung damit drohte, ein Gesetz zu erlassen, das den

Einwohnern von Alexandra verbieten würde, Busse zu benutzen. Unsere Führer beriefen eine Versammlung ein und wollten wissen, ob wir den Boykott fortsetzen wollten. Die Leute aus Alexandra hielten zusammen. Wenn wir zu Fuß gingen, sangen wir ›*asinamali*‹ (›wir haben kein Geld‹) und ›*azikwela*‹ (›wir fahren nicht‹). Der Boykott endete im April damit, daß die Busgesellschaft schließlich nachgab und die Tarife nicht erhöhte.

Nach dem Boykott hat die Regierung verstärkt Maßnahmen zur Unterdrückung der Schwarzen eingeleitet. Die Repression erreichte ihren Höhepunkt mit dem Massaker von Sharpeville im Jahre 1960. Im nachhinein muß man wohl sagen, daß das zum Wendepunkt im Befreiungskampf der Schwarzen wurde.«

Mama erinnert sich auch noch an die Ereignisse, die zu dem Massaker führten. »Ich war damals sehr jung. Dein Vater und ich waren seit etwas mehr als einem Jahr verheiratet, und ich war mit Johannes schwanger. Unsere Führer hatten eine Kampagne gestartet, mit der die Regierung dazu bewegt werden sollte, die Paßgesetze aufzuheben. Alle Afrikaner waren aufgerufen, ihre Pässe zu Hause zu deponieren und sich freiwillig einsperren zu lassen. Unsere Führer erhofften sich davon, daß, wenn die Gefängnisse voll wären, die Wirtschaft, die von billiger schwarzer Arbeit abhängig war, zum Erliegen kommen würde. Aber es kam alles ganz anders. Am 21. März 1960 schoß die Polizei in eine Menschenmenge, die friedlich in Sharpeville demonstrierte, und tötete neunundsechzig Männer, Frauen und Kinder. Viele wurden von hinten erschossen, als sie versuchten, sich in Sicherheit zu bringen.«

Wenn Mama diese Geschichten erzählt, werde ich wütend. Wütend und traurig und ängstlich. Wie mutig Mama gewesen ist, bei dem Boykott mitzumachen. Sie hat ihr Leben aufs Spiel gesetzt. Und das von Johannes. Wäre sie damals unter den erschossenen Frauen gewesen, würde es uns alle nicht geben. Weil wir in der Schule nichts über die Geschichte unseres Landes und unseres Volkes erfahren, frage ich Mama genauso aus, wie Johannes das tut. Und sie erzählt dann, wie die Führer der Schwarzen nach dem Massaker von Sharpeville zu dem Schluß kamen, daß wilde Streiks, Boykotts und Gewaltlosigkeit die Apartheid nicht ändern würden. Und was danach geschah: Der ANC gründete einen militärischen Flügel mit dem Namen *Umkonto we Sizwe,* Speer der Nation, und auch der PAC richtete einen militärischen Flügel ein mit dem Namen *Poqo,* auf sich gestellt. Die Regierung erklärte beide Gruppen für kriminell, sperrte die meisten Führer ein und zwang noch mehr Leute, ins Exil zu fliehen.

Vielleicht liegt es daran, daß in unserer Schule über solche Dinge nie gesprochen wurde, weder im Unterricht noch in den Pausen: Unsere Brüder und Schwestern, die das Land nicht verlassen haben, trauen sich nicht mehr, etwas gegen die Regierung zu sagen. Kein Schüler hätte es gewagt, sich bei den Lehrern zu beschweren, daß sie uns nur unwichtige Dinge beibringen. Alle haben geschwiegen. Das finde ich furchtbar. Aber ich habe ja damals auch nichts gesagt und hatte Angst. Vor den Schlägen, vor der Gewalt.

9

Am sechzehnten Juni ist die Schule früher aus. Die Lehrer rufen uns zusammen. Irgend etwas stimmt nicht. Auf ihren sonst so strengen Gesichtern spiegelt sich ein Ausdruck, den ich nur von meinen Mitschülern kenne: panische Angst. Wir stehen dicht gedrängt in der Schulhalle und warten darauf, was die Lehrer uns zu sagen haben. Es herrscht angespannte Stille. Man könnte ein Blatt fallen hören. Schließlich spricht der Direktor. Er fordert uns auf, sofort nach Hause zu laufen, weil in Soweto Unruhen ausgebrochen sind und die Polizei auf Schüler schießt und sie tötet. Alle rennen wie wild drauflos. Florah, Linah, Maria und ich haben in der Halle nebeneinander gestanden. Jetzt haben wir Mühe uns nicht zu verlieren. Florah nimmt Linah an die Hand, und sie, Maria und ich laufen so schnell wir können die Hofmeyer Street entlang nach Hause. Auf den Straßen herrscht Chaos. Kurz nachdem ich zu Hause angekommen bin, kommt Johannes von der Schule in Tembisa zurück. Er hat eine Nachmittagsausgabe der *World* dabei. Die ganze Zeitung ist dem Massaker in Soweto gewidmet, und auf der Titelseite sieht man ein Foto, auf dem Schüler die Leiche von Hector Peterson tragen, einem dreizehnjährigen Jungen, der von der Polizei erschossen wurde. Das Foto wird später zu einem weltweiten Symbol für das Aufbegehren und die Tragödie des sechzehnten Juni.

Am nächsten Tag erklärt uns der Direktor beim Appell,

daß trotz des Massakers der Unterricht weitergehen muß. Die älteren Schüler murren zwar empört, aber mehr passiert nicht. Während des Morgenunterrichts verbreitet sich an der Bovet School das Gerücht, daß die Schüler der anderen Schulen in Alexandra auf der Straße demonstrieren und daß die Polizei auf sie geschossen hat.

Die Schule leert sich. Ich renne mit meinen Freundinnen Cynthia, Anania und Dlayani nach Hause. Überall explodieren Tränengaspatronen. Ich muß husten, und meine Augen tränen und brennen. Zu Hause hilft Mama gerade der leidenden Linah, die auch von dem Gas abbekommen hat. Mit einem nassen Lappen wischt Mama uns die Augen und Nasen ab. Dabei betet sie für die Sicherheit von Johannes, George und Florah, die an den Demonstrationen teilnehmen.

Den ganzen Nachmittag über höre ich den Lärm von Gewehrschüssen. Überall ist Tränengas, überall stehen Lastwagen der Polizei. George, Florah und Johannes kehren nach Hause zurück und schleppen Tüten voll mit Lebensmitteln und anderen geraubten Sachen. Sie erklären Mama, daß verschiedene Regierungsgebäude, Lieferwagen, Bierhallen und Geschäfte in Brand gesetzt wurden und daß die Leute sich selbst bedienen. Sie sind ganz aufgeregt und wollen wieder hinausgehen, aber Mama hindert sie daran. »Ihr werdet noch erschossen«, sagt sie.

In ganz Alexandra brennt es, und beißender schwarzer Rauch hängt über dem Ghetto. Mama hat Angst um Papa, der schon längst von der Arbeit zurück sein müßte. Als er endlich nach Hause kommt, erzählt er, daß sein Bus nicht nach Alexandra hineinfahren konnte, weil zuvor mehrere Busse in Brand gesetzt worden waren. Er mußte in Lombardy East aussteigen und den ganzen Weg nach Hause laufen. Am Abend fährt die Polizei von Straße zu Straße und schießt Tränengas in die Höfe, um die Demonstranten in die Häuser zurückzudrängen. Tränengas dringt durch die Ritzen in der Tür und in den Fenstern, und Linah und Diana übergeben sich. Es ist unmöglich zu schlafen.

Am Morgen danach fällt der Unterricht aus. Die Anti-Terror-Einheiten in ihren gepanzerten Fahrzeugen sind immer noch überall. Florah und Johannes sind ständig unterwegs. Jedesmal kommen sie mit erbeuteten Sachen nach Hause: Tüten mit Mealie-Meal und Zucker, Kästen mit kalten Getränken, mit Broten, Konserven und Päckchen mit Kerzen. Ich frage Florah, was los ist, und sie erklärt mir, daß die Schüler in Soweto eine Revolution begonnen haben.

»Was ist das, eine Revolution?«

»Das ist ein Aufstand der Black-Power-Bewegung.«

»Was bedeutet Black Power?«

»Das bedeutet, daß wir die Weißen bekämpfen werden.«

»Und sie auch töten?«

»Ja. Auch töten.«

Plötzlich hat sich alles geändert. Was gestern noch Geschichten aus Mamas Vergangenheit waren, ist heute für uns alle Realität. Auch für mich. Und ich begreife, daß in einer solchen Situation für die Angst keine Zeit bleibt. Daß die Gewalt zum Alltag gehört. Wenn man mich fragen würde, ich hätte auch nichts dagegen, Weiße zu töten. Nicht im geringsten. Für mich sind alle Weißen wie die Polizisten, die mich bei den Razzien der Peri-Urban in Angst und Schrecken versetzen. Weiße Männer mit behaarten Unterarmen. Als ich ein paar Tage, nachdem die Unruhen begonnen haben, von der Gemeinschaftslatrine zurück zu unserer Hütte gehe, höre ich Mashudus Mutter verzweifelt weinen. Ich renne nach Hause und frage Mama nach dem Grund.

»Die Polizei hat Mashudu erschossen. Sie ist tot.«

Ich bin schrecklich traurig. Ich mochte Mashudu gern. Sie war Florahs beste Freundin und zehn Jahre älter als ich. Mit ihr durfte ich manchmal Mutter und Kind spielen, und sie hat mir Seilspringen beigebracht. Ich hasse die Polizei! Immer wenn ich sie sehe, laufe ich weg. Wegen der Unruhen bleibt die Schule jetzt für mehrere Monate geschlossen. Hunderte von Schülern werden verhaftet und ohne Gerichtsverhandlung eingesperrt. Aus der Zeitung liest uns Johannes vor, daß unter den Gefangenen auch Stephen Bantu Biko ist, der Führer der Black-Consciousness-Bewegung (BC).

Ich frage Johannes, ob er vorher schon etwas über Stephen Bantu Biko gehört hat. Er erzählt mir, daß die BC-Bewegung eine riesige Anhängerschaft unter den Schülern und den militanten Schwarzen hatte, vor allem unter denen, die vorher dem mittlerweile verbotenen PAC angehörten. Biko, den Johannes für einen begnadeten politischen Vordenker hält, war aufgrund seiner scharfsinnigen Angriffe auf liberales weißes Gedankengut populär geworden. Er hat immer gefordert, daß Schwarze ihren Weg allein gehen sollten, bis sie ein eigenes Bewußtsein ihres Stolzes und ihrer Unabhängigkeit entwickelt hätten. Dann, und das erklärt mir Johannes ganz genau, wäre das Zusammenleben mit den Weißen nicht länger »künstlich«, ein »einseitiger Prozeß, bei dem die Weißen sagen, wo es langgeht, und die Schwarzen sich das einfach nur anhören.«

Am achtzehnten August 1977 stirbt Biko in Polizeihaft. Nach Darstellung der Polizei stirbt er im Verlauf eines Hungerstreiks, aber die Autopsie ergibt, daß er durch schwere Schläge auf den Kopf umgekommen ist. Bikos Tod löst neue Unruhen aus.

Als ich schließlich wieder zur Schule gehe, erfahre ich, daß die Anti-Terror-Einheiten mehrere meiner Mitschüler getötet haben. Einige haben die Schule abgebrochen. Andere sind aus dem Land geflohen. Wieder andere sind von ihren verängstigten Eltern auf Schulen ihrer Homelands geschickt worden. Meine Freunde haben zum Glück alle überlebt. Aber die Verhältnisse sind nicht mehr dieselben. Wir haben unsere Unschuld verloren.

In der Zeit der Unruhen werden Janice' Ohnmachtsanfälle noch schlimmer. Weder Schnupftabak noch kaltes Wasser vermögen sie aufzuwecken. Nur eine einzige Sache funktioniert: *Manchomani.*

An einem heißen Dienstagnachmittag verliert sie zu Beginn des Nähunterrichts wieder das Bewußtsein. Zwei Jungen tragen sie ans Tor unter den Baum mit dem riesigen Blätterdach und legen sie dort auf eine *Xithebe*, eine Matte aus

Schilfstroh. Mistress Mabaso befiehlt Anania, Cynthia und mir, *Manchomani* aufzuführen. Da wir keine Trommeln haben, greifen wir uns einige verbeulte runde Blecheimer, stellen sie auf den Kopf, knien uns hin und fangen an, mit unseren Händen rhythmisch darauf zu schlagen, um Kontakt mit den Geistern herzustellen, die von Janice' Körper Besitz ergriffen haben.

Plötzlich zuckt ihr Körper zum Klang der Trommeln, als hätte sie einen Anfall. Wir steigern das Trommeltempo. Ihr Körper fängt an, sich wie wild zu schütteln, sie öffnet den Mund und gibt kehlige Laute von sich, die in eine eigenartige Stimme übergehen, die nicht im entferntesten wie die von Janice klingt. Die Stimme redet auf Nguni, der Sprache der Geisterwelt.

Amadoda Bulelizwe
Ihr Menschen auf dieser Welt
Ngi phuma gude.
Ich komme von weit her.
Angilalanga,
Ich kann keine Ruhe finden,
Sebekhuluma ngami.
Es wird viel über mich geredet.
Sebeyangi zonda.
Deshalb haßt man mich
...

Als Janice diese Botschaft aus der Geisterwelt übermittelt, steigern Anania, Cynthia und ich den Rhythmus zum Crescendo. Daraufhin fährt der Geist, der sich Janice' bemächtigt hat, mit einem lauten Schrei aus ihr heraus. Auf der Stelle entspannt sich ihr Körper. Sie atmet ruhig und tief und erwacht aus dem Trancezustand. Dann sieht sie sich um und wundert sich, wo sie ist. Sie ist ehrlich überrascht, sich unter einem Baum wiederzufinden und fragt, was passiert ist. Ich erkläre es ihr auf dem Weg zurück ins Klassenzimmer.

Die Geister sehen und wissen alles. Sie benutzen uns. Und

von unserer Welt zu ihrer ist es nicht besonders weit. Mit Trommeln kann man den Weg ganz schnell zurücklegen. Auch mit guten und bösen Gedanken kann man die Geister rufen und sie beauftragen.

Papa zum Beispiel ist davon überzeugt, verhext zu sein. Wenn man ihn fragt, warum, schaut er einen erstaunt an. Das ist doch völlig klar. So oft ist er ins Gefängnis geworfen worden wegen dieser unsäglichen Paßgesetze. So oft hat Mama schon versucht, Papiere zu bekommen, noch nie hat es geklappt. Und außerdem kämpft er seit Jahren um ein besseres Leben für uns alle – ohne den geringsten Erfolg. An einem Wochenende wird Mamahulu zu uns nach Hause geholt. Sie soll den Fluch vertreiben. Mamahulu, deren Name Große Mutter bedeutet, ist eine *Sangoma*. Sie ist Mamas ältere Schwester. Bevor sie eine *Sangoma* wurde, war sie sehr häufig von *Swikwembu* besessen, genau wie Janice. Sie zählt zu den einflußreichsten *Sangomas* in Giyani, dem Homeland der Shangaan im Nördlichen Transvaal. Von Zeit zu Zeit besucht sie Alexandra. Sie vertreibt böse Geister aus Häusern, deren Bewohner viel Pech erlebt oder Tragödien erlitten haben.

Zu ihren Ehren kauft Papa eine Ziege und schlachtet sie, Mama kocht daraus ein Festmahl. Den Tag über haben sich meine Eltern mit Mamahulu zu geheimen Beratungen über das Zustandekommen und die Natur unserer Probleme zurückgezogen. Mamahulu befragt ihre Weissagungsknochen und findet schließlich eine Erklärung: Einer unserer Nachbarn ist neidisch und gönnt es uns nicht, daß wir es zu etwas bringen. Um unserem böswilligen Nachbarn einen Strich durch die Rechnung zu machen, müssen wir unser Haus läutern und von der schädlichen Wirkung des *Muti*, des Zaubermittels des Nachbarn, befreien.

Alle sind bei der Läuterungszeremonie am Sonntagabend anwesend, alle außer George und Johannes, die nicht an Hexerei glauben und nicht an den Zeremonien, an *Phala* und *Biya tiyindlu*, teilnehmen wollen.

Mamahulu wirkt sehr furchterregend. Sie ist eine dicke, ernste Frau. Ihre Augen sind immer blutunterlaufen. Wir sitzen mitten in der Küche in einem Kreis und singen ein Lied, während sie die Läuterungszeremonie abhält. Ich beobachte sie aufmerksam. Während wir singen, beginnt sie, die unterschiedlichen Formen, in denen der Hexenzauber sich in unser Haus eingeschlichen hat, zu imitieren. Sie macht die Geräusche und Bewegungen eines Affen, einer Katze, eines Löwen und einer Ratte nach.

Am Ende der Zeremonie fordert sie alle Familienmitglieder auf, in derselben Badewanne ein Bad zu nehmen. In das heiße Wasser streut sie geheimnisvolle Kräuter. Das Bad soll uns alle vom Pech befreien. Nachdem wir gebadet haben, kippt Mamahulu das schmutzige Wasser auf die Straße. Dadurch soll das Pech zu unserem böswilligen Nachbarn zurückkehren.

Nach der Zeremonie ritzt sie uns allen mit derselben scharfen Rasierklinge die Haut auf der Brust an mehreren Stellen ein. Die kleinen Einschnitte tun ziemlich weh, aber ich beiße die Zähne zusammen. Hinterher cremt sie die Stellen mit einer speziellen Salbe ein und überreicht jedem von uns ein Amulett, das wir zum Schutz gegen künftige Unbill tragen sollen. Meins ist ein kupfernes Armband.

Ich bin sehr beeindruckt von Mamahulus Kräften. Auch meine Eltern vertrauen ihr blind, vor allem Papa, der nach der Zeremonie überglücklich ist. Als Mamahulu mich einlädt, sie einmal in Giyani zu besuchen, willige ich begeistert ein. Ich stelle mir vor, daß sie in sagenhaftem Reichtum lebt, genau wie der Zulu-*Sangoma*, über den Johannes einen Artikel in der *World* gelesen hat. Dem *Sangoma* wird nachgesagt, er hätte hundert Frauen und mehr als zweihundert Kinder, jede Menge Mercedes-Limousinen, eine riesige Villa und sogar einen eigenen Hubschrauber. Mamahulu muß einfach eine reiche Frau sein. Schließlich weiß ich, daß ihr Sohn Freddie mehr als ein Dutzend Frauen und ein Auto besitzt.

»Kann Mamahulu alle schlechten Menschen mit einem Bann belegen?« frage ich Mama, nachdem Mamahulu gegangen ist.

»Nein«, erwidert Mama. »Ihr *Muti* dient nur dazu, Gutes

zu tun und Leben zu retten. Wenn sie ihre Kräfte benutzen würde, um etwas Schlechtes zu tun, würde sie sie verlieren. Warum fragst du?«

»Och«, sage ich mit einem verschmitzten Lächeln, »ich bin bloß neugierig.«

Ich sage Mama nicht, daß ich eine ganze Reihe besonders böser Menschen wüßte, die ich liebend gerne mit einem Bann belegen würde: Lehrer und Lehrerinnen, die Schüler prügeln; stark behaarte weiße Polizisten; und eine der übelsten Schlägerinnen an meiner Schule und in unserem Viertel, ein Mädchen namens Amanda.

10

Alle Schüler herhören!« schreit Mistress Mabaso. Ihre Stimme wirkt wie ein Donnerschlag. An der Tafel stehen Sätze, mit deren Hilfe wir Schreibschrift lernen sollen.

Meine Freundin Dlayani steht neben Mistress Mabaso und weint.

»Dlayani sind zwanzig Rand abhanden gekommen«, sagt die Mistress. »Hat jemand von euch sie genommen?«

Keine Antwort.

Mistress Mabaso schreitet den Gang auf und ab; mit strengem Blick forscht sie nach Anzeichen, wer die zwanzig Rand haben könnte. »Das Geld ist für die Miete bestimmt«, sagt sie. »Wenn Dlayani die Miete nicht bezahlt, was glaubt ihr wohl, wird ihrer Familie dann passieren? Man wird sie hinauswerfen. Sie und ihre Familie werden obdachlos wie die Leute, die ihr täglich auf den Straßen seht. Wollt ihr, daß so etwas einer eurer Mitschülerinnen passiert?«

»Nein«, rufen alle im Chor.

»Also dann, wo sind die zwanzig Rand?«

Schweigen.

»Dlayani sagt, daß sie das Geld noch hatte, als sie heute morgen in die Schule kam.« Mistress Mabaso stellt sich wieder vorn hin mit dem Gesicht zur Klasse. Ihr Blick ruht direkt auf meiner Schulbank in der ersten Reihe. Dlayanis Platz ist zwischen mir und Cynthia. Wir sitzen zu dritt in eine Bank gequetscht.

Ich vermeide es, Mistress Mabaso in die Augen zu sehen, und senke den Blick. Niemand in der Klasse kann ihr länger als ein paar Sekunden in die Augen sehen. Sie ist eine der gefürchtetsten Lehrerinnen an der Bovet School.

Ich fange an zu weinen, weil Dlayani eine meiner besten Freundinnen ist und ich sie nach der Schule zum West Rand Administration Board begleiten sollte, wo sie die Miete bezahlen muß. Ihre Familie ist noch ärmer als meine. Ihre Hütte noch kleiner als unsere. Dlayanis Mutter stapft durch das ganze Township und verkauft allen möglichen Schnickschnack. Ihr Vater sammelt Müll.

»Miriam«, fragt Mistress Mabaso unvermittelt, »hast du das Geld gesehen?«

»Nein, Mistress.«

Sie schaut zu Cynthia und fragt: »Hast du das Geld gesehen?«

»Nein, Mistress.«

Mistress Mabaso wendet sich jetzt dem Rest der Klasse zu. »Falls irgendeiner von euch irrtümlich das Geld an sich genommen hat, aber Angst hat, daß ich ihn bestrafe, verspreche ich ihm, es nicht zu tun.«

Die Minuten vergehen. Niemand gibt zu, die zwanzig Rand genommen zu haben. Ich kann deutlich spüren, daß die Geduld von Mistress Mabaso bald am Ende ist. Ich bin fest davon überzeugt, daß sie gleich in die Schublade ihres Pults greifen und das dicke Schlauchstück hervorholen wird, um uns wahllos zu verprügeln. In der Vergangenheit hat sie das auch immer gemacht, wenn jemandem ein Bleistift, ein Lineal, das Frühstücksgeld oder ein Buch abhanden gekommen ist und der Dieb sich geweigert hat, es herauszurücken.

»Also hat niemand von euch das Geld gestohlen, ist das so? Es hat sich einfach in Luft aufgelöst?«

Zu meiner Überraschung langt sie nicht nach dem Schlauch. Statt dessen eilt sie zur Tür hinaus. Auf der Stelle geht ein Raunen durch die Klasse, weil alle Schüler darüber diskutieren, wer Dlayani die zwanzig Rand gestohlen haben könnte. Der Verdacht fällt auf Cynthia und mich, weil wir neben Dlayani sitzen. Wenn Blicke töten könnten, hätten unsere Mitschüler uns schon längst erledigt.

Es tritt Ruhe ein, als wir vor der Tür Stimmen vernehmen. Herein kommt Mistress Mabaso zusammen mit Mr. Tiba, der die Standard Five unterrichtet.

»Alle Jungen aufstehen«, verlangt er. »Ihr kommt mit mir.«

Die wackligen Schulbänke quietschen, als sich die Jungen dahinter hervorquetschen, um Mr. Tiba nach draußen zu folgen. Jeder weiß, was passieren wird. Mr. Tiba bringt die Jungen zu den Latrinen, wo sie sich ausziehen müssen und durchsucht werden. Mistress Mabaso wird mit den Mädchen das gleiche machen. Ich atme erleichtert auf. Es wird also keine wahllose Bestrafung geben. Der Schuldige wird bestimmt gefunden.

Ich bin so erleichtert, daß ich als eine der ersten anbiete, mich durchsuchen zu lassen. Ich öffne meine Handflächen zum Zeichen, daß ich nichts darin verberge, dann hebe ich meine Arme über den Kopf. Mistress Mabaso filzt mich gründlich. Sie sieht sogar in meiner Unterhose nach. Ich bin sauber.

Dann bemühe ich mich, Dlayani zu trösten. »Mach dir keine Sorgen, das Geld taucht bestimmt wieder auf.«

Plötzlich dreht sich Mistress Mabaso zu mir um und fragt: »Was hast du da eben gesagt, Miriam?«

»Ich habe Dlayani nur gesagt«, erwidere ich mit Herzklopfen, »daß sie sich keine Sorgen machen soll.« Als ich meine Mitschülerinnen ansehe, fällt mir etwas auf. Ich bemerke, daß eine Schülerin sich ans Ende der Schlange stiehlt. Es ist Amanda. Sie ist klein und zäh, eine Schlägerin, die schon ziemlich viele Mädchen aufs Korn genommen und verprügelt hat. Sie wohnt im Nachbarhof auf der 13th Avenue, und wir beide gehören zur Twelve Apostles Church of God, die in Amandas Hof liegt. Schon oft hat sie mit mir Streit gesucht, aber ich bin ihr immer aus dem Weg gegangen.

Schließlich hat Mistress Mabaso alle Mädchen durchsucht,

ohne daß etwas gefunden worden ist. Nur noch Amanda fehlt.

»Ich will nicht durchsucht werden«, sagt sie.

Mistress Mabaso starrt sie an wie vor den Kopf geschlagen. Die anderen Mädchen stehen wie versteinert da. Amanda muß verrückt geworden sein. Niemand wagt es, Mistress Mabaso den Gehorsam zu verweigern; keiner würde das überleben.

»Was hast du gesagt?« Im Gesichtsausdruck von Mistress Mabaso spiegeln sich Ungläubigkeit und Wut.

Amanda antwortet nicht.

Mistress Mabaso befiehlt dem Rest der Klasse den Schulraum zu verlassen. »Raus mit euch. Ich möchte allein mit Amanda reden.«

Wir gehorchen prompt. Sobald wir draußen sind, rangeln wir um die besten Plätze am Fenster, um das Schauspiel, das im Klassenzimmer abläuft, hautnah mitzuerleben. Da ich als eine der ersten draußen bin, klebe ich mit dem Gesicht an der zerbrochenen Fensterscheibe und kann alles sehen und hören.

»Für wen hältst du dich, daß du dich nicht durchsuchen lassen willst?« fragt Mistress Mabaso wütend.

Bevor Amanda antworten kann, schlägt ihr die Mistress hart ins Gesicht.

Ich bin wie benommen. Nie zuvor habe ich gesehen, daß eine Lehrerin oder ein Lehrer einem Schüler mit der Hand ins Gesicht schlägt. Sie schlägt noch einmal zu. »Wo ist das Geld?« will sie wissen.

Amanda verzieht trotzig den Mund.

Mistress Mabaso schlägt sie erneut. Amanda weint nicht. Mistress Mabaso packt sie und filzt sie gewaltsam. »Wo ist das Geld?«

Amanda sagt kein Wort. Ihr Blick drückt Haß und Verachtung aus. Ich bin überzeugt, daß sie stur bleiben wird – sie hat den Ruf, die Lehrerinnen zu verachten – und daß sie das Geld nicht hat. Augenblicklich schwenkt meine Sympathie auf ihre Seite.

»Wo ist das Geld?« fragt Mistress Mabaso noch einmal.

Amanda sagt nichts.

Plötzlich versetzt ihr die Mistress einen Faustschlag auf den Mund. Amanda brüllt und spuckt etwas aus. Einen Zahn. Blut quillt ihr aus dem Mund. Ich bin schockiert. Warum verprügelt Mistress Mabaso eine unschuldige Schülerin?

»Wo ist das Geld?« fragt Mistress Mabaso, und hebt ihre Faust, um wieder zuzuschlagen.

»Hier ist es«, sagt Amanda und spuckt ein zerknülltes, blutverschmiertes Papier aus. Es ist eine Zwanzig-Rand-Note. Sie hatte sie offensichtlich unter ihrer Zunge versteckt.

»Geh, wasch es ab und gib es Dlayani zurück«, sagt Mistress Mabaso.

Amanda gehorcht ehrerbietig. Mit gesenktem Kopf verläßt sie den Klassenraum. Die anderen Mädchen gehen wieder zu ihren Plätze. Mistress Mabaso läßt uns allein und kommt mit den Jungen zurück. Amanda betritt den Klassenraum, in der Hand die abgewaschene Zwanzig-Rand-Note.

»Gib sie Dlayani.«

Ich beobachte, wie Amanda mit gesenktem Blick zu unserem Tisch stapft. Als sie vor uns steht, sehe ich den Haß in ihren Augen. Sie streckt die Hand aus, und Dlayani nimmt die feuchte Zwanzig-Rand-Note.

»Sag, daß es dir leid tut«, fordert Mistress Mabaso sie auf.

Amanda zögert und murmelt dann: »Es tut mir leid.«

»Jetzt pack deine Bücher zusammen und verschwinde. Ich dulde keine Diebe in meiner Klasse.«

Die gedemütigte Amanda packt langsam ihre Bücher und geht hinaus. Mistress Mabaso setzt den Unterricht fort, als wäre nichts geschehen. Mir fällt es schwer, mich auf den Stoff zu konzentrieren. Hat Amanda es verdient, dermaßen geschlagen zu werden? Auch wenn sie das Geld gestohlen hat? Aber dann wird mir klar, daß sie ohne die Schläge das Geld nie herausgerückt hätte und daß Dlayani und ihre Familie aus ihrer Hütte geworfen worden wären.

Nach der Schule gehen Dlayani und ich zum WRAB in Wynberg, um die Miete zu bezahlen. Unterwegs sagt sie zu mir: »Es tut mir leid, was mit Amanda passiert ist. Ich hätte es besser gefunden, wenn sie mir das Geld zurückgegeben hätte, bevor sie von der Mistress geschlagen wurde.«

»Ich auch.«

»Glaubst du, daß Amanda mich jetzt dafür haßt?« Sie sieht mich besorgt an.

»Ich hoffe nicht.«

»Aber ich habe Angst, daß sie mich verprügeln will.«

»Wenn sie mit dir Streit sucht, dann mach es doch wie ich«, sage ich und hake mich bei ihr ein.

»Und was machst du?«

»Ich lasse sie einfach stehen.«

Am Abend erzähle ich Mama, was passiert ist.

»Wie die Mutter, so die Tochter«, antwortet sie. »Amanda hat das alles von ihrer Mutter gelernt. Selbst das Prügeln. Ich habe mich einmal mit ihrer Mutter geprügelt. Das war, bevor ich mich der Kirche angeschlossen habe. Seit ich Gottes Dienerin bin, schlage ich mich nicht mehr. Aber Amandas Mutter provoziert mich trotzdem hin und wieder. Ich gehe dann einfach weiter, weil ich weiß, daß mich nur der Teufel in Versuchung führen will.«

11

Miriam Mathabane«, ruft mich Mistress Mabaso auf.

»Anwesend«, antworte ich und hebe die Hand.

»James Mathebula«, schreit Mistress Mabaso.

James hebt seine Hand und erwidert: »Anwesend.«

Die Mistress geht die Liste alphabetisch durch und macht neben jedem Namen in der Anwesenheitsliste einen Strich. Dieses Ritual führt sie jeden Morgen vor Unterrichtsbeginn durch. Abwesenheit wird ernsthaft bestraft, außer es liegt eine begründete Entschuldigung vor, zum Beispiel der Tod eines Familienangehörigen. Krankheit wird als Entschuldigung in den seltensten Fällen anerkannt, nur dann, wenn man ein Attest von einem Arzt hat.

Eine Schülerin fehlt: Amanda. Durch das Fenster sehe ich sie mit ihrer Mutter kommen. Sie gehen trotzig über den Schulhof und steuern geradewegs das Büro des Direktors auf der Rückseite der Schule an. Kommt Amandas streitsüchtige Mutter etwa, um Mistress Mabaso zu verprügeln?

Da klopft es an der Tür. Ein großer, schlaksiger Junge in einer ordentlichen Schuluniform und einem Blazer kommt herein. »Mistress Mabaso«, sagt er respektvoll, »der Direktor möchte Sie in seinem Büro sehen.«

»Sag ihm, ich komme gleich«, erwidert sie. Sie ist nicht die Spur beunruhigt. Sie weist uns an, unsere Rechentabellen für einen mündlichen Test zu wiederholen. Sie trägt dem aufsichtführenden Schüler auf, alle Namen der Störer aufzuschreiben, und verläßt die Klasse. Kurz darauf geht Cynthia zum Aufseher, einem Jungen, der hinten im Klassenzimmer sitzt, und bittet um die Erlaubnis, zur Toilette gehen zu dürfen. Mir ist klar, daß Cynthia die Ausrede mit der Toilette benutzt, um an der Tür des Direktors zu lauschen.

Nach zehn Minuten kehrt sie wieder zurück. »Du wirst nicht glauben, was passiert ist«, flüstert sie mir zu.

Aber bevor sie es mir erzählen kann, geht die Tür auf. Zur allgemeinen Überraschung tritt Amanda ein und hinter ihr Mistress Mabaso. Ich sehe durchs Fenster, daß Amandas Mutter den Schulhof verläßt. Weil Amandas Mutter als Schlägerin bekannt ist, erwarte ich den Anblick von Blut auf dem Kleid von Mistress Mabaso oder zumindest Spuren einer Prügelei in ihrem Gesicht. Nichts dergleichen.

»Setz dich«, sagt die Mistress zu Amanda.

»Ja, Mistress«, erwidert Amanda mit reumütiger Stimme und setzt sich hin.

Mittagspause

Cynthia, Dlayani, Margaret und ich teilen uns in der Mittagspause ein üppiges Essen, das aus Fish and Chips, Wiener und Polnischen Würstchen sowie Fanta besteht und das wir mit den zwei Rand bezahlen, die ich am Tag zuvor beim Kartenspiel gewonnen habe.

»Mistress Mabaso hat Amandas Mutter direkt in die Augen gesehen«, berichtet Cynthia, »und gesagt: ›Ihr Kind ist beim Diebstahl erwischt worden. Diebstahl ist ein Verbrechen. Dann hat sie ihre Tat dadurch noch schlimmer gemacht, daß sie geleugnet hat. Ist Ihnen klar, daß sie für so ein Verhalten von der Schule fliegen kann?‹«

Cynthia unterbricht sich, um von ihrem Würstchen abzubeißen, und fährt anschließend fort: »Amandas Mutter sagte zu Mistress Mabaso: ›Es tut mir leid, was Amanda getan hat. Ich möchte mich bei Ihnen bedanken, daß Sie meine Tochter bestraft haben. ‹«

»Das hat sie wirklich gesagt?« frage ich ungläubig.

»Ja.«

»Und was ist dann passiert?« fragt Dlayani, während sie an ihren fettigen Chips knabbert.

»Dann hat die Mutter Amanda aufgefordert, sich bei Mistress Mabaso zu entschuldigen.«

»Und, hat sie's getan?« frage ich.

»Hat sie.«

Eigentlich bin ich doch nicht überrascht. Nur wenige Eltern wagen es, die Autorität eines Lehrers oder einer Lehrerin im Klassenzimmer in Frage zu stellen. Lehrer und Lehrerinnen werden als verlängerter Arm der elterlichen Autorität betrachtet und haben damit die Genehmigung, Schüler bei Fehlverhalten zu züchtigen. Und nur wenige Lehrer und Lehrerinnen wollen ihrerseits an Autorität verlieren, weil ihnen damit die Kontrolle über die Klasse entgleitet, und das ist gleichbedeutend mit der Beeinträchtigung ihres Unterrichts. Deshalb fühlen sich selbst die netten Lehrer – und davon gibt es ohnehin nur sehr wenige – gezwungen, Schüler zu züchtigen, um die Klassen im Griff zu behalten.

Ich hasse viele meiner Lehrer und Lehrerinnen. Die meisten sind im Grunde anständige Menschen, und ich weiß, daß sie ihr Bestes tun, um uns etwas beizubringen. Aber ich finde es schrecklich, daß sie uns dauernd bestrafen, vor allem, weil die Strafen so hart und willkürlich sind. Es ist, als würden sie ihren ganzen Frust an uns auslassen.

Eines Tages komme ich in der Schule an, ohne gefrühstückt zu haben, weil es zu Hause nichts zu essen gibt. Mir ist ganz schwindlig vor Hunger. Lehrer Nyoko ist gerade dabei, eine Matheaufgabe an die Tafel zu schreiben. Wir schreiben einen unserer wöchentlichen Mathematiktests. Ich weiß genau, wenn ich nichts esse, werde ich mich nicht konzentrieren können. Und wenn ich mich nicht konzentrieren kann, werde ich den Test nicht bestehen und bestraft werden. Zum Glück hat Cynthia eine Apfelsine dabei.

»Kann ich ein Stück von deiner Apfelsine haben?« flüstere ich Cynthia zu.

»Aber es ist doch verboten, während des Unterrichts zu essen.«

»Ich weiß. Ich habe solchen Hunger.«

Während Lehrer Nyoko uns den Rücken zukehrt, schält Cynthia die Apfelsine und gibt mir schnell ein Stück. Offenbar bin ich nicht die einzige, die Hunger hat, denn vier andere Mädchen bitten Cynthia ebenfalls um ein Stück. Es bleibt ihr nichts anderes übrig, als ihnen auch etwas abzugeben, sonst werden sie petzen.

Plötzlich hört Lehrer Nyoko auf zu schreiben und dreht sich um. Seine Augen blitzen wütend.

»Wer ißt im Unterricht?« fragt er.

Keiner antwortet.

»Ich rieche eine Apfelsine«, sagt er und schnüffelt. Er legt das Mathebuch und die Kreide weg. »Und jetzt will ich wissen, wer von euch eine Apfelsine ißt. Wenn derjenige sich nicht meldet, bekommt ihr alle Schläge.«

Ich stehe auf. Ich nehme die Verantwortung auf mich, weil ich Cynthia schließlich dazu überredet habe, die Apfelsine zu schälen.

»Wer hat noch gegessen?«

»Nur ich.«

»Lüg nicht«, fährt Lehrer Nyoko mich an und geht an sein Pult. Er nimmt den Schlauch in die Hand. Ich weiß, wenn er rausfindet, daß ich lüge, wird er mich grün und blau prügeln.

»Wo sind die Schalen?« will er wissen.

Ich lange unter Cynthias Seite des Tischs und hole die Apfelsinenschalen hervor.

»Steh auf!« herrscht der Lehrer Cynthia an.

Zitternd steht Cynthia auf.

»Wer hat sonst noch von der Apfelsine gegessen?« will Lehrer Nyoko von Cynthia wissen. Angsterfüllt zeigt Cynthia auf die vier anderen Mädchen.

Lehrer Nyoko zitiert uns nach vorne. Dann wählt er zwei

kräftige Jungs aus und befiehlt ihnen, ebenfalls nach vorne zu kommen.

»Miriam«, bellt er, »du bist die Anführerin. Du kriegst als erste Schläge.«

Lehrer Nyoko weist die Jungs an, mich mit dem Gesicht nach unten auf eine Bank zu legen und festzuhalten. Einer der beiden packt mich an den Händen, der andere an den Füßen. Dann schlägt der Lehrer mit dem Schlauch auf meinen Hintern und meine Oberschenkel ein.

So schlimm bin ich noch nie verprügelt worden. Ich schreie vor Schmerzen, aber er hört nicht auf. Endlich, als ich das Gefühl habe, gleich ohnmächtig zu werden, läßt er von mir ab. Als nächstes nimmt er sich Cynthia vor, und dann die anderen vier Mädchen.

Mein Hintern und meine Oberschenkel sind so stark geschwollen, daß das Sitzen eine Tortur ist. Über eine Woche lang verursacht das Sitzen mir entsetzliche Schmerzen. Und alles nur, weil ich es gewagt habe, ein Stück Apfelsine während des Unterrichts zu essen, um nicht vor Hunger bei einem Test durchzufallen.

Lehrer Nyoko hat noch eine ungewöhnliche Methode, uns zu bestrafen. An einem Freitag fällt die ganze Klasse bei einem besonders schweren Mathetest durch.

»Ich habe euch doch gesagt, ihr sollt fleißig lernen«, sagt er, während er die miserablen Noten verkündet. »Soll ich euch etwa alle verprügeln?«

»Nein!« antworten wir im Chor.

»Dann sagt mir, welche Strafe ihr für angemessen haltet.«

Kein Schüler wagt es, eine Strafe vorzuschlagen.

»Ich bin heute zufällig besonders gnädig gestimmt«, sagt Lehrer Nyoko geheimnisvoll. »Schließlich ist es Wochenende.«

Alle atmen erleichtert auf.

»Aber zum Dank dafür, daß ich euch die Prügel erspare, müßt ihr mir einen kleinen Gefallen tun.«

Wir sehen ihn verwirrt an. Was für einen Gefallen könnten wir dem allmächtigen Lehrer Nyoko tun?

»Ich bin pleite«, verkündet er. »Und ich werde erst am Ende des Monats bezahlt. Ich brauche dringend Zigaretten und etwas Geld, um mir fürs Wochenende ein paar Flaschen Bier zu kaufen. Glaubt ihr, ihr könnt mir aushelfen?«

Wir sind natürlich bereit, alles zu tun, um der Prügelstrafe zu entgehen. Lehrer Nyoko geht mit einem Hut durch die Bankreihen und erpreßt Geld von seinen verarmten Schülern. Ich habe keins, aber ich leihe mir fünf Cents von Cynthia, damit ich meinen Beitrag leisten kann. Als alle bezahlt haben, zählt Lehrer Nyoko das Geld. Dann schickt er einen der älteren Jungs zum Laden an der Ecke, um ihm eine Schachtel Zigaretten zu kaufen. Den Rest des Gelds steckt er ein.

12

Amanda macht immer wieder Ärger. Sie ist einfach gemein. Schläge und Demütigungen helfen bei ihr gar nichts. Im Gegenteil. Sie sucht dann um so mehr nach einem Anlaß, um sich zu rächen. Eines Tages klaut sie Dlayanis Bleistift.

Wenn man keinen Bleistift hat, um mitschreiben oder an einer Klassenarbeit teilnehmen zu können, zieht das Prügel nach sich. Um sicherzugehen, daß wir immer einen Bleistift haben, zerbrechen wir gewöhnlich einen vollständigen Bleistift in drei oder vier kleine Teile, spitzen sie an und verstauen sie in der Schulbank.

Margaret beobachtet Amanda dabei, wie sie vor einer Klassenarbeit Dlayanis Bleistift nimmt, und sie erzählt es Dlayani. Meine Freundin ist, genau wie ich, als Feigling bekannt, weil sie es vermeidet, sich in Auseinandersetzungen hineinziehen zu lassen. Aber die Angst vor der Bestrafung bringt sie doch dazu, Amanda anzusprechen. »Gib mir den Bleistift zurück, du Diebin, oder ich verprügele dich nach der Schule.«

Amanda kann es gar nicht fassen, daß Dlayani es gewagt hat, ihr Schläge anzudrohen, anstatt sie bei der Mistress zu verpetzen.

»Also gut«, erwidert Amanda, »dann nach der Schule. Ich sehne mich schon lange danach, dir eine Lektion zu erteilen, du verdammte Shangaan.«

Amanda gibt ihr den Bleistift nicht zurück. Zum Glück habe ich noch einen, den ich Dlayani leihen kann. Aber für den Rest des Tages ist sie völlig durcheinander.

»Was ist denn los?« frage ich sie kurz vor Schulschluß.

»Ich habe Angst, mich mit Amanda zu schlagen«, antwortet sie.

»Und warum hast du sie dann herausgefordert?«

»Ich war nicht klar im Kopf. Ich war wütend.«

»Du kannst es immer noch abblasen.«

»Das geht nicht.«

»Wieso nicht?«

»Weil mich dann alle für einen Feigling halten.«

Nach Unterrichtsschluß folgt eine Reihe von Schülern den Kontrahentinnen. Der Kampf kann nicht in der Nähe der Schule stattfinden. Wenn ein Lehrer die Kämpfenden sehen würde, bekämen beide eine saftige Tracht Prügel.

Ich trage Dlayanis Schulbücher. Meine Gedanken sind bei meiner Freundin, und ich versuche sie zu stärken; ich wünsche ihr einen mächtigen Schutzgeist zur Seite. Sie ist keine Kämpfernatur und Amanda hat den Ruf, die unfairste Schlägerin weit und breit zu sein. Wir kommen in der 14th Avenue an, die alle für abgelegen genug halten. Hier muß man keine Angst haben, entdeckt zu werden. Auf einem Fleckchen Wiese bilden wir einen Kreis um Dlayani und Amanda. Beide stopfen den Saum ihrer Schulkleider in die Unterhosen, als Zeichen dafür, daß während des Kampfs kein Pardon gewährt und auch nicht um Gnade gewinselt wird.

Dlayanis Gesichtsausdruck ist plötzlich absolut frei von Angst. Amanda grinst und geifert fast schon. Sie verliert keine Zeit, geht auf Dlayani los und packt sie an den Schultern. Die beiden ringen miteinander. Amanda versucht Dlayani niederzudrücken und sie auf den Boden zu werfen, um ihre typische Amanda-Methode anzuwenden, die darin besteht, so lange auf ihre Gegnerin einzuschlagen und ihr mit ihren langen Fingernägeln das Gesicht zu zerkratzen, bis diese heulend davonläuft.

Aber Amanda hat sich verrechnet. Dlayani gibt um keinen

Zentimeter nach. Im Gegenteil, die als Feigling geschmähte Dlayani überrascht alle damit, daß sie mehr Schläge an Amanda austeilt als umgekehrt. Und ihre Schläge sind wirkungsvoller, denn Amanda blutet schon aus der eingerissenen Unterlippe, und ein Auge ist geschwollen.

Als sie merkt, daß sie den Kampf womöglich verliert, greift Amanda zu ihrer beliebtesten Verzweiflungstaktik: Sie beißt. Sie schlägt ihre scharfen, vorstehenden Zähne in Dlayanis feste, knospende Brust.

Nie zuvor habe ich jemanden derart vor Schmerz brüllen hören wie jetzt Dlayani. Amanda, deren gelbe Zähne blutverschmiert sind, läßt von ihr ab und grinst. »Ich habe dir doch gesagt, daß ich dir eine Lektion erteilen würde«, sagt Amanda, als Dlayani in die Knie sackt, und ihre blutende rechte Brust festhält. Sie hat furchtbare Schmerzen. Amanda packt ungerührt ihre Schulbücher zusammen und schlendert gemächlich nach Hause. Cynthia und ich kommen Dlayani zu Hilfe. Ihre weiße Schulbluse ist blutgetränkt. Sie kann gar nicht aufhören zu weinen. Cynthia und ich öffnen behutsam ihre Bluse, um das Ausmaß der Verletzung zu begutachten. Ich bin entsetzt. Ihre rechte Brust ist derart geschwollen, daß sie doppelt so groß ist wie die linke.

»Wir müssen sie sofort ins Krankenhaus bringen, oder sie stirbt«, sagt Cynthia panisch.

»Ich habe kein Geld«, erwidere ich. »Du etwa?«

»Nein. Hat einer von euch Geld?« fragt Cynthia in die Runde der Zuschauer, die dem Kampf beigewohnt haben. Keiner hat welches. Wir haben alles für unser üppiges Mittagessen ausgegeben.

Ich schlage Cynthia vor, Dlayani einen Block weiter zu uns nach Hause zu bringen. Dort mache ich auf dem Primus-Herd Wasser heiß und streue Salz hinein. Ich tauche einen Fetzen Stoff in die Flüssigkeit und tupfe die Wunde vorsichtig ab. Dlayani verzieht das Gesicht, weint aber nicht. Ich kann die Größe der Löcher, die Amanda mit ihren Zähnen geschlagen hat, nicht fassen.

Wir geben Dlayani etwas zu trinken, sie ruht sich noch ein

bißchen aus, und dann begleiten Cynthia und ich sie nach Hause. Ihre Mutter kommt gerade zurück vom Verkaufen. Wir berichten ihr, was sich zugetragen hat. Sie kann es sich nicht leisten, Dlayani ins Krankenhaus zu schicken, deshalb pflegt sie ihre Tochter mit Hausmitteln weiter. Da sie noch nicht lange in Alexandra lebt und zudem eine sanftmütige Frau ist, macht sie keinerlei Anstalten, sich mit Amandas Mutter wegen des Vorfalls anzulegen.

Trotz ihrer Wunde kommt Dlayani am nächsten Tag zur Schule. Sie traut sich nicht, ohne stichhaltigen Grund zu Hause zu bleiben. Und Mistress Mabaso würde sie und Amanda sowieso nur verprügeln, wenn sie von ihrem Kampf erführe.

13

Ich wußte, es würde nicht mehr lange dauern, bis auch ich Ärger mit der streitsüchtigen Amanda bekommen würde.

An einem Nachmittag, nur wenige Wochen nach dem Kampf zwischen Amanda und Dlayani bin ich mit Amanda, Anania und noch ein paar anderen Kindern aus der Nachbarschaft auf Schatzsuche. Wir durchwühlen einen Berg Briefumschläge neben der Gemeinschaftslatrine gegenüber der Twelve Apostles Church of God. Unser Nachbar, der dicke rabenschwarze Mann mit dem klapprigen Kleinbus, der in einer Fabrik in Wynberg arbeitet, wirft regelmäßig alle möglichen Geschäftsbriefe auf den Müll.

Ich öffne einen der Umschläge und finde zehn Rand darin.

»Ich hab Geld gefunden!« rufe ich beglückt aus und wedle mit den Geldscheinen.

»Wieviel denn?« schreien die anderen.

»Zehn Rand.«

»Die gehören mir«, sagt Amanda und hebt den Umschlag auf.

»Nein, ich hab sie gefunden.«

»Die gehören mir«, sagt Amanda. »Gib sie her, sonst verprügle ich dich.«

Ich laufe nach Hause.

»Mama, ich hab Geld gefunden.«

»Geld? Zeig her«, sagt sie begierig. Wir haben keinen einzigen Cent mehr im Haus. Papa hat schon wieder seinen ganzen Lohn beim Glücksspiel verloren. Wir können uns noch nicht mal einen Laib Brot kaufen. Mama mußte sogar einen Becher Waschmittel von der Nachbarin borgen.

Ich zeige Mama die zehn Rand.

»Hast du das gestohlen, mein Kind?« fragt Mama mißtrauisch.

»Nein Mama, ich hab es gefunden, als wir am Müllhaufen mit den Briefen gespielt haben.«

»Mit welchen Briefen?«

»Du kennst doch den Müllhaufen neben den Latrinen? Da hab ich es gefunden.«

Mama ist überglücklich. Sie sagt, das Geld ist ein Geschenk Gottes. Er will nicht, daß wir hungern. Er will auch, daß Mama den Bus bezahlen kann, um zur Arbeit zu fahren. Und er will, daß meine Geschwister und ich in der Schule Mittagessen bekommen.

Mama steckt die zehn Rand gerade in ihre Börse, als Amanda und ihre Mutter anmarschiert kommen.

»*Musadi*, Frau«, sagt Amandas Mutter aufgebracht. »Deine Tochter ist eine Diebin. Sie hat mein Geld gestohlen.«

»Dein Geld?«

»Ja. Ich habe Amanda zehn Rand gegeben, um die Miete zu bezahlen. Sie waren in diesem Umschlag«, sagt Amandas Mutter und hält Mama den braunen Umschlag vor die Nase.

Mama sieht mich streng an. »Hast du das Geld gestohlen, Kind?«

»Nein. Ich hab es auf dem Müll gefunden.«

»Sie lügt, *Musadi*«, sagt Amandas Mutter. »Sie hat es gestohlen.«

»Ich hab es nicht gestohlen«, schreie ich wütend. »Ihr könnt meine Freundinnen fragen.«

»Sie hat es gestohlen, *Musadi*. Wem willst du glauben? Deiner verlogenen Tochter oder mir?«

»Tut mir leid«, sagt Mama, dreht mir den Rücken zu und gibt Amandas Mutter die zehn Rand. »Du weißt ja, wie Kinder sind.«

»Ja, das weiß ich«, sagt Amandas Mutter und nimmt das Geld entgegen. Dann gehen die beiden.

Mama wendet sich zu mir um. »Ich schäme mich für dich, Miriam. Wie kannst du mich nur so in Verlegenheit bringen?«

»Ich schwöre, ich habe das Geld nicht gestohlen, Mama«, weine ich. »Ich habe es auf dem Müll gefunden.«

Mama hat seit dem Vorfall mit dem Geld nicht mehr mit mir gesprochen, und obwohl ich mich ungerecht behandelt fühle, kann ich es schlecht ertragen, wenn sie mich schneidet. Ich möchte sie wieder versöhnlicher stimmen.

»Was ist mein richtiger Name, Mama?« frage ich sie am Abend. »Miriam oder Luambo?« Sie zögert, blickt mich an und sagt dann langsam:

»Beides sind richtige Namen, mein Kind. Aber Luambo ist der wichtigere.«

»Warum?«

»Weil es der Name ist, unter dem dich deine *Midzimu*, deine Ahnen, kennen«, sagt Mama.

Dann erzählt sie mir die komplizierte Geschichte, wie ich zu meinem Namen kam. Sieben Tage nach meiner Geburt hat Mama mich zu *Mtumbu*, der traditionellen Zauberheilerin gebracht. *Mtumbu*, eine alte, runzlige Frau vom Stamm der Venda, die auf der 11th Avenue wohnte, hat ein langwieriges Taufritual durchgeführt, das die Verbindung zu meinen Ahnen herstellen und mich während der ersten Jahre meiner Kindheit vor Gefahr schützen sollte. Zuerst hat sie mich in Wasser getaucht, das sie mit speziellen Kräutern und Wurzeln zubereitet hatte, dann hat sie jeden Teil meines Körpers, einschließlich der Fontanelle, mit einem scharfen Messer eingeritzt. Als nächstes hat sie mir die Finger- und Zehennägel geschnitten, die abgeschnittenen Stücke verbrannt, zu feiner Asche gemahlen und mit einer speziellen *Muti*, einer traditionellen Medizin, vermischt.

Anschließend hat sie die Schnittwunden und die weiche Stelle auf meinem Kopf mit der *Muti* gesalbt. Die restliche *Muti* hat sie Mama gegeben und ihr aufgetragen, einmal am Tag mit dem kleinen Finger ihrer rechten Hand etwas davon auf meine Fontanelle zu reiben, bis die Schädeldecke sich geschlossen hatte. Außerdem sollte Mama ein bißchen von der *Muti* in mein *Mdoho* mischen, den Brei, der während meiner ersten Lebensmonate neben Mamas Milch meine einzige Nahrung war.

»Und nach dem Taufritual hat sie dir deinen Stammesnamen gegeben: *Luambo*«, sagt Mama.

»Was bedeutet der Name?«

Mama lächelt. »Kurz vor deiner Geburt haben dein Vater und ich viel gestritten.«

»Über Geld?«

»Über was sonst? *Mtumbu* wußte davon, denn ich habe ihr alles erzählt. Also hat sie dich *Luambo* genannt, was auf Venda bedeutet ›zu viel Streit‹.«

»Und woher habe ich den Namen Miriam bekommen?«

»Ich habe ihn dir gegeben«, sagt Mama. »Als ich mit dir zur Säuglingsuntersuchung in die Klinik gegangen bin, brauchte ich einen Namen. Damals gab es in der Klinik eine Vorschrift, nach der jedes Kind einen christlichen Vornamen haben mußte. Also hab ich ihn mir ausgedacht. Ich habe dich nach Miriam, der Schwester Moses' benannt.«

»Du meinst die, die das Baby im Schilf gefunden hat?«

»Ja. Woher kennst du die Geschichte?«

»Wir haben sie in der Schule gelesen. Und wir haben auch den Film gesehen. Er hieß *Die Zehn Gebote*.«

14

Eines Abends kommt Johannes ganz aufgeregt nach Hause.

»Ich habe endlich eine Möglichkeit gefunden, nach Amerika zu kommen«, verkündet er.

»Wirklich?« fragt Mama.

»Ja.«

»Und wie?«

»Über ein Stipendium.«

»Von wem?« Sie kann es kaum glauben.

»Ich habe heute ein weißes Ehepaar kennengelernt. Die beiden haben mir versprochen, mir bei der Bewerbung zu helfen.«

Mama ist Johannes' weißen Freunden gegenüber sehr skeptisch, vor allem, weil er ihretwegen schon mehrfach mit Leuten in Schwierigkeiten geraten ist, die jeden, der sich mit Weißen einläßt, als Verräter beschimpfen.

»Sind diese Weißen aus Südafrika?«

»Nein, aus Amerika.«

»Wie heißen sie?«

»Stan und Marjorie Smith. Stan ist einer der besten Tennisspieler der Welt. Er hat Wimbledon gewonnen und die U.S. Open, außerdem ist er ein guter Freund von Arthur Ashe.«

»Wo hast du die Leute denn kennengelernt?«

»Bei einem Tennisturnier in Johannesburg.«

»Bist du sicher, daß sie dir helfen werden, nach Amerika zu kommen?«

»Sie haben es versprochen.«

»Glaubst du nicht, du hast größere Aussichten, eine Arbeitsstelle zu finden, als nach Amerika zu gehen, mein Sohn?«

»Ich muß nach Amerika, Mama«, sagt Johannes. »Ich muß.«

Ich verstehe nicht, warum Johannes unbedingt nach Amerika will. Als ich Mama frage, erklärt sie es mir: »Dein Bruder hat mir erzählt, daß Schwarze in Amerika frei sind und keinen Paß bei sich tragen müssen. Sie haben gute Jobs und wohnen in schönen Häusern. Und ihre Kinder gehen auf dieselben Schulen wie die Weißen.«

»Gibt es in Amerika Polizeirazzien?«

»Nein.«

Ich mag Amerika und bete, daß Johannes es schafft, dorthin zu kommen. Vielleicht kann er uns alle eines Tages nach Amerika holen, fort von all dem Leid und Elend, fort von Gewalt und Tod, fort von den ständigen schrecklichen Polizeirazzien.

Draußen dämmert es. Das fahle Morgenlicht fällt durch das kleine Küchenfenster, das zur Straße hin liegt. Ich bin wach, seit Papa aus Versehen auf meinen rechten Fuß getreten ist, als er sich über all die schlafenden Kinder hinweg zur Tür getastet hat. Der Fuß tut mir immer noch weh. Plötzlich höre ich lautes Poltern an der Tür der Nachbarhütte, wo meine Freundin Anania wohnt. Gleich darauf höre ich Stimmen: »Aufmachen! Aufmachen! Sonst treten wir die Tür ein!« Ich erstarre. Es ist die Peri-Urban. Sie machen schon wieder eine Razzia.

Plötzlich wird mir klar, daß Mama immer noch im Haus ist. Und ihre Papiere sind nicht in Ordnung. Ich taste unter dem Kopfkissen nach meinem Kleid, während Florah auf allen vieren auf die Schlafzimmertür zukriecht.

»Mama«, flüstert sie. »Die Peri-Urban ist da.«

Plötzlich lautes Poltern an der Tür. »*Bula! Bula!* Aufmachen!« schreit eine tiefe Männerstimme auf Sotho. Ich ziehe das Kleid über, dann öffne ich die Tür. Ein riesiger schwarzer Polizist stürmt herein und blendet mich mit seiner Taschenlampe. Diana und Linah wachen auf und fangen an zu schreien. Maria steht neben Florah; sie geben sich beide die größte Mühe, nicht zu zittern. George und Johannes sind mit einem Satz aus dem Bett gesprungen.

Der große schwarze Polizist tritt auf Johannes zu.

»Wo ist dein Paß?« herrscht er ihn auf Sotho an.

»Ich habe keinen.«

»Gehst du noch zur Schule?«

»Nein.«

»Warum nicht?«

»Ich habe die Schule abgeschlossen und bin gerade auf Jobsuche.«

»Sieh zu, daß du dir schleunigst einen Paß besorgst, kapiert? Du bist jetzt alt genug.«

Dann geht der schwarze Polizist auf die Schlafzimmertür zu. Wird Mama wieder verhaftet werden wie beim letzten Mal? Ich höre Stimmen im Schlafzimmer, aber ich kann nicht verstehen, was sie sagen. Schließlich kommt der Polizist heraus, gefolgt von Mama.

»Laß deine Tür offen, *Musadi*«, sagt der große schwarze Polizist. »Es wird niemand mehr hereinkommen.«

»Das werde ich tun. Und vielen Dank für dein Verständnis.«

»Gern geschehen.«

Der schwarze Polizist geht nach draußen.

»Kennst du diesen Polizisten, Mama?« will Johannes wissen.

»Warum fragst du?«

»Er hat mich nicht verhaftet. Und dich auch nicht. Hast du ihn bestochen oder was?«

»Nein.«

»Warum hat er uns dann nicht verhaftet?«

»Er hat uns verschont. Seine Frau geht in unsere Kirche.«

Plötzlich weiß ich, wer der schwarze Polizist ist. »Ist das Leratos Vater, Mama?« frage ich.

»Ja.«

»Leratos Vater ist ein netter Mann«, sage ich. »Er hat Dlayani, Cynthia und mich neulich in seinem großen amerikanischen Auto mitgenommen.«

»Wirklich?«

»Ja, wir kamen gerade vom indischen Laden zurück.«

»Er ist wirklich ein netter Mann«, sagt Mama. Dann wendet sie sich wieder an Johannes. »Er hat mir gesagt, es ist höchste Zeit, daß du dir einen Paß besorgst.«

»Du weißt genau, warum ich keinen bekomme. Ich habe keinen Job.«

»Und warum suchst du dir keinen?«

»Das tue ich ja.«

»Nein, das tust du nicht«, schimpft Mama. »Du spielst immer nur Tennis und träumst von diesem Amerika.«

Johannes bittet mich aufzupassen, ob Briefe aus Amerika für ihn kommen. Er verspricht mir drei Cents für jeden Brief. Jeden Tag nach der Schule warte ich mit ein paar anderen Kindern aus der Nachbarschaft am Tor auf den Briefträger, der immer mit dem Fahrrad fährt. Monatelang kommt kein Brief aus Amerika.

Einer seiner weißen Freunde vom Tennis verschafft Johannes einen Job bei der Barclays Bank in Johannesburg. Das verändert unser Leben gründlich. Da er die High-School besucht hat, verdient Johannes ungefähr zehnmal soviel wie meine Eltern zusammen. Von seinem Gehalt bezahlt er die Miete, kauft Lebensmittel für die Familie und mir und meinen Geschwistern Schulsachen.

Mama strahlt vor Freude. Sie sagt, daß Gott ihre Gebete erhört hat und daß Johannes uns aus der Armut erretten wird.

15

Ich bin sehr traurig. Johannes ist heute morgen nach Amerika abgereist. Wir haben ihn im Haus zum Abschied gedrückt und geküßt und ihm nachgewinkt, als das Auto im Morgennebel davonfuhr. Vor der Abfahrt hat er mich und meine Geschwister ermahnt, fleißig zu lernen und Ärger zu meiden, und er hat uns versprochen, daß er eines Tages dafür sorgen wird, daß wir in Amerika an einer Universität studieren können.

Es ging alles so furchtbar schnell. Noch vor drei Monaten stand ich immer vergeblich an unserem Tor und habe gehofft und gebetet, daß ein Brief für meinen großen Bruder dabei ist. Ein Brief aus Amerika. An einem trüben Tag im Juni kam dann tatsächlich einer. Der Briefträger hat schon in der Luft damit herumgewedelt, als er von dem Tor unseres Hofes noch ganz weit entfernt war.

An diesem Abend hockten meine Geschwister und ich dann um den Küchentisch herum und hörten gespannt zu, wie Johannes uns die unglaublichen Neuigkeiten erzählte, die in dem Brief standen. Man hatte ihm ein Tennis-Stipendium an einem College in South Carolina angeboten. Es war vorgesehen, daß er im August, also zwei Monate später, fliegen würde.

Mama fiel auf die Knie und dankte Gott für das Wunder.

Johannes ermahnte uns, niemandem davon zu erzählen, aus Angst, irgendwelche neidischen Leute von der Regierung könnten seine Ausreise verhindern. Jetzt ist er fort.

Ich weiß nicht, wo Amerika liegt, aber es muß ein ziemlich wichtiges Land sein, denn als ich in die Schule komme, hält der Direktor während des Morgenappells eine kurze Ansprache. »Johannes Mathabane«, verkündet er stolz, »ein ehemaliger hervorragender Schüler der Bovet Community School ist heute morgen in die Vereinigten Staaten von Amerika geflogen.« Die Lehrer und Schüler klatschen Beifall. »Er ist der erste Schüler unserer Schule, dem dieses Glück beschieden ist, aber ich hoffe, er wird nicht der letzte sein.«

Während des Unterrichts zeigt unsere Mistress uns die *World* von gestern, auf der folgende Schlagzeile zu lesen ist:

Tennisstar fliegt nach Amerika.

Die Lehrerin erklärt der Klasse, daß dieser Tennisstar der Bruder von »eurer Mitschülerin Miriam Mathabane« ist. Die Mistress bittet mich aufzustehen, und ich gehorche verlegen. Alle sehen mich neidisch an. Die Mistress zeigt auf den Platz, wo Johannes früher gesessen hat, und sagt: »Wenn ihr ebenso fleißig lernt wie Johannes, werden eure Träume auch in Erfüllung gehen. Vielleicht kommt ihr sogar wie er nach Amerika. Wer möchte nach Amerika?«

Alle heben die Hand. Die Mistress erkundigt sich, ob wir irgend etwas über Amerika wissen. Viele Kinder haben Filme über Amerika gesehen, und sie erzählen von Cowboys, von Indianern, schnellen Autos, Raumschiffen und reichen, elegant gekleideten Leuten.

In der Mittagspause werde ich von meinen Mitschülern bedrängt. Sie stellen mir alle möglichen Fragen über meinen Bruder. Einige wollen wissen, ob ich auch bald nach Amerika gehe. Ich antworte ihnen, ja, sobald mein Bruder in Amerika ankommt, wird er mich und den Rest der Familie zu sich holen.

»Du meinst, du wirst mit einem Flugzeug fliegen?« fragt jemand mit großen Augen.

»Ja.«

Jeder will plötzlich mein Freund sein. Manche bieten mir sogar an, mir das Mittagessen zu bezahlen. Ich bin mächtig stolz, einen Bruder wie Johannes zu haben. Aber als ich am Nachmittag nach Hause komme, werde ich ganz traurig. Papa ist wütend auf Mama, weil sie Johannes erlaubt hat, nach Amerika zu fahren.

»Jetzt werden wir wieder so arm sein wie Kirchenmäuse«, schimpft Papa. »Und laß dir gesagt sein, er wird nie wiederkommen. Er wird uns vergessen.«

Papa hat recht behalten. Seit Johannes fort ist, sind wir wieder so arm wie zuvor. Mama hat ihren Job verloren, als ihre Arbeitgeber umgezogen sind. Papa hat wieder mit dem Trinken und dem Spielen angefangen. Florah, die von Johannes auf eine Sekretärinnenschule geschickt worden war, muß die Schule abbrechen, weil das Geld nicht reicht, und jetzt ist sie wie Mama auf Arbeitssuche. Es soll sogar noch schlimmer kommen. Florah ist schwanger. Sie hat schneller als Mama eine Arbeit gefunden, aber jetzt wird sie bald nicht mehr zum Unterhalt der Familie beitragen können. Aber Mama freut sich trotzdem. Seit Collin die *Lobola*, die Mitgift, für Florah bezahlt hat, hat Mama sich Sorgen gemacht, Florah könnte unfruchtbar sein. Kinder sind sehr wichtig in einer Stammesehe, und Mama fürchtete, Collin, den sie sehr mag, weil er uns unterstützt hat, als sie krank war, könnte Florah verstoßen und sich eine andere Frau nehmen.

Während Mama über Florahs Schwangerschaft glücklich ist, gerät sie über die Nachricht von Marias Schwangerschaft in Verzweiflung.

»Warum mußtest du bloß deine Zukunft ruinieren?« fragt Mama, als Maria ihr eines Nachmittags eröffnet, daß sie schwanger ist. Im Gegensatz zu Florah, die einundzwanzig und verheiratet ist und eine Arbeitsstelle hat, ist Maria erst sechzehn und geht noch zur Schule.

Maria gibt ihr keine Antwort. Sie schämt sich zu sehr.

»Wer ist der Vater?«

»Collin.«

»Florahs Mann?«

»Nein, ein anderer Collin. Er geht mit mir zur Schule. Cynthias Vetter.«

Ich kenne Collin. Maria und er sind in der Leichtathletikmannschaft unserer Schule. Was wird jetzt mit meiner Schwester geschehen? Wird sie die Schule abbrechen, wie all die anderen Mädchen, die in ihrem Alter und jünger sind und während der Aufstände schwanger wurden?

»Du weißt, daß du die Schule verlassen mußt, nicht wahr?« sagt Mama.

»Ja«, antwortet Maria, den Tränen nahe.

»Ach, aber das ist nun auch wieder kein Weltuntergang, mein Kind«, tröstet Mama. »Wenn das Baby erst einmal da ist, gehst du zurück auf die Schule. Ich möchte, daß du die High-School besuchst, damit du eine gute Arbeit bekommst und etwas aus dir wird. Ich werde mich schon um das Baby kümmern.«

»Danke, Mama«, sagt Maria und wischt sich die Tränen ab.

Mama nimmt sie in die Arme.

Am Abend erzählt Mama Papa, daß Maria schwanger ist. Papa wird so wütend, daß er droht, Maria zu erschlagen. Er schimpft sie eine *Skeberesh*, eine Hure, und jagt sie aus dem Haus. Maria zieht für eine Woche zu Granny, bis Papa sich wieder beruhigt hat.

»Bitte, paß auf, daß du nicht schwanger wirst, Miriam«, sagt Mama eines Abends zu mir, nachdem ich ihr aus der Bibel vorgelesen habe. »Das würde uns jetzt gerade noch fehlen.«

Ich weiß, daß Mama unheimliche Angst davor hat, daß ich sie enttäuschen könnte. Um sie zu beruhigen, knie ich zusammen mit ihr auf dem Betonfußboden nieder und spreche ihr ein kurzes Gebet nach, in dem sie Gott anfleht, mich vor einer Schwangerschaft zu beschützen. Aber eigentlich kann mir gar nichts passieren. Ich habe nicht vor, mich mit dem erstbesten Jungen hinter die Baracken zu verziehen. Es macht mir auch nichts aus, wenn andere

Mädchen sich darüber lustig machen, daß ich immer noch Jungfrau bin, denn ich weiß, daß ich Mama damit glücklich mache, und Mama ist der wichtigste Mensch in meinem Leben.

16

Als ich am nächsten Morgen aufwache und aufzustehen versuche, falle ich auf der Stelle hin, die Schmerzen sind unerträglich. Mama sieht mich stürzen.

»Miriam, was ist denn mit dir?« Sie kniet schon neben mir.

»Meine Füße«, schreie ich und winde mich auf dem Boden.

Als Mama meine Füße sieht, stößt sie einen entsetzten Schrei aus und schlägt die Hände vor den Mund.

Unsere Hütte ist über und über von *Marhode,* von Ratten, verseucht. Sie vermehren sich in den Müllhaufen, die überall im Hof verstreut liegen. Seit den Aufständen von 1976 gibt es keine regelmäßige Müllabfuhr mehr im Township, weil so viele Müllwagen überfallen und verbrannt wurden. Die Behörden haben es offenbar nicht eilig, die Müllabfuhr wieder einzuführen.

Nachts, wenn wir schlafen, kommen die riesigen Ratten in die Hütten und tragen heftige Kämpfe um winzige Essensreste aus. Sie quieken und knurren, daß einem das Mark in den Knochen gefriert. Diana, Linah und ich kauern oft ängstlich in der Ecke und kämpfen um ein Stückchen Decke für unsere Füße, über die sich die Ratten am liebsten hermachen. In dieser Nacht haben sie die ganze Haut von meinen Fußsohlen abgeknabbert. Im Schlaf habe ich nichts davon gemerkt.

Wir haben kein Geld, um in die Klinik zu gehen, also benutzt Mama das übliche Heilmittel: Sie wäscht mir die Fußsohlen mit warmem Salzwasser. Es brennt fürchterlich. Dann verbindet sie meine Füße mit Stoffetzen aus alten Kleidern, die sie zerrissen hat. Es dauert fast zwei Wochen, bis sich wieder neue Haut an meinen Fußsohlen gebildet hat.

Die Ratten fallen auch über Diana, dann über Linah her. Keiner, der auf dem Boden schläft, ist vor ihnen sicher. Mama startet einen Kreuzzug gegen die Ratten. Zuerst versucht sie es mit einem starken Rattengift namens Ratex. Sie verdoppelt und verdreifacht die Dosis, aber es hilft nichts. Nur unser kleiner, zweijähriger Vetter wird beinahe vergiftet, als er eines Morgens auf den Teller mit den giftigen Kugeln zukrabbelt, die er für Süßigkeiten hält. Mamas schnelle Reaktion rettet ihm das Leben.

Nach dem Rattengift probiert Mama es mit Fallen. Ich begleite sie zum Indermarkt auf der 1st Avenue, um die besten Rattenfallen zu suchen.

Der indische Händler verkauft uns drei riesige Mausefallen. Wir nehmen sie mit nach Hause. Der stählerne Schnappbügel ist so groß, daß Mama sich nicht traut, ihn selbst zu spannen, vor Angst, er könnte ihr einen Finger abreißen. Also stellt Papa die Fallen auf. Er legt kleine Fleischstücke als Köder hinein und verteilt sie in Küche und Schlafzimmer. In der ersten Nacht lausche ich gespannt darauf, ob eine der Fallen zuschnappt und den riesigen Ratten den Garaus macht. Nichts. Am Morgen untersucht Mama die Mausefallen. Die Fleischstücke sind weg, aber die Fallen sind nicht zugeschnappt.

»Diese Ratten sind Hexen«, sagt Mama. »Wie ist es möglich, daß sie das Fleisch gefressen haben, ohne daß ihnen der Kopf zertrümmert wurde?«

»Wir könnten uns doch eine Katze anschaffen, Mama«, schlage ich vor.

Ihr Augen leuchten auf. »Gute Idee«, ruft sie aus. »Warum bin ich nicht selbst darauf gekommen?«

»Es gibt viele Katzen in der Nachbarschaft, die keinem gehören. Ich bringe einfach eine mit.«

»Tu das.«

Ich finde tatsächlich bald eine streunende schwarze Katze zwischen den Müllhaufen. Ich nehme sie auf den Arm und trage sie nach Hause.

»Die nicht«, sagt Mama nervös.

»Warum nicht?«

»Sie ist schwarz. Wir haben schon genug Pech.«

Am nächsten Samstag kommt Papa aus der Kneipe nach Hause und bringt einen riesigen, grauen Kater mit.

»Wenn dieser Kater die Ratten nicht erwischt«, erklärt George, »dann müssen wir aus dieser verhexten Hütte ausziehen.«

In den folgenden Nächten ist die ganze Nacht Radau im Haus. Morgens finden wir den Kater jedesmal zufrieden schlafend neben dem Küchenschrank. Sein Bauch ist prall gefüllt mit Ratten. Alle sind beeindruckt. George gibt dem Kater den Spitznamen »Gladiator«.

Solange Gladiator da ist, wagt keine Ratte sich mehr in unsere Hütte. Aber eines Tages kommt Mamahulu, um die bösen Geister zu vertreiben, die so viel Pech über die Familie bringen, daß wir immer noch kein Aufenthaltsrecht im Township haben und Mama keine dauerhafte Arbeit findet. Kaum erblickt sie Gladiator, ruft sie nach Mama.

»Schaff dieses Tier sofort aus dem Haus«, sagt Mamahulu.

»Wieso? Das ist doch nur ein Kater. Er hält uns die Ratten vom Hals.«

»Kein normaler Kater ist so riesig. Er ist verunstaltet.«

»Das liegt daran, daß er sich an den Ratten so satt frißt.«

»Meinetwegen kann er sich mit Pudding vollfressen«, erwidert Mamahulu. »Wenn du ihn nicht fortschaffst, wird der Hexenzauber wieder die Macht über diese Hütte gewinnen. Hexen nehmen gern die Gestalt von fetten Katzen an.«

Meine Eltern fürchten sich offenbar vor der Hexerei noch mehr als vor den Ratten, und so trennen wir uns widerstrebend von Gladiator. Seltsamerweise kommen die Ratten nicht wieder zurück.

17

Ich bin im ganzen Viertel als Feigling verschrien, weil ich jedem Kampf aus dem Weg gehe, auch wenn man mich provoziert. Meine vier Schwestern dagegen, sogar die kleine Diana, sind gewiefte Veteraninnen so manch einer Schlägerei. Die Spuren ihrer Schlachten beweisen es: abgebrochene Zähne, Narben und zerrissene Kleider. Ich habe mich in meinem ganzen Leben noch nie geprügelt, und das ist extrem ungewöhnlich in einem gewalttätigen Ghetto wie Alexandra, wo Erwachsene sich ständig prügeln – mit Messern, Fäusten, Stöcken, kochendem Wasser, Ziegelsteinen – und die Kinder alles daransetzen, es ihnen gleichzutun.

Weil ich nicht kämpfe, ziehen die anderen Kinder mich dauernd auf und rufen mir alle möglichen Schimpfnamen nach. Sie nennen mich *Legwala*, Feigling, *Marhama*, Fettbacke, und *Magwinya*, Weichkeks. Manche nennen mich auch Nonne, weil ich jeden Sonntag in die Kirche gehe. Wieder andere nennen mich Mrs. Pimples, weil ich so viele Pickel im Gesicht habe, und *Sishimanyi*, alte Jungfer, weil ich keinen Freund habe.

Alle diese Namen kränken mich. Meine Schwestern würden mit den Fäusten auf jeden losgehen, der es wagt, ihnen so etwas an den Kopf zu werfen. Ich schlucke die Beleidigungen einfach herunter und gehe weg.

Mama ist von meiner Friedfertigkeit begeistert. Sie nennt

mich ein wahres Kind Gottes. Aber manchmal frage ich mich, ob ein Kind Gottes zu sein auch bedeuten muß, daß man ständig das Opfer übler Scherze wird. Ich bin ja nicht zu ängstlich, um zu kämpfen. Aber Gott heißt es nicht gut, wenn man sich prügelt, sagt Mama. Ich suche die Bibel nach Stellen ab, wo davon berichtet wird, daß selbst die Kinder Gottes gezwungen waren zu kämpfen. Das Alte Testament ist voll von Geschichten über die Juden, die sich dauernd gegen ihre Feinde verteidigen mußten. Im Neuen Testament dagegen wird sogar die Selbstverteidigung geächtet.

Meine Freundinnen und ich sehen uns im King's Cinema mehrere Filme an, die Geschichten aus der Bibel nacherzählen. Diese Filme stellen das friedfertige Image der Christen so richtig in den Vordergrund. Als wären sie nur deshalb gedreht worden. Ein Film mit dem Titel *Das Gewand* gefällt mir besonders gut, aber gleichzeitig deprimiert er mich auch, denn er zeigt die Christen als ganz besonders lammfromme und demütige Leute. Der römische Kaiser Caligula schlachtet sie ab und wirft sie den Löwen zum Fraß vor, und selbst wenn sie auf dem Scheiterhaufen verbrannt werden, singen sie immer noch Loblieder auf den Herrn.

Eines Tages habe ich eine Eingebung. Ich erinnere mich an die wundersame Wandlung meines Onkels Cheeks von einem gefürchteten *Tsotsi* zu einem frommen Christen. Aber obwohl er jetzt Christ ist, wagt es niemand, sich mit ihm anzulegen, vor allem Papa nicht. Papa hat Angst vor ihm und sogar aufgehört, Mama zu schlagen, nachdem Onkel Cheeks gedroht hat, ihm alle Knochen zu brechen.

Ich beschließe, Onkel Cheeks zu fragen, ob es töricht oder tugendhaft ist, Christus zuliebe ein Feigling zu sein.

»Onkel Cheeks«, sage ich eines Abends als wir zusammen von der Kirche nach Hause gehen, »ich habe da ein Problem. Die Leute schimpfen mich einen Feigling, weil ich mich nicht prügeln will.«

»Und, bist du denn ein Feigling?«

»Nein.«

»Dann ist es egal, wie die Leute dich nennen.«

»Es ist nicht egal, Onkel Cheeks. Ich finde es schrecklich, wenn sie mir Schimpfnamen nachrufen, bloß weil ich Schlägereien aus dem Weg gehe.«

»Warum wehrst du dich denn nicht?«

»Kämpfen ist dumm. Es führt zu nichts.«

»Du hast recht. Ich habe fast mein Leben lang gekämpft, und ein paar Mal wäre ich beinahe getötet worden. Aber es hat mir nichts eingebracht, nur ein paar Narben.«

»Ich will aber nicht Feigling genannt werden.«

»Du bist also um deinen guten Ruf besorgt.«

»Ja.«

»Tja, meine Liebe, es ist wichtig, welchen Ruf man hat. Vor allem, wenn man im Ghetto lebt.«

»Was soll ich denn jetzt tun, wenn man mich provoziert?«

»Wenn man dich provoziert, mußt du kämpfen.«

»Kämpfen? Aber Jesus sagt doch, wir sollen auch die andere Wange hinhalten.«

Onkel Cheeks bleibt mitten auf der Straße stehen, um seine Worte zu unterstreichen: »Die andere Wange hinzuhalten ist Schwachsinn. Es gibt immerhin noch etwas, das man Selbstverteidigung nennt. Wenn jemand das Messer zückt, mußt du auch eins zücken. Dann weiß er, daß er mit dir nicht machen kann, was er will.«

Ich erinnere mich, daß Onkel Cheeks zu seiner Glanzzeit als *Tsotsi* überall als »Messerkünstler« bekannt war, und das in einem Ghetto, in dem es eine Menge solcher »Künstler« gab.

»Aber Jesus sagt, du sollst ...«

»Jesus hat nicht in Alexandra gelebt, meine Kleine. Wenn du hier die andere Wange hinhältst, bist du tot.«

»Prügelst du dich immer noch, Onkel Cheeks?«

»Nur, wenn es nötig ist.«

»Woher weißt du denn, ob es nötig ist?«

»Wenn mein guter Ruf auf dem Spiel steht.« Er lacht. Onkel Cheeks kann ebenso herzlich lachen wie Mama.

»Hast du den Film *Der Pate* gesehen?« fragt er plötzlich.

»Ist das ein Film über die Bibel?«

Onkel Cheeks lacht. »Nein. Es ist ein Gangsterfilm. Ich weiß, die Kirche verurteilt Filme, in denen Gewalt vorkommt, aber diesen Film solltest du dir mal ansehen. Achte vor allem auf den Paten. Er ist eigentlich ein netter, liebevoller, großzügiger und nachsichtiger Mensch, genau wie du. Er ist immer bereit, einen Umweg zu machen, um einem Kampf aus dem Weg zu gehen und zu verhandeln. Aber wenn sein Ruf auf dem Spiel steht, und wenn er kämpfen muß, dann ist er der gnadenloseste Killer auf der Welt.«

Wir stehen inzwischen unter einer Straßenlaterne, in deren schwachem Lichtschein lauter Motten flattern. An Onkel Cheeks' erregter Stimme und an dem entschlossenen Ausdruck in seinem Gesicht merke ich, daß der ehemalige Gangster und Knastbruder aus ihm spricht. Seine von Kindheit an geforderten Instinkte, die Notwendigkeit, sich allein durchzuschlagen in einem Ghetto, das früher als Hell's Kitchen, Höllenküche, und *Slaagpaal*, Schlachthof, bekannt war, die alten Gefühle gewinnen plötzlich Oberhand.

»Meine liebe Miriam«, sagt Onkel Cheeks, »ich weiß, daß das, was ich dir erzähle, nicht das ist, was in der Bibel steht. Und eigentlich dürfte ich als Erwachsener gar nicht so mit dir reden, schon gar nicht als Kirchenältester. Aber du liegst mir sehr am Herzen. Ich möchte, daß du weißt, was man zum Überleben braucht, vor allem in einem Dschungel wie Alexandra. Verhalte dich so gut es geht wie eine Christin – aber laß nie zu, daß jemand mit dir macht, was er will. Wenn dein Ruf auf dem Spiel steht, mußt du kämpfen. Wenn die Rüpel erst einmal wissen, daß du kämpfen kannst, werden sie dich auch in Ruhe lassen.«

Es ist später Nachmittag. Der übliche Smog von Tausenden von Kohlenpfannen und Kochherden liegt über Alexandra. Ich spiele *Mgusha* auf der staubigen Straße. *Mgusha* ist eine Art Hochsprungspiel, das mit zwei Mannschaften gespielt wird. Nach jedem erfolgreichen Sprung wird das Seil ein Stück höher gehalten. Die siegreiche Mannschaft singt dann folgendes Lied, um die Verlierer zu verspotten:

Einmal *mapondo-pondo – oha*
Zweimal *mapondo-pondo – oha*
Dreimal *mapondo-pondo – oha* ...

Meine Mannschaft, die aus meinen Freundinnen Anania, Lulu, Susan und mir besteht, liegt vorne, und wir stimmen immer wieder dieses Lied an. Amanda, die Anführerin der anderen Mannschaft, fühlt sich davon provoziert.

»Hört auf, dieses Lied zu singen«, raunzt sie.

Alle fürchten sich vor Amanda, also schweigen wir. Wir stehen verlegen herum und wissen nicht, ob wir aufhören oder weiterspielen sollen. Aber das Spiel macht mir Spaß, deswegen sage ich zu Amanda: »Das ist unfair. Ihr singt das Lied doch auch immer, wenn ihr gewinnt.«

Amanda sieht mich wütend an. »Wenn ein Lied mir nicht gefällt, dann gefällt's mir nicht, kapiert, *Marhama*?«

Ich spüre, daß sie auf eine Prügelei aus ist, und sage nichts. Ich weiß, sie ist wütend. Sie kann es nicht ertragen zu verlieren. Und jedesmal, wenn sie verliert, fängt sie eine Prügelei an.

»Ich fürchte mich vor niemandem. Erst recht nicht vor euch Feiglingen. Ich kann euch alle drei allein grün und blau schlagen. Vor allem dich, *Tallie*«, sagt Amanda und zeigt auf die große, dünne Anania.

Plötzlich schlägt sie Anania dreimal kurz hintereinander ins Gesicht. Anania ist fast einen Meter achtzig groß, obschon sie erst vierzehn ist. Sie würde sich niemals in eine Schlägerei verwickeln lassen. Selbst jetzt nicht.

»Will noch jemand Prügel beziehen?« Amanda schaut uns herausfordernd an. Die ängstlichen Gesichter von Susan und Lulu lassen keinen Zweifel daran, daß sie es nicht gerade darauf abgesehen haben, sich von Amanda zerfleischen zu lassen.

Ich will nur noch fort von hier. »Selig die Sanftmütigen, denn sie werden das Erdreich erben«, murmle ich vor mich hin und mache mich auf den Heimweg.

»Wo willst du hin, *Legwala*?« bellt Amanda.

»Nach Hause.«

»Wer hat gesagt, daß du gehen darfst?«

»Muß ich etwa um Erlaubnis fragen, wenn ich nach Hause gehen will?«

»Willst du auch noch frech werden?«

»Nein.«

Amanda hat mir nie verziehen, daß ihre Mutter bei dem Vorfall mit den fünfundzwanzig Rand so gedemütigt wurde. Das war ein paar Tage nachdem mich Amandas Mutter vor Mama eine Diebin gescholten hatte. Ich war nachmittags wieder auf Schatzsuche mit Amanda, Anania und noch ein paar Kindern aus der Nachbarschaft. Und wieder fand ich einen braunen Umschlag mit Geld.

»Ich hab Geld gefunden«, platzte ich heraus. Doch dann fiel mir sofort wieder ein, wie schlau Amanda und ihre Mutter mir letztesmal das Geld abgeluchst hatten.

»Wieviel denn?« haben alle gefragt und mich neugierig umringt.

Ich war diesmal schlauer und ging einfach nach Hause.

»Ich hab wieder Geld gefunden«, habe ich zögernd zu Mama gesagt.

»Hast du wieder mit Amanda gespielt?«

»Ja, aber es ist nicht ihr Geld.«

»Wieviel hast du gefunden?«

»Ich hab's nicht gezählt.«

Mama zählte das Geld. Es waren fünfundzwanzig Rand. Als sie gerade zurück ins Haus gehen wollte, sah ich zu meinem Entsetzen, wie Amanda und ihre Mutter auf uns zukamen. Diesmal war Mama vorbereitet.

»*Musadi*«, sagte Amandas Mutter. »Deine Tochter hat schon wieder gestohlen.«

»Du meinst, sie hat schon wieder dein Geld gestohlen?«

»Ja.«

»Wieviel denn?«

Amandas Mutter war sprachlos. Offenbar hatte sie nicht mit dieser Frage gerechnet. Zum Glück war ich so geistesgegenwärtig gewesen und hatte das Geld nicht in Amandas Gegenwart gezählt.

Amandas Mutter sah Amanda fragend an.

»Zehn Rand«, sagte Amanda.

»Bist du sicher, daß es zehn Rand waren, *Musadi*?«

»Ganz sicher, *Musadi*.«

»Tut mir leid«, antwortete Mama da. »Meine Tochter hat fünfundzwanzig Rand gefunden.«

Beschämt darüber, daß sie bei einer Lüge erwischt worden war, packte Amandas Mutter ihre Tochter an der Hand und ging mit ihr fort.

Mama hat mich damals angeschaut und gesagt: »Es tut mir leid, daß ich dir beim erstenmal nicht geglaubt habe, mein Kind.«

Die ganze Szene läuft vor meinem inneren Auge noch einmal ab, als ich Amanda gegenüberstehe und ihren trotzigen, gemeinen, verkniffenen Gesichtsausdruck studiere. Sie ist immer noch stinksauer auf mich.

Allein deshalb will ich eine Prügelei mit Amanda unbedingt vermeiden. Aber dann muß ich an den Rat denken, den Onkel Cheeks mir gegeben hat: »Wenn die Rüpel wissen, daß du kämpfen kannst, werden sie dich in Ruhe lassen.«

Leise sage ich: »Ich will mich nicht schlagen, Amanda. Ich habe keinen Streit mit dir. Sag mir, was ich dir getan habe.«

»Ich hab dir doch schon gesagt, daß du frech bist.«

»Ich bin nicht frech.«

»Willst du mich etwa eine Lügnerin nennen?«

»Ich bin kein Feigling«, erwidere ich wütend. »Wenn du dich unbedingt schlagen willst, das kannst du haben.«

Meine Freundinnen starren mich entsetzt an. Sie denken bestimmt, ich habe den Verstand verloren. Zuerst ist Amanda über meine Antwort verblüfft. Aber dann setzt sie ihr typisches, triumphierendes Grinsen auf und zeigt ihre vorstehenden Zähne.

»Dir wollte ich schon immer eine Lektion erteilen, *Marhama*«, sagt sie. »Auf zum Kampfplatz.«

18

Der Kampfplatz ist ein kleines, holpriges Stückchen Wiese, nicht ganz zehn Meter von der Straße entfernt. Sie liegt gleich neben dem viereckigen Haus aus Zinkblech, das der Twelve Apostles Church of God als Kirche dient. Wir müssen auf dem Weg dorthin eine *Donga*, eine fürchterlich stinkende Abwasserrinne, überqueren. Die Hütte, in der Amanda wohnt, befindet sich ganz in der Nähe des Kampfplatzes, und ihre Eltern und Geschwister sehen bei den Kämpfen oft zu und feuern Amanda an.

Plötzlich fällt mir wieder ein, warum Amanda sich so gerne auf dieser Wiese prügelt und warum sie nie verliert, egal wie groß und kräftig ihre Gegnerin ist. Amandas Familie ist immer in Reichweite, und sie schüchtern entweder die Gegnerin mit ihrem lauten Geschrei ein, oder sie kommen Amanda wenn nötig zu Hilfe. Mit einer unguten Vorahnung denke ich daran, daß meine Familie im angrenzenden Hof wohnt und durch eine dichte Hecke von sehr großen Kakteen, *Mutlavi-tlavi*, von mir getrennt ist. Ob ich Anania bitten soll, zu mir nach Hause zu laufen und meiner Familie auszurichten, daß ich, falls es knapp wird, ihre Hilfe brauche?

Dann sage ich mir, daß dies nur ein Anzeichen von Feigheit wäre und murmle statt dessen ein Gebet vor mich hin: »Lieber Gott, ich will wirklich nicht kämpfen, aber es geht nun mal nicht anders. Bitte, gib mir Kraft.«

Wie so oft, wenn Amanda sich zu einem Kampf anschickt, spricht es sich schnell herum, daß mal wieder ein Lamm zur Schlachtbank geführt wird. Da ich als hoffnungsloses Weichei bekannt bin und mir der Ruf einer *Legwala* vorauseilt, kommt eine ungewöhnlich große Zuschauermenge zusammen.

Von meiner Familie ist allerdings niemand zu sehen. Ich frage mich, ob ich die richtige Entscheidung getroffen habe. Aber jetzt kann ich nicht mehr zurück, ohne mein Gesicht zu verlieren und für immer als *Legwala* zu gelten. Da ich mich noch nie geprügelt habe, schon gar nicht mit einer erfahrenen Schlägerin wie Amanda, versuche ich krampfhaft, mich an die beste Strategie zu erinnern, mit der man eine solche Gegnerin überlisten kann. Ich denke an all die Filme, die ich gesehen habe, aber in den Filmen sieht man immer nur Männer kämpfen, und zwar mit Pistolen und Schwertern. Ich trage weder das eine noch das andere bei mir. Außerdem muß ich gegen eine Frau antreten, und die Frauen im Ghetto haben eine ganz besondere Art zu kämpfen.

Zum Glück habe ich vor wenigen Tagen erst zwei Mädchen beim Kämpfen beobachtet, die sich um einen Jungen stritten. Solche Auseinandersetzungen sind oft die schlimmsten. Die Mädchen, ungefähr sechzehn Jahre alt, die eine dick, die andere dünn, kämpften mit völlig verschiedenen Taktiken. Vor allem die Dünne hat mich zutiefst beeindruckt, weil sie ihre körperliche Unterlegenheit mit einigen Tricks wettmachte, die mir bestimmt jetzt gegen die brutale Amanda zugute kommen können.

Kurz bevor wir die *Donga* erreichen, dreht Amanda sich plötzlich um und schlägt mir mitten ins Gesicht. Dieser unverhoffte Angriff wirkt wahre Wunder für mein Selbstbewußtsein. Mir wird klar, daß sie Angst vor mir hat und mich mit dem unerwarteten Schlag provozieren will. Ich soll mich gleich hier mit ihr prügeln, direkt vor ihrer Hütte, so daß ihre Familie notfalls zur Stelle ist.

Ich packe sie an den Schultern und ziehe ihren Kopf nach unten, so wie ich es bei dem dünnen Mädchen beobachtet habe. Gleichzeitig reiße ich mein rechtes Knie hoch und ramme es ihr ins Gesicht. Amanda schreit vor Schmerz auf und hält sich die blutende Nase. Noch einmal ramme ich ihr das Knie ins Gesicht. Wie eine verwundete Tigerin versucht sie, sich aus meinem festen Griff zu winden. Sie will mir das Gesicht zerkratzen, aber sie kommt nicht dran, weil ich sie bei den Schultern halte. Dann verpasse ich ihr den nächsten Tritt. Während sie laut aufjault, höre ich die Menge rufen: »So ist es richtig, Miriam. Los, zeig's ihr! Schlag sie grün und blau! Zeig's ihr, zeig's ihr!«

Die aufmunternden Rufe bringen mich erst recht in Fahrt. Ich kämpfe wie eine Besessene. Irgendwie gelingt es Amanda jedoch, sich aus meinem Griff zu befreien. Blitzschnell schlägt sie mir mit der Faust ins Gesicht. Ich schlage zurück. Wir stürzen zu Boden und wälzen uns im Staub. Ich kriege sie an ihren langen Haaren zu packen. Sie krallt ihre spitzen Fingernägel in meine Arme, aber ich lasse nicht locker. Als ich merke, daß wir bis an den Rand der *Donga* gerollt sind, drücke ich ihren Kopf in den stinkenden Schlamm.

Sie schreit vor Wut. Die rasende Menge kreischt: »Mach's noch mal, Miriam! Mach's noch mal! Laß sie Scheiße fressen!« Jetzt habe ich eindeutig die Oberhand gewonnen. Ich sitze auf Amanda, so leicht wird sie mir nicht auskommen, ich bin etwas schwerer als sie.

Plötzlich spüre ich einen Schlag auf den Hinterkopf. Ich fahre herum und sehe Amandas jüngsten Bruder, einen achtjährigen Knirps, mit einem Schürhaken vor mir stehen. Die anderen vier Geschwister von Amanda sind auch da, mit Knüppeln und Eisenstangen bewaffnet. Ich lasse von Amanda ab und springe auf. Amanda, das Gesicht völlig schlammverschmiert, das Kleid besudelt, wankt auf die Füße und gesellt sich zu ihren Geschwistern. Jetzt bin ich allein gegen sechs und hoffnungslos in der Unterzahl. Einer ihrer Brüder reicht Amanda eine leere Colaflasche. Sie zerschlägt sie an einem Stein und hält nur noch den abgebrochenen Flaschenhals in der Hand. Dann fuchtelt sie mir damit vor der Nase herum.

»Ich schlitze dir die Kehle auf, du dreckige Shangaan«, droht sie mir.

Ich weiß, ich bin unterlegen und unbewaffnet, und ihre Geschwister warten nur darauf, daß Amanda ihnen das Zeichen zum Angriff gibt.

Plötzlich höre ich eine schrille, vertraute Stimme. »Laßt sofort meine Schwester in Ruhe, sonst bring ich euch eigenhändig um, ihr verdammtes Pack!«

Florah! Ich fahre herum und sehe, wie sie sich einen Weg durch die Menge bahnt. Amanda und ihre Geschwister laufen eilig nach Hause, wo ihre Mutter vor der Hütte steht. Offensichtlich hat sie den Rettungstrupp losgeschickt. Sie bedenkt unsere Familie mit den übelsten Schimpfwörtern, und Florah keift lauthals zurück. Als Florah mich nach Hause begleitet, jubeln die Leute. Ich müßte eigentlich in Hochstimmung sein, aber irgendwie empfinde ich Schuldgefühle, weil ich mich geprügelt habe. Zu Hause erzähle ich Mama, was vorgefallen ist.

»Der Teufel hat dich in Versuchung geführt, mein Kind. Aber ab und zu muß man der Versuchung auch mal nachgeben. Ich wette, Amanda wird dich in Zukunft in Ruhe lassen.«

Genauso war es auch. Ich wurde nie wieder von irgend jemandem in eine Schlägerei verwickelt.

Am nächsten Morgen bricht, während ich in der Schule bin, unsere Hütte zusammen. Maria, inzwischen im siebten Monat schwanger, ist gerade noch einmal mit dem Leben davongekommen. Beim Spülen hörte sie draußen plötzlich etwas rumpeln und ging hinaus, um nachzusehen. Kaum war sie aus der Tür getreten, stürzte die Hütte auch schon ein. Wenn sie weiter abgewaschen hätte, wäre sie jetzt unter einer Tonne Ziegelsteinen begraben.

Unsere Familie steht nun vor einem großen Problem: Leerstehende Hütten sind in einem bereits überfüllten Ghetto eine Seltenheit. Der Zustrom von Leuten aus den Homelands, die auf Arbeitssuche sind, ist riesig. Doch wir haben großes Glück und werden von der Peri-Urban bevorzugt behandelt, weil Mama jetzt eine Aufenthaltsgenehmigung hat. Das verdanken wir einzig Mamahulu, die das Pech von unserer Familie abgewendet hat. Nach drei Wochen wird uns schließlich eine Hütte auf der 16th Avenue zugeteilt. Nummer fünfunddreißig.

Kurz nach dem Umzug findet Mama in Randburg einen Job als Hausmädchen. Ihre neue Arbeitgeberin ist eine freundliche, Englisch sprechende Frau, die auch Kinder hat und Mama getragene Kleider und hin und wieder auch alte Spielsachen von ihren Kindern mitgibt. Wir freuen uns immer riesig darüber und streiten um die schönsten Sachen. Ich bin überglücklich, daß Mama diese Stelle gefunden hat und wir jetzt auch so schöne Spielsachen haben wie die Weißen. Außerdem zahlt die Frau Mama 150 Rand pro Monat, eine wahrhaft fürstliche Summe.

Der neue Job kommt gerade zur rechten Zeit, denn kurz darauf, am 13. August 1983, bringt Florah ihr erstes und einziges Kind zur Welt. Sie gibt dem Baby den Namen Angeline Nonceba. Sie hat schon lange versucht, ein Kind zu bekommen, meine Schwester ist selig.

Zwei Monate später wird Marias Sohn geboren. Da sie unverheiratet ist, gibt Mama dem Baby seinen Namen. Sie nennt ihn *Nyiko,* Geschenk, was Maria in »Given« übersetzt. Mama möchte, daß Maria wie versprochen wieder zur Schule geht.

»Jetzt, wo ich Arbeit habe, kann ich mich um das Baby kümmern«, sagt Mama.

Doch Maria hält sich nicht an ihr Versprechen. Sie erklärt uns, daß sie auf die Modeschule gehen will, um sich später selbständig machen zu können. Und damit ist das Thema für sie erledigt.

In der Bovet Community School gilt ein Grundsatz, der Schwangerschaften von Teenagern verhindern soll: Sexuelle Beziehungen sind grundsätzlich verboten. Wer gegen das Verbot verstößt und dabei erwischt wird, muß mit einer harten

Strafe rechnen. Einmal werde ich nach der Mittagspause in die Versammlungshalle zitiert. Der Raum ist brechend voll mit Schülern und Schülerinnen, denen vorgeworfen wird, gegen den Grundsatz verstoßen zu haben. Sie werden von den Lehrern und Lehrerinnen verhört. Ich frage mich, warum ich hierherbestellt wurde. Ich habe gar keinen Freund.

»Miriam, bist du bereit zu gestehen?« fragt mich eine der Lehrerinnen.

»Was soll ich denn gestehen, Mistress?«

»Daß du mit Michael gehst.«

Ich bin wie vom Donner gerührt. Es dauert eine Weile, bis ich meine Sprache wiederfinde. Schließlich stammle ich: »Mit welchem Michael denn?«

»Michael Baloyi.« Die Mistress verzieht keine Miene.

Am liebsten würde ich laut lachen, aber das hier ist ganz und gar nicht zum Lachen. »Michael ist nicht mein Freund.«

»Lüg nicht!« faucht die Mistress mich an und fuchtelt mir mit dem Rohrstock vor der Nase herum.

Verzweifelt sehe ich mich im Raum um. Alle Lehrer und Lehrerinnen sind damit beschäftigt, die anderen schuldigen Pärchen zu verhören. »Ich schwöre, ich bin nicht Michaels Freundin«, beteure ich.

Da wird Michael gerufen. Der arme Kerl zittert vor Angst und Aufregung. Er ist ein stiller Junge, der gern Bücher liest. Seine Schwester Margaret ist eine meiner Freundinnen.

»Michael«, sagt die Mistress. »Bist du bereit zu gestehen?«

»Was soll ich denn gestehen, Mistress?« fragt Michael verwirrt.

»Daß du mit Miriam gehst.«

Michael ist genauso verblüfft wie ich es war, als die Mistress mich mit ihrer irrigen Behauptung überrumpelte.

»Ich bin nicht ihr Freund, Mistress.«

»Lüg nicht«, raunzt die Mistress ihn an und droht mit dem Stock.

Michael ist sprachlos. Was soll man auch schon sagen, wenn eine Autoritätsperson steif und fest behauptet, man würde eine angebliche Beziehung leugnen?

Plötzlich hat Michael eine hervorragende Idee. Er verlangt Zeugen. »Wer hat denn behauptet, Miriam und ich würden miteinander gehen?«

»Andere Schüler haben euch mehrmals zusammen gesehen.«

»Uns zusammen gesehen – wo denn? Und wann?«

Mit einemmal weiß ich, welchem schrecklichen Irrtum die Lehrerin aufgesessen ist. »Verzeihung, Mistress«, sage ich. »Ich glaube, ich kann das erklären.«

Sie sieht mich triumphierend an. Offenbar glaubt sie, ich würde endlich gestehen. »Also bitte.«

»Ich bleibe manchmal nach der Schule noch etwas länger, um zu lernen, weil das zu Hause so schlecht geht«, erkläre ich ihr. »Bei uns ist nicht genug Platz, wir sind zu viele Kinder, und dann sind da noch die beiden Babys. Michael bleibt auch ab und zu nach dem Unterricht noch da. Und weil wir Nachbarn sind, kommt es vor, daß wir gemeinsam nach Hause gehen.«

»Worüber redet ihr auf dem Heimweg?«

»Meistens über die Hausaufgaben.«

An ihrem mißtrauischen Blick erkenne ich, daß die Lehrerin mir nicht glaubt. Ich bin verzweifelt. Was soll ich nur tun? Alle Verdächtigen werden verprügelt.

19

In der 16th Avenue lernt Papa Mr. Nyathi kennen, der recht bald zu seinem Busenfreund wird. Mr. Nyathi hat eine fünfzehnjährige Tochter namens Alexandra. Sie wird meine beste Freundin. Und Alexandras Mutter freundet sich mit Mama an. Die beiden Frauen machen sich gern über ihre Männer lustig, die sich sehr ähnlich sind. Beide sind starke Trinker, und beide streiten sich gern mit ihren Frauen. Papa und Mr. Nyathi mögen sich so sehr, daß sie einander *Mutswala*, Blutsbruder, nennen. Obwohl sie eigentlich eher Einzelgänger sind, verbringen sie etliche Stunden mit Reden und Biertrinken. Alexandras Vater stammt aus Zimbabwe, das liegt nördlich des Gebiets, wo Papa aufgewachsen ist. Sie sind beide sehr stolz auf ihre Kultur und auf ihre Sippen, die miteinander entfernt verwandt sind.

Seit Papa mit Alexandras Vater befreundet ist, hat er sich sehr zu seinem Vorteil verändert. Eines Abends sitzen Diana und Papa sich am Küchentisch gegenüber. Meine Schwester macht gerade ihre Hausaufgaben, ich bin dabei, das Abendessen zuzubereiten. Mama ist unterwegs.

Diana steht auf, um auf die Gemeinschaftslatrine zu gehen. Kaum ist sie aus dem Haus, langt Papa über den Tisch und nimmt sich eins ihrer Schulbücher. Er blättert darin herum und bewundert die Bilder. Ich habe Papa noch nie mit einem Buch in der Hand gesehen und beobachte neugierig sein

Gesicht. Die hohe Stirn ist in tiefe Falten gelegt, als würde er konzentriert lesen. Ich sehe, wie seine Lippen sich bewegen.

Ich bin völlig verblüfft. Ich weiß, daß Papa nicht lesen kann. Als Diana kurz darauf zurückkommt, klappt Papa das Buch schnell wieder zu und legt es weg. Ich setze ihm einen Teller mit *Pap* und Hühnerfüßen vor und versuche, mir ihn als kleinen Jungen vorzustellen. Ob er je die Möglichkeit hatte, zur Schule zu gehen, als er in Venda aufwuchs? Wie mag man sich fühlen, wenn man nicht lesen kann? Würde er vielleicht gern lesen und schreiben lernen, wie Mama es tut, und ist nur zu stolz dazu?

Papa ist ein schwieriger Mensch. Aber ich weiß, er liebt uns. Auf seine Art. Ich weiß auch, daß er sich oft fürchtet, vor allem vor Veränderungen. Deshalb klammert er sich auch so sehr an die Vergangenheit. Er besteht darauf, daß wir in seiner Gegenwart nur Venda sprechen. Manchmal nimmt Papa Given und Angie auf den Schoß und bringt ihnen Venda bei:

Dzina lawo ndinyi? – Wie heißt du?
U dzula gayi? – Wo wohnst du?
U na minwala migayi? – Wie alt bist du?
Miyanga – Mutter
Khotsiyanga – Vater
Khaladzi – Schwester
Murathu – Bruder
Makhadzi – Tante
Khotsi munene – Onkel
Makhulu – Großvater/Großmutter
Matsheloni – Dämmerung
Madekwana – Abend
Masiyani – Mittag

Er glaubt, wenn wir Shangaan sprechen, also die Sprache unserer Mutter, werden wir zu Shangaan heranwachsen anstatt zu Venda. Die Kinder müssen aber nach seinem Ebenbild gemacht sein. Er ist sehr stolz darauf, ein Venda zu sein. Die Venda sind der kleinste der elf Stämme Südafrikas und werden von den anderen oft für primitiv gehalten, aber für Papa sind sie der beste Stamm der Welt. Noch besser als die Zulu sogar, deren Stamm immerhin der größte ist und die glanzvollste Geschichte hat.

Seit Papa sich verändert hat, mag ich ihn noch lieber. Manchmal, wenn er betrunken und in besonders guter Stimmung ist, versammelt er uns um das Feuer und erzählt uns Geschichten von den Venda. Die matriarchalische Kultur der Venda fasziniert mich sehr. Die Beschreibungen seiner Heimat und der Stammestraditionen, die Legenden, die er uns erzählt, schlagen mich immer wieder aufs neue in ihren Bann. Papa erklärt uns, daß die Bavenda ein uraltes Volk sind, das im siebzehnten Jahrhundert aus Zentralafrika eingewandert ist. Unter ihrem großen Häuptling Dimbanyika ließen sie sich einst in der fruchtbaren Gegend um den Soutpansberg nieder. Sie nannten ihre neue Heimat Venda, was »schönes Land« bedeutet.

Angeführt von großen Kriegern wie Makhado, dem Löwen des Nordens, setzten sie sich gegen die Buren, aber auch gegen verschiedene schwarze Stämme zur Wehr, die immer wieder in ihr Land einzudringen versuchten. Lange Zeit weigerten sich auch die Venda, Missionare in ihre Gegend zu lassen. Sie sind zutiefst abergläubisch und glauben an Hexen, an Hexerei und an Wassergeister namens *Ditutwanes*, die angeblich halb menschlich sind und nur ein Bein, einen Arm und ein Auge haben. Die heiligsten Orte der Bavenda sind der Thathe Vondo Forest, die Grabstätte der Venda-Häuptlinge, und der Fundudzi-See, in dem die weiße Schlange der Fruchtbarkeit lebt.

Ihre traditionellen Hütten, die *Rondavels*, werden aus Stroh und Kuhdung errichtet und haben eine scharfe Metallspitze auf dem Dach, die verhindern soll, daß nachts Hexen in die Hütte eindringen und die Seelen der Schlafenden rauben. Ihr berühmtestes Ritual ist die *Domba*, ein Pythontanz, bei dem barbusige junge Venda, die Hände vor dem Körper aneinandergelegt, sich zu den Klängen von *Mutale*-Trommeln wie eine riesige Python winden. Die *Domba* wird von jungen Venda-Mädchen hauptsächlich während der Initiationsriten getanzt.

Manchmal tanzt Papa ausgelassen durch die Küche und singt ein Lied über einen jungen Mann, der so große Angst hat, verhext zu werden, daß er aus dem Gebiet der Venda in die Stadt flüchtet:

Ndoloyiwa, Ndoloyiwa,
Ich bin verhext, ich bin verhext,
Tsini ndi shabela kule Hamagandani,
Darum laufe ich fort,
Tsini ndi shabela kule.
Darum laufe ich weit weg.
Mugari gari, Mugari gari ya komba,
Ich meine es ernst, ich meine es ernst,
Tsini ndi shabela kule Hamagandani.
Wenn ich sage, ich laufe weit weg.
Tsini ndi shabela kule.
Dann laufe ich auch weit weg.

»Venda ist das schönste Land auf der Welt«, sagt Papa dann wehmütig. »Dort gibt es wunderschöne Seen, große Flüsse, Berge, Höhlen und tiefe Wälder. In den Wäldern leben die *Midzimu*, die Geister unserer Ahnen, denen wir Opfer zum Dank für ihren Segen bringen. Und wenn wir krank sind oder in Schwierigkeiten geraten, wissen wir, daß unsere Ahnen mit uns unzufrieden sind. Dann suchen wir einen *Nyanga* auf, der mit den *Midzimu* spricht, um in Erfahrung zu bringen, was ihren Unmut erregt hat.«

Papa hegt tiefes Mißtrauen gegenüber der »weißen Medizin«, wie er es nennt. Wenn er krank ist, sucht er immer zuerst einen *Nyanga* auf.

»Wenn es in Venda so schön ist, Papa«, frage ich, »warum müssen wir dann an diesem grauenhaften Ort leben?«

»Weil es hier Arbeit gibt, mein Kind«, erklärt er mir dann.

»Aber eines Tages werden wir alle nach Venda zurückkehren. Wenn ich genug Geld gespart habe, um uns einen großen Bauernhof kaufen zu können, werden wir Mangos, Papayas, Bananen, Mais, Apfelsinen und Avocados so groß wie dein Kopf anbauen.«

Wir lachen alle. Ich wünsche mir so sehr, Papa wäre jeden Tag so offen, so verspielt, so menschlich – und nicht nur, wenn er betrunken ist.

Als Lehrer Mguni, der Schulchorleiter, uns erklärt, daß wir für den diesjährigen Singwettbewerb ein Venda-Lied mit dem Titel *Shango Lasho Venda*, Venda, unser geliebtes Land, einstudieren werden, verspricht Papa, mit mir die korrekte Aussprache der Venda-Wörter zu üben. Außer Lehrer Mguni kann niemand im Chor Noten lesen, also lernen wir das unglaublich lange Lied auswendig.

Zwei Monate lang ist jeden Nachmittag von zwei bis fünf Chorprobe. Auch morgens wird geprobt, und zwar um sechs Uhr, noch vor dem Morgenappell. Wir üben so viel, weil wir die besten Sänger von Alexandra sein wollen und mit harter Konkurrenz von den anderen Schulen rechnen müssen. Aber die Mühe zahlt sich schließlich aus. Wir gewinnen den ersten Preis, einen riesigen silbernen Pokal, und dürfen am regionalen Chorwettbewerb in Soweto teilnehmen. Auch dort gewinnen wir den ersten Preis und damit eine Fahrt zum nationalen Wettbewerb nach Bloemfontein, der Hauptstadt des Freistaats Oranje. In Bloemfontein verlieren wir gegen einen Chor aus Venda und werden zweite. Aber wir sind alle sehr stolz, denn erst ein Chor aus Venda konnte den Chor einer der kleinsten Schulen von Alexandra schlagen.

Obwohl es mir großen Spaß gemacht hat, *Shango Lasho Venda* zu singen, bin ich verblüfft, als Lehrer Mguni, ein stolzer Venda wie Papa, mir eines Tage nahelegt, statt Shangaan Venda als Muttersprache zu wählen.

»Dein Vater ist ein Venda«, sagt er.

»Aber ich habe nur noch ein Schuljahr vor mir. Und seit der ersten Klasse spreche ich Shangaan.«

»Ein Kind muß stets seinem Vater folgen und nicht seiner Mutter. Außerdem habe ich schon mit deinem Vater darüber gesprochen, er ist einverstanden.«

Im vorletzten Schuljahr die Muttersprache zu wechseln, ist sehr riskant. Nach den Gesetzen der Bantu Education ist die Muttersprache das wichtigste Schulfach. Wenn ich in diesem Fach schlecht abschneide, falle ich beim gesamten Abschlußexamen durch, egal wie gut meine Noten in den anderen Fächern sind. Und das bedeutet, daß ich nicht auf die High-School gehen kann. Das wäre eine Katastrophe. Lehrer Mguni besteht darauf, daß Diana und Linah ebenfalls von Shangaan zu Venda wechseln. Papa erzählt Mr. Nyathi und seinen anderen Trinkkumpanen nun stolz, daß seine Kinder jetzt vollwertige Venda sind, weil sie seine Sprache in der Schule lernen.

20

Papa ist gar nicht davon begeistert, daß ich beschlossen habe, die Weihnachtsferien bei Mamahulu in Giyani zu verbringen. Ich flehe ihn an, mich fahren zu lassen. Ich sage ihm, daß ich im Gegensatz zu vielen meiner Freundinnen in meinem ganzen Leben noch nicht in Ferien gefahren bin. Außerdem erinnere ich ihn daran, daß ich Mamahulu versprochen habe, sie zu besuchen, als sie bei uns war, um die bösen Geister aus unserem Haus zu vertreiben. Mamahulu ist die einzige von Mamas Verwandten, die Papa leiden kann, vielleicht weil sie ihm für Geisteraustreibungen und Glücksbringer einen Rabatt einräumt. Schließlich gibt er doch nach und erlaubt mir hinzufahren. Als Fikile das hört, will sie unbedingt mitkommen.

Mamahulus Sohn Freddie, der mit den dreizehn Ehefrauen, betreibt ein Taxiunternehmen zwischen Johannesburg und Giyani. Er nimmt Fikile und mich in seinem Wagen mit. Wir fahren an einem Freitag abend los, genau eine Woche nach den Abschlußprüfungen. Mit fast einem Dutzend weiterer Passagiere und einer Menge Gepäck und Möbelstücken quetschen wir uns in den Kleinbus. Nach einer sechsstündigen Fahrt über die N1 erreichen wir Giyani kurz vor Mitternacht. Ich freue mich, endlich zu schlafen, erst recht, weil wir auf einer weichen Schaumgummimatratze liegen dürfen, die auf dem Fußboden aus Kuhdung in dem kühlen *Ronda-*

vel liegt. Das ist eine von fünf Hütten, die zu Mamahulus *Kraal* gehören.

Im Morgengrauen machen Fikile und ich einen Spaziergang, um die Gegend zu erkunden. Als wir zurückkommen, sagt Fikile: »Ich bin mal gespannt, was die hier zum Frühstück essen.«

»Wahrscheinlich Brot und Tee wie bei uns in Alexandra.«

»Was ist mit Eiern?« fragt Fikile. »Mamahulu hat doch jede Menge Hühner.«

Wir fragen nach Eiern und bekommen zur Antwort, daß Frauen keine Eier essen. Als wir wissen wollen, warum, erklärt man uns, daß Eier für unsere Eierstöcke schädlich sind und bewirken, daß man keine Kinder bekommen kann. Mamahulu fügt noch hinzu, daß es Brot und Tee zum Frühstück gibt, sobald ihr Enkel Willie vom Einkaufen zurück ist. Mehrere Stunden vergehen, und immer noch sind kein Willie und damit auch kein Brot und kein Frühstück in Sicht. Fikile, die schlapp und zänkisch wird, wenn sie nicht rechtzeitig etwas zu essen bekommt, geht schließlich zu Mamahulu und fragt: »Wann bekommen wir endlich unser Frühstück?«

»Sobald Willie mit dem Brot zurück ist«, erwidert Mamahulu.

»Aber er ist doch schon seit drei Stunden unterwegs.«

»Der Laden ist weit weg.«

Gegen ein Uhr mittags steht Willie plötzlich in der Tür.

»Ist der Laden in Alexandra, oder was?« frage ich ihn, während wir das grobe, dunkle Brot essen und gezuckerten Tee ohne Milch trinken.

Er lacht und zeigt seine Zähne, die vom Brunnenwasser ganz braun sind. »Nein, nur hinter dem Berg.«

»Nächstesmal gehen wir Brot kaufen«, legt Fikile los. »Ich bin eine gute Läuferin. Ich werde bestimmt nicht so lange brauchen wie du.«

»Okay«, sagt Willie und grinst nur.

In Giyani ist es extrem heiß, und die Leute hier sind bettelarm. Sie wohnen sehr weit voneinander entfernt. Es gibt auch kaum Industrie und der wichtigste Broterwerb ist die

Feldarbeit. Sie wird hauptsächlich von Frauen verrichtet, die ihre Babys auf dem Rücken tragen. Mamahulu gilt als reich, weil sie viele Hühner und Ziegen besitzt. Für ihre Geisteraustreibungen und *Muti*, die Salben, wird sie meist in Naturalien bezahlt.

»Vielleicht haben wir bisher nur die schlechten Seiten zu Gesicht bekommen«, sagt Fikile hoffnungsvoll. »Morgen gehen wir zum Laden, und dann sehen wir die bessere Seite, die hinter dem Berg.«

»Hoffentlich hast du recht«, seufze ich.

»Wenigstens können wir uns hier ausruhen«, tröstet mich Fikile. »Wenn wir zu Hause geblieben wären, müßten wir die ganze Zeit arbeiten.«

Aber wir haben uns zu früh gefreut. Keine Frau in Mamahulus Haus schläft länger als bis sechs Uhr. Nachdem wir die Brotreste vom Vortag mit Tee ohne Milch zum Frühstück vertilgt haben, helfen wir Freddies Frauen bei der Arbeit, und das bedeutet: die Hütten sauber machen, am Fluß Wäsche waschen, Felder bestellen und in riesigen, dreibeinigen Töpfen über einem offenen Feuer mitten im Hof *Pap* und *Murogo* kochen.

Unsere heimliche Hoffnung auf ein leckeres Hühnchen wird zunichte gemacht, als wir erfahren, daß nur zu ganz besonderen Anlässen ein Huhn geschlachtet wird. Stattdessen gibt es *Pap* und *Murogo* zu Mittag. Nach dem Mittagessen gehen wir mit Freddies Frauen mehrere Kilometer weit durch die karge und verbrannte Steppe zum Fluß, um Wäsche zu waschen. Auf dem ganzen Weg kommen wir nicht an einem schattenspendenden Baum vorbei. Die Frauen singen unterwegs und machen Scherze, aber die schreckliche Hitze, an die wir nicht gewöhnt sind, macht die Wanderung für Fikile und mich schier unerträglich. Am Shingwedzi-Fluß angekommen, nehmen wir sofort ein wunderbares Bad in dem wohltuend kühlen und klaren Wasser.

Ich wundere mich darüber, wie jung Onkel Freddies Frauen sind. Lisa, die älteste, ist Ende zwanzig und hat vier Kinder. Ruth, die jüngste, ist gerade mal dreizehn, hat aber noch keine Kinder. Zu ihr fühle ich mich besonders hingezogen. Sie interessiert sich sehr für unser Leben im Ghetto und fragt mich immer wieder darüber aus. Manchmal erzähle ich ihr dann ein paar Geschichten von meinem Bruder Johannes oder über die Unterdrückung der Schwarzen. Sie hort mir dann immer ganz gespannt zu. Anscheinend ist sie Onkel Freddies Lieblingsfrau, oder die anderen Frauen verachten sie, weil sie noch keine Kinder geboren hat, und sie machen ihr oft Vorwürfe, weil sie Onkel Freddies ganze Aufmerksamkeit beansprucht.

Eines Tages frage ich sie, warum sie so früh geheiratet hat. Sie ist völlig überrascht.

»Die Frauen hier heiraten alle jung.«

»Geht ihr denn nicht in die Schule?«

»Doch, aber nicht so lange. Sobald ein Mann mit einer *Lobola* kommt, verlangen unsere Väter, daß wir die Schule verlassen und heiraten.«

Onkel Freddie hat so viele Frauen, weil er sein Taxiunternehmen in der Stadt betreibt und die Väter ihn deswegen für sehr reich halten. Onkel Freddie behandelt seine Frauen auch sehr gut und verwöhnt sie mit Geschenken. Einmal im Jahr kauft er jeder von ihnen eine bunte *Mucheka,* ein traditionelles Kleid, und allen Kindern bringt er zu große Khaki-Hosen mit.

Ich finde es dennoch befremdlich, daß die Frauen damit zufrieden sind, zu Hause zu bleiben und zu arbeiten und die Kinder großzuziehen, während Onkel Freddie sich die meiste Zeit in der Stadt amüsiert.

Nachdem wir auf den glatten Bachsteinen die Wäsche gewaschen haben, machen wir uns gegen Abend wieder auf den Heimweg. Einige der Frauen tragen riesige, mit Wasser gefüllte Eimer auf dem Kopf, und sie zeigen Fikile und mir, wie man sie richtig balanciert. Es sieht gar nicht so einfach aus, einen mit Wasser gefüllten Eimer auf dem Kopf zu tragen, aber für mich ist es eine Herausforderung. Ich frage, ob ich es auch einmal versuchen darf, und Lisa setzt mir einen der Eimer auf den Kopf. Er ist ganz schön schwer, und schon nach wenigen Metern tut mir der Kopf weh. Ich muß den Eimer anfangs noch mit beiden Händen festhalten, doch dann werde ich mutiger. Als ich einen Moment lang nicht aufpasse, verliere ich die Balance, und der Eimer fällt auf die vertrocknete Erde. Das Wasser bildet eine riesige Pfütze, es sickert gar nicht ein. Ich bin sehr traurig wegen des kostbaren Wassers, aber die anderen trösten mich, und wir laufen weiter.

Bei Mamahulu gibt es zum Abendessen schon wieder *Pap* und *Murogo*.

Fikile erklärt beleidigt: »Ich esse heute nichts.«

»Du wirst aber Hunger bekommen«, sage ich.

»Ich warte lieber aufs Frühstück.«

»Aber das Brot ist alle.«

»Dann gehen wir eben welches kaufen.«

Am nächsten Morgen stehen wir früh auf, um zu dem Laden auf der anderen Seite des Bergs zu gehen. Ich bin noch nie so weit gelaufen, um ein Brot zu kaufen. Fikile und ich gehen gegen acht Uhr los in der Annahme, nach spätestens einer halben Stunde zurück zu sein. Wir brauchen vier Stunden länger als Willie, weil wir uns in der unwirtlichen Gegend nicht auskennen. Die Sonne ist sengendheiß.

»Glaubst du, wir haben uns verlaufen?« fragt Fikile, als wir immer noch nur durch heißen Sand laufen und weit und breit kein Haus oder eine Siedlung zu sehen ist.

»Nein. Willie hat gesagt, wir sollen einfach immer dem Weg folgen, dann kommen wir irgendwann zu dem Laden.«

»Aber wir sind doch schon seit Stunden unterwegs. Mir ist schon ganz schwindlig.«

»Mir auch. Und meine Füße bringen mich um.«

Als wir endlich bei dem Laden ankommen, erleben wir eine herbe Enttäuschung. Es ist nicht mehr als ein *Spazza*, ein kleiner Anbau mit größtenteils leeren Regalen. Aber wir bekommen altbackenes Brot, und zwar reichlich.

»Das ist das letztemal, daß ich nach Giyani komme«, schwört Fikile auf dem Heimweg. »Lieber hungere ich in Alexandra.«

Für Frauen gibt es in Giyani nichts anderes zu tun, als zu arbeiten. Und Fikile arbeitet nicht gern. Nach einer Woche will sie wieder nach Hause.

»Ich habe es satt, braunes Wasser zu trinken. Ich habe es satt, mitten im Wald in ein Loch zu scheißen. Und ich hab es satt, kilometerweit zum Fluß zu laufen, um Wäsche zu waschen.«

Mamahulu gegenüber versuche ich, ein wenig diplomatischer zu sein. Ich erkläre ihr, daß es uns bei ihr gut gefallen hat, daß wir aber jetzt nach Hause fahren müssen, weil mein Kirchenchor über Weihnachten mehrere Auftritte hat und ich unbedingt mitsingen muß.

»Kein Problem«, sagt Mamahulu. »Wenn Freddie Platz in seinem Wagen hat, nimmt er euch mit zurück.«

Wir beten, daß Freddie Platz für uns hat, aber wir haben Pech. Er ist vollkommen ausgebucht, weil so viele Leute über Weihnachten ihre Verwandten in Johannesburg besuchen wollen. Da wir keine zahlenden Fahrgäste sind, können wir nicht mitfahren. Die Vorstellung, die Feiertage in Giyani verbringen zu müssen, macht Fikile ganz unglücklich.

»Ich habe noch nie ein Weihnachtsfest erlebt, an dem es kein Hühnchen zu essen gab«, sagt sie. »Und diesmal wird es sicher keins geben.«

»Du hast doch gehört, was Willie gesagt hast. Die Hühner werden nur zu besonderen Gelegenheiten geschlachtet. Und Weihnachten zählt nicht dazu.«

»Ich will aber Hühnchen essen«, beharrt Fikile trotzig.

Am Heiligabend, während ich gerade den Hof fege, lockt Fikile eines der Hühner in ein Gebüsch. Als keiner zusieht, erschlägt sie das Huhn mit einem Stein. Dann kommt sie zu mir und sagt grimmig: »Es ist tot, Miriam.«

Ich bin entgeistert. »Was hast du denn mit dem Huhn vor?«

»Ich werde es Mamahulu zeigen. Ein totes Huhn läßt sie uns bestimmt kochen.«

Fikiles schlauer Plan beeindruckt mich.

Aber wir haben Mamahulu völlig falsch eingeschätzt. Als Fikile ihr erzählt, wir hätten ein totes Huhn im Gebüsch gefunden, und sie fragt, ob wir es rupfen und für das Weihnachtsessen kochen sollen, sagt Mamahulu nur: »Bring mir das Huhn.«

Fikile holt das tote Huhn.

Mamahulu untersucht es, dann sagt sie: »Kommt mit.«

Wir folgen ihr in den Hof. Sie befiehlt Willie, ein Loch zu graben. »Da gehört das tote Huhn hinein«, sagt Mamahulu, während sie das Huhn begräbt, »und nicht in euren Bauch.«

Fikile und ich sind zu schockiert, um etwas zu sagen.

Am Weihnachtstag sind wir schon im Morgengrauen auf und arbeiten. Es finden nicht die geringsten Vorbereitungen für ein großes Festessen statt. Statt dessen gibt es wie üblich *Pap* und *Murogo*. Als Fikile erklärt, daß ihr *Pap* und *Murogo* zum Hals heraushängt, bietet Mamahulu ihr Brause und braunes Brot an.

»Ich will nach Hause«, jammert Fikile.

»Du mußt warten, bis Onkel Freddie zurückkommt«, sagt Mamahulu.

»Wann kommt er denn?«

»Nach den Ferien.«

»Nach den Ferien!« Fikile kann es nicht fassen. »Das ist ja erst in zwei Wochen.«

»Genau.«

Ich habe inzwischen meinen Widerstand aufgegeben und mich mit allem abgefunden, Fikile dagegen nicht. Sie erkundigt sich, ob es irgendwelche Verwandten in der Gegend gibt, bei denen wir etwas Anständiges zu essen bekommen könnten. Nkateko, Mamahulus jüngste Tochter, macht uns Hoffnungen. »Grace, meine ältere Schwester, wohnt hier in der Nähe.«

»Was meinst du mit ›hier in der Nähe‹?« frage ich, weil ich an den Weg zum Laden denken muß.

Nkateko lacht. »Ich hatte ganz vergessen, daß ihr es nicht gewöhnt seid, weit zu laufen. Sie wohnt schon ein paar Meilen weit weg von hier.«

»Für was Anständiges zu essen gehe ich bis ans Ende der Welt«, verkündet Fikile trotzig.

Nachdem wir noch ein paar Tage lang *Pap* und *Murogo* heruntergewürgt haben, machen Fikile und ich uns auf den Weg zu Grace. Wir stapfen stundenlang durch die öde Landschaft, bis wir am frühen Nachmittag hinter einem weiteren Berg auf ein paar Hütten stoßen. Grace freut sich sehr, uns zu sehen, aber sie kann uns auch nichts Besseres anbieten als *Pap* und *Murogo*. Fikile ist der Verzweiflung nahe. »Soll das etwa heißen, wir sind den ganzen Weg gelaufen für *Pap* und *Murogo*? Kein Fleisch?«

»Hier wird nur Fleisch gegessen, wenn die Männer aus der Stadt zu Besuch kommen.«

Unser Elend nimmt kein Ende. Wenige Abende später, als ich gerade im Wald dabei bin, mich zu erleichtern, kommt eine Hyäne auf mich zugelaufen. Ich ergreife die Flucht, ohne mich abzuputzen. Kurz darauf stirbt eine der Ziegen an irgendeiner Krankheit, und Fikile bekommt endlich ihr Fleisch. Ich kann den Geruch von Ziegenfleisch nicht ausstehen, also esse ich weiter *Murogo*.

Zum Glück fällt das Fest der *Tikhomba* in die zweite Woche unseres Aufenthalts. *Tikhomba* nennt man die halbwüchsigen Mädchen, die bereits die Initiationsriten durchlaufen haben, die sie zu erwachsenen Frauen und heiratsfähig machen. Die Zeremonie wird bei Mamahulu abgehalten. Jetzt weiß ich auch, woher Onkel Freddie immer seine jungen Frauen bekommt.

Die Zeremonie ist wunderschön, und alle sind glücklich. Die *Tikhomba* tragen prächtige *Tinguvu*, traditionelle Shangaankleider, und *Vuhlava*, bunte Perlen und Halsketten. Sie führen kunstvolle Tänze auf und singen zum Klang von Trommeln. Die Mütter der *Tikhomba* veranstalten ein riesiges Festessen mit Hammelfleisch, Reis, Gemüse und Obst. Fikile und ich können unser Glück kaum fassen. Wir schlagen uns den Bauch so voll, wie wir können, damit wir die nächsten Tage mit *Pap* und *Murogo* einigermaßen überstehen.

Wenige Tage nach dem Fest kommt Onkel Freddie vorbei und eröffnet uns, daß er jetzt Platz hat, um uns mitzunehmen. Am Vorabend unserer Abreise kann Fikile vor Aufregung gar nicht einschlafen. »Ich muß mich vergewissern, daß er nicht ohne uns losfährt«, sagt sie.

Während ich schlafe, packt sie immer wieder ihre Sachen ein und aus und hält Wache neben Onkel Freddies Wagen. Bei Tagesanbruch ist sie abfahrbereit.

»Ich hoffe, ihr kommt uns bald mal wieder besuchen«, sagt Nkateko.

»Das machen wir«, ruft Fikile und winkt aus dem Wagen.

Weder sie noch ich kehren jemals wieder nach Giyani zurück.

21

Lisa, Onkel Freddies erste Frau und die Mutter von vier seiner zwanzig Kinder, steht plötzlich und unerwartet vor unserer Tür. Sie ist völlig verstört. Mama bittet sie herein und fragt, was sie auf dem Herzen hat. Sie erklärt, daß sie endgültig die Nase voll hat von Onkel Freddie.

»Ständig heiratet er neue Frauen«, klagt sie. »Er hat für mich überhaupt keine Zeit mehr. Kannst du denn nicht mal mit ihm reden? Wenn er sich nicht bald wieder um mich kümmert, verlasse ich ihn.«

»Und was soll dann aus den Kindern werden?« fragt Mama, weil sie weiß, daß eine Frau nach den Stammesgesetzen ihre Kinder zurücklassen muß, wenn sie von ihrem Mann weggeht.

Lisa fängt an zu weinen. »Das ist es ja, was so weh tut, Mamahulu. Ich weiß, daß ich sie verlassen muß, wenn ich mich von Freddie trenne. Aber ich will endlich wieder leben. Ich halte das nicht länger aus.«

Als Onkel Freddie uns in der Woche darauf besucht, macht Mama ihm klar, wie schlecht es Lisa geht und daß er sich mehr um ihre Bedürfnisse kümmern muß.

»Und was soll ich machen?«

»Du solltest vor allem deine Finger von blutjungen Mädchen lassen«, erwidert Mama. »Die meisten der Mädchen, die du geheiratet hast, müßten eigentlich noch zur Schule gehen.«

»Aber ich kann nichts dafür, daß sie sich mir an den Hals werfen.«

»Willst du etwa wie dein Vater enden?«

Onkel Freddies Vater war ein berühmter *Sangoma*, der viele Frauen hatte. Wenn die Patienten ihn nicht bezahlen konnten, gaben sie ihm einfach ihre jungen Töchter als Lohn. Es geht das Gerücht, eine seiner Frauen hätte ihn vergiftet.

»Ich kümmere mich doch um sie«, behauptet Onkel Freddie. »Sie haben alle ein Dach über dem Kopf und genug zu essen.«

»Und außerdem kaufst du ihnen jedes Jahr eine neue *Mucheka*«, gibt Mama sarkastisch zurück. »Das nennst du kümmern?«

»Ich bin kein reicher Mann.«

»Um so mehr Grund, nicht mehr als eine Frau zu haben.«

Aber Onkel Freddie kann es einfach nicht lassen. Nur wenige Männer können der Versuchung widerstehen, sich mehrere Frauen zu nehmen, wenn sie so leicht zu bekommen sind. Schließlich verläßt Lisa Onkel Freddie. Ihre Kinder kann sie nicht mitnehmen.

Lisa hat Ruth von ihrem Besuch bei Mama erzählt und ihr geraten, auch einmal mit Mama zu reden. Mama wundert sich darüber, wie jung sie noch ist und daß sie aus der Standard Five abgegangen ist, um Onkel Freddie zu heiraten, wo sie doch eigentlich genug Verstand hat, es zu mehr zu bringen.

»Was will ein kluges Mädchen wie du bloß von so einem alten Mann?« erkundigt sich Mama.

»Ich liebe ihn.«

»Liebe«, stöhnt Mama. »Siehst du nicht, daß er schon verheiratet ist? Ist dir denn nicht klar, daß bei so vielen Frauen für dich nur sehr wenig Liebe übrigbleibt?«

»Aber er hat mir versichert, daß ich seine Lieblingsfrau bin«, gibt Ruth zurück.

»Natürlich. Und genau das hat er allen anderen auch gesagt, als sie noch jung waren. Hast du vielleicht eine Ahnung, warum Lisa ihn verlassen hat?«

»Nein.«

»Weil sie es satt hatte, mit den jüngeren Frauen um seine Liebe zu wetteifern. Warte nur ab, bis du auch ein paar Kinder hast. Ob du dann immer noch seine Lieblingsfrau bist? Ich wette, dann wird er wieder eine jüngere heiraten.«

Ich habe Mama noch nie so ungehalten erlebt. Nachdem Ruth wieder nach Giyani aufgebrochen ist, frage ich sie, warum sie sich solche Sorgen darum macht, wenn Männer viele Frauen haben.

»Weil das ganze Leid meiner Mutter daher rührte, daß ihr Vater sich eine Jüngere als zweite Frau nahm«, antwortet Mama. »Die jüngere Frau konnte es nicht ertragen, eine Rivalin zu haben. Sie versuchte mehrfach, die ältere zu verhexen, aber es gelang ihr nicht. Dann hat sie meinen Großvater ermordet, um zu verhindern, daß er Shibalu, den Bruder meiner Mutter, zu seinem Erben bestimmte. Mein Großvater war ein wohlhabender Mann. Er besaß *Stands*, Grundeigentum, und mehrere Läden. Nach seinem Tod ging alles in den Besitz seiner zweiten Frau über, und wir blieben mittellos zurück.«

Mama unterbricht sich, um ihre Gedanken zu ordnen. »Und auch mein eigener Vater«, fährt sie fort, »hat meine Mutter verlassen, nachdem er seine zweite Frau geheiratet hat. Auch sie duldete keine Rivalin. Also stellte sie meinen Vater vor die Wahl, entweder sie oder meine Mutter. Da sie jünger war, entschied er sich für sie.«

»Aber eine Menge Frauen sind die zweite oder sogar die dritte Frau«, wende ich ein. »Selbst Papas Vater hatte viele Frauen. So ist es doch immer schon gewesen.«

»Ich weiß«, seufzt Mama, »aber das heißt noch lange nicht, daß es so richtig ist. Christus sagt, daß ein Mann sich nur eine Frau nehmen soll und daß Eheleute einander treu sein sollen. Kind, wenn du mal erwachsen bist, dann willige nie darin ein, deinen Mann mit anderen Frauen zu teilen. Das ist der schnellste Weg, alt zu werden, im Elend zu leben und früh ins Grab zu kommen.«

22

Mit Vierzehn fange ich langsam an, mir Gedanken über mein Aussehen zu machen. Viele meiner Freundinnen benutzen neuerdings Cremes, um ihre Haut aufzuhellen, und sie glätten ihr krauses Haar mit Chemikalien. Immerzu machen sie sich lustig über meine unattraktive Erscheinung, besonders über meine dicken Wangen und mein leichtes Übergewicht. Aber vor allem meine Pickel sind die Zielscheibe ihres Spotts. Mein Gesicht ist übersät davon. Sie sind groß und häßlich, und ich könnte verzweifeln, weil ich sie einfach nicht loswerde.

»Wie bist du denn deine losgeworden?« frage ich ein Mädchen aus unserem Hof, deren Gesicht immer voller Pickel war. Jetzt ist ihre Haut glatt und makellos.

»Willst du das wirklich wissen?« Sie wirft mir einen leicht verlegenen Blick zu, dann sagt sie: »Ich habe mir einen Freund angelacht.«

»Was hat denn das mit Pickeln zu tun?«

Das Mädchen grinst vielsagend. »Du gehst zuviel in die Kirche, Miriam. Du solltest dich mehr unter die Leute mischen. Jungs haben eine ganze Menge mit Pickeln zu tun.«

Ich bin verwirrt. »Ich weiß nicht, wovon du redest.«

»Sobald ein Mädchen Sex hat, gehen die Pickel von alleine weg.«

»Du machst Witze.«

»Bestimmt nicht.«

»Aber ich habe keine Lust auf Sex.«

»Dann wirst du wohl für den Rest deines Lebens mit diesen entsetzlichen Pickeln herumlaufen müssen. Sie sind ein Zeichen dafür, daß du noch nie mit einem Mann im Bett warst.«

Während meine Pickel mich ganz verrückt machen, bin ich mit meinen Haaren eigentlich zufrieden. Bis Florah irgendwann mit ganz neuen Ideen ankommt. Florah, die es leid ist, für Weiße zu arbeiten, die ihr nur einen Hungerlohn zahlen, will unbedingt ein eigenes Geschäft aufmachen, um von Collin finanziell unabhängig zu sein. Er gibt seinen ganzen Lohn an seine Stiefmutter ab. Florah hat erst kürzlich einen Kurs an einer Friseurschule in der Innenstadt von Johannesburg absolviert. Dort hat sie gelernt, Dauerwellen auf amerikanische Art zu legen. Sie meint, ich könnte eine ihrer ersten Kundinnen sein. Sie hat sich alle möglichen Sorten Chemikalien von *TCB* und *Black Like Me* zugelegt – Shampoos, Spülung, Fixierer und Dauerwellenmittel. Und sie zeigt mir Fotos von schwarzen Amerikanerinnen mit langem, geglättetem Haar, was die meisten meiner Freundinnen für todschick halten.

Aber ich habe da so meine Zweifel. »Du wirst mir doch nicht die Haare ruinieren?«

»Ach was«, gibt Florah zurück. »Dafür habe ich doch den Kurs gemacht. Die Leute, die an der Frisörschule unterrichten, haben alle in Amerika studiert.«

»Es ist nur so, daß ein paar von meinen Freundinnen sich die Haare ruiniert haben, als sie sich eine dieser amerikanischen Frisuren zulegen wollten.«

»Das liegt nur daran, daß sie primitive Methoden benutzt haben.«

Florah entpuppt sich als sehr gute Frisöse. Alle meine Freundinnen sind neidisch auf meine Dauerwelle. Eine Zeitlang lenkt sie sie sogar von meinen häßlichen Pickeln ab. Aber dann kriegt Florah Krach mit Collin und zieht nach Soweto zu Freunden. Papa besteht darauf, daß sie zu ihrem Mann zurückkehrt. Und ich stecke in einem echten Dilemma. Meine Haare sind mittlerweile süchtig nach Chemikalien, und Florah ist die einzige, die sie hat und damit richtig umzugehen weiß. Mit der Frisur sehe ich langsam aus wie ein Stachelschwein. Und zu allem Überfluß bekomme ich neben den Pickeln auch noch Schuppen.

Dabei habe ich noch Glück im Unglück. Nkateko, die jüngste Tochter von Mamahulu, meiner Tante in Giyani, zieht für einige Monate zu uns, nachdem ihr die schrecklichste Demütigung widerfahren ist, die einer Frau in einer Stammesehe passieren kann: Die Eltern ihres Mannes schickten sie wieder nach Hause, weil sie keine Kinder bekam. Um Nkateko dabei zu helfen, ihre zerstörte Selbstachtung zurückzugewinnen und ein neues Leben anzufangen, besorgt Mama ihr eine Arbeit im Vorort bei einer Freundin von Mrs. Hunt.

Eines Tages kehrt Nkateko in Tränen aufgelöst nach Hause zurück. Ihr kleiner Kopf ist bedeckt von einem *Doek*, einem Kopftuch.

»Was ist denn los?« fragt Mama.

Zuerst sträubt sich Nkateko zu sprechen. Dann nimmt sie ihren ganzen Mut zusammen und entfernt das Kopftuch. Alle zucken vor Schreck zusammen. Ihr dickes, schönes Kraushaar ist weg. Sie ist kahl wie ein Stoßzahn aus Elfenbein. Und mit dem kleinen Kopf sieht sie total ulkig aus, wie Jojo, eine Comic-Figur in der *World*.

»Wie ist das denn passiert?« will Mama entsetzt wissen.

Wortlos zieht Nkateko eine Flasche hervor. Ich sehe mir das Etikett an. Darauf ist eine weiße Frau mit langen schwarzen Haaren abgebildet.

»Ich wollte, daß meine Haare genauso aussehen wie ihre.«

»Und du hast das hier benutzt?« frage ich.

»Ja. Ich habe es gefunden, als ich das Badezimmer der Madam geputzt hab«, erwidert Nkateko.

Während sie weiterredet, lese ich durch, was auf dem Etikett steht.

»Ich habe mich auf den Frisierstuhl der Madam gesetzt und das Zeug großzügig auf meinen Haaren verteilt«, fährt Nkateko fort. »Ich kann zwar lesen, aber nicht so gut. Und als ich das Wort ›Haar‹ gesehen habe, dachte ich, es wäre eins dieser chemischen Mittel, wie Florah sie benutzt. Doch als ich meine Haare kämmen wollte, fielen sie plötzlich aus. Da bin ich in Panik geraten. Erst habe ich gedacht, die Madam hätte ihr Schminkzeug präpariert, weil ja viele Dienstmädchen einfach die Sachen der Madams benutzen.«

Mama kann sich das Lachen nicht verkneifen. Ich dagegen weiß nicht, ob ich lachen oder weinen soll. »Dir sind die Haare deshalb ausgefallen«, erkläre ich ihr, »weil das hier ein Haarentfernungsmittel ist. Die weißen Frauen benutzen es, um sich die Haare an den Beinen und in den Achselhöhlen abzumachen.«

Nkateko bekommt einen Lachanfall. Sie hat die seltene Gabe, über ihre eigenen Fehler lachen zu können. »Ich habe nur das Wort ›Haar‹ gesehen und mir gedacht, hallelujah, das ist genau das richtige für mich. Jetzt kann ich endlich die Dauerwelle bekommen, auf die ich so lange gewartet habe, und muß nicht mal was dafür bezahlen.«

Zum Glück werden Nkatekos Haare wieder nachwachsen.

23

George stürmt zur Tür herein und wedelt mit einer Ausgabe der *World*. Ich bin gerade dabei, das Abendessen zuzubereiten, während Mama, die eben erst von der Arbeit nach Hause gekommen ist, sich noch umzieht.

»Bischof Tutu ist der Friedensnobelpreis verliehen worden.«

»Was ist ein Friedensnobelpreis?« frage ich.

»Das ist eine Auszeichnung für eine herausragende Persönlichkeit, die sich für Frieden und Gerechtigkeit einsetzt. Bischof Tutu hat sie im Namen des Freiheitskampfes erhalten. Er ist der zweite Schwarzafrikaner, der den Nobelpreis bekommt.«

»Und wer war der erste?«

»Häuptling Albert Luthuli. Er hat ihn 1960 erhalten.«

»Bedeutet der Preis, daß wir bald frei sein werden?« fragt Mama.

George lacht. »Nein.«

»Und warum bist du dann so aufgeregt?«

»Weil das bedeutet, daß die ganze Welt jetzt über unseren Freiheitskampf Bescheid weiß, Mama«, erwidert George. »Und wenn es erst in der Welt bekannt wird, dann sind die Tage der Apartheid gezählt.«

Das soll nicht die letzte gute Nachricht in diesem Jahr bleiben. Im Oktober 1984 wird Alexandra, das jahrelang auf der

Todesliste stand, schließlich begnadigt. Die Regierung Botha verabschiedet ein Gesetz, auf Grund dessen dem Ghetto die Zerstörung erspart bleibt. Die Bevölkerung von Alexandra ist überglücklich. Im ganzen Land werden nämlich systematisch komplette Gemeinden, in denen Schwarze leben, dem Erdboden gleichgemacht. Dies ist Teil einer Strategie, mit der die Regierung versucht, die Schwarzen aus dem »weißen« Südafrika zu vertreiben und sie in die unterschiedlichen Stammesreservate zu deportieren. Eine dieser niedergewalzten schwarzen Gemeinden in Johannesburg wurde später von den neuen weißen Einwohnern in »Triomf«, also Triumph, umbenannt.

Die Regierung verspricht, das heruntergekommene Ghetto von der Größe einer Quadratmeile in einen bewohnbaren Ort zu verwandeln. Diese Nachricht weckt bei allen Bewohnern große Erwartungen und Freude. Auch unsere Familie ist voller Hoffnung, endlich aus der ärmlichen Hütte in eins der schönen neuen Häuser umziehen zu können, die demnächst gebaut werden. Und Florah und Collin, die sich wieder versöhnt haben, planen sogar, einen Kredit für den Kauf eines dieser neuen Häuser zu beantragen.

Aber wie schon so oft, wenn große Pläne zur Verbesserung der Lebensbedingungen in Alexandra gemacht wurden, kommt auch bei diesem nicht viel mehr heraus als ein paar bescheidene Maßnahmen. In einigen Teilen des Ghettos werden endlich Abwasserkanäle angelegt, und in einem Gebiet mit dem Namen »Phase Eins« werden eine Handvoll hübscher Häuser errichtet, die sich aber nur die Schwarzen leisten können, die einen qualifizierten Beruf haben und fast alle aus Soweto kommen.

Florah und Collin müssen weiterhin mit seiner Stiefmutter in der 9th Avenue zusammenleben. Die Spannungen zwischen den beiden nehmen dadurch wieder zu und führen schließlich zu einer neuerlichen Trennung. Florah will wieder zu uns ziehen, aber Papa schmeißt sie raus und fordert sie auf, zu ihrem Mann zurückzukehren und ihrer Familie keine Schande zu machen. Mama meint, Papa fordert das nur von Florah, weil er das Brautgeld nicht an Collin zurückzahlen kann. Aus lauter Verzweiflung zieht Florah zu einem Freund, der Mitglied in einer Straßengang ist und in der 14th Avenue lebt.

Während Florah von Collin getrennt lebt, entführt seine Stiefmutter Angie und schafft sie in ein weit entferntes Dorf in Zululand. Florah ist völlig aufgelöst, sie hat nicht die geringste Ahnung, wo Angie festgehalten wird. Man hat ihr verboten, mit ihrer Tochter Kontakt aufzunehmen. In ihrer Verzweiflung wendet sie sich an die Peri-Urban, aber die helfen ihr auch nicht weiter. Sie weisen nur darauf hin, daß sie für die Verbrechensbekämpfung da sind und sich aus familiären Streitigkeiten heraushalten, besonders wenn Brautgeld mit im Spiel ist. Meine Schwester stellt Collin zur Rede, aber er behauptet, daß er auch nichts unternehmen kann und daß Angie erst zurückkommen wird, wenn Florah und er wieder zusammenleben.

Der Erpressungsversuch geht nach hinten los. Florah macht Collin unmißverständlich klar, daß sie nicht mehr zurückkommen wird und mittlerweile einen anderen liebt. Collin ist am Boden zerstört und schwört, Angie nicht mehr herauszugeben.

Eine Woche später erzählt George wieder von Bischof Tutu und berichtet, was er darüber in den letzten Tagen in der Zeitung gelesen hat. Ich finde das alles furchtbar interessant und höre mit Schrecken, daß trotz der Verleihung des Friedensnobelpreises an Bischof Tutu die staatliche Repression fortgesetzt wird. Ebenso geht der Widerstand weiter, der jetzt, im Jahre 1984, zum erstenmal von der starken Gewerkschaftsbewegung angeführt wird. Gewerkschaften schwarzer Arbeiter, die zuvor verboten gewesen waren, lassen auf einmal ihre Muskeln spielen. Im Jahre 1977 hatte die Regierung den Jobs Reservation Act abgeschafft und einige Gewerkschaften von Schwarzen zugelassen, die auch an kollektiven Verhandlungen teilnehmen durften. Der Widerstand wurde von drei starken Gewerkschaften angeführt: die nicht nur auf

Schwarze beschränkte Vereinigung Südafrikanischer Gewerkschaften, (FOSATU), der ausschließlich Schwarzen vorbehaltene Council of Unions of South Africa Trade Unions und die Nationale Minenarbeiter-Union (NUM). Diese drei verschmolzen später im Congress of South African Trade Unions (COSATU) und schlossen sich schließlich der United Democratic Front (UDF) an. Ich weiß nicht genau, was das ist, doch mein Bruder erklärt es mir.

Die UDF wurde 1983 ins Leben gerufen, um den Widerstand gegen die neue Verfassung zu formieren, die zwar Mischlingen und Indern, nicht aber den Schwarzen ein begrenztes Wahlrecht einräumte. Sie hatte schließlich drei Millionen Mitglieder. Es war ein Novum in der Geschichte Südafrikas, daß sich über fünfhundert Gewerkschaften, Gemeinden, Religionsgemeinschaften, Sportvereine und andere Basisorganisationen in einer multiethnischen Organisation zusammenfanden. In Alexandra gehörten verschiedene kirchliche und studentische Kreise sowie einige Arbeiter- und Frauengruppen zur UDF.

Längst entwickeln sich Streiks und Boykotts zu neuen Waffen des Widerstands. Mit ihnen soll die Wirtschaft lahmgelegt und die Regierung gezwungen werden, den Forderungen der Schwarzen nachzugeben. George sagt, sie fordern die sofortige Freilassung aller politischen Gefangenen, die Abschaffung der verhaßten Paßgesetze, den Stop der gewaltsamen Vertreibungen, den Rücktritt der schwarzen Funktionäre in den Townships, da sie als Kollaborateure der Apartheid angesehen werden, und schließlich den Verzicht auf Erhöhung der Mieten, der Bustarife und der Steuern. Es wäre wunderbar, wenn einiges davon durchgesetzt werden könnte, dann würde es auch unserer Familie endlich bessergehen und ich müßte mir keine Sorgen mehr um meinen Schulabschluß machen, weil das Geld mal wieder nicht reicht. In Alexandra wie auch in anderen Townships finden immer mehr gewalttätige Auseinandersetzungen statt. Die Regierung verhaftet schließlich die Streikführer und setzt Truppen in den Townships ein.

Obwohl Alexandra noch immer militärisch besetzt ist, dürfen wir wieder in die Schule gehen, um an den Abschlußprüfungen teilzunehmen. Ich will mich in meinem letzten Jahr besonders ins Zeug legen, um anschließend auf die Alexandra High School gehen zu können. Die meisten meiner Freundinnen werden sie auch besuchen. Die High-School ist in einem neuen und modernen Gebäude untergebracht, außerdem gibt es dort einen Chor und eine Leichtathletikmannschaft.

Hauptsächlich will ich aber auf die High-School, weil ich einen Brief von Johannes aus Amerika bekommen habe. Er schreibt gerade an einem Buch mit dem Titel *Kaffern Boy*, verschiedene amerikanische Verlage sind sehr interessiert an der Geschichte über seine Kindheit und Jugend in der Apartheid. Mit dem Geld, das er zu verdienen hofft, will er uns allen ein Studium ermöglichen, wenn wir das wollen.

Ich träume davon, eines Tages die Venda University zu besuchen. Diesen Traum habe ich schon, seit unser Schulchor mit dem Lied *Shango Lasho Venda* damals den großen Pokal gewonnen hat und ich Papas Geschichten von der Schönheit des Landes, seiner Kultur und seiner Bewohner gehört habe.

Onkel Pietrus, der Sohn des älteren Bruders meines Vaters, ist begeistert von meinen Plänen. Er war jahrelang unser Nachbar in der 13th Avenue. Vor nicht allzu langer Zeit ist er des Elends in der Stadt überdrüssig geworden und nach Venda zurückgekehrt, wo er eine Farm gekauft hat, auf der er Avocados, Mangos, Papayas und Orangen züchtet. Eine Zeitlang betrieb er auch einen Taxidienst zwischen Johannesburg und Venda.

»Es wird dir dort sehr gefallen«, meint Onkel Pietrus. »Es gibt keinen schöneren Ort auf der Welt als Venda.«

»Das sagen mir alle«, wende ich ein. »Aber warum gehen die Leute dann von dort weg und ziehen an einen Ort wie Alexandra, der so schmutzig ist und wo das Leben so hart ist?«

»Es gibt keine Arbeit in Venda. Es zählt zu den ärmsten Gegenden des Landes. Aber die Dinge ändern sich auch dort allmählich. Venda ist jetzt unabhängig. Die neue Regierung unternimmt eine ganze Menge, um das Leben zu verbessern. Sie bauen sogar ein Casino und ein Hotel in Thohoyandou.«

Thohoyandou, das bedeutet übrigens Kopf des Elefanten, war die Hauptstadt des Homeland Venda, das 1979 für unabhängig erklärt wurde. Diese Unabhängigkeit wurde allerdings nur von Pretoria anerkannt.

»Das Gute an Venda ist auch, daß es dort keine Unruhen gibt«, erzählt Onkel Pietrus. »Da kannst du in Frieden deine Ausbildung beenden. Die Polizisten sind von Anfang an rigoros gegen die Unruhen vorgegangen. Sie sind sehr gut. Besser als die Polizei hier.«

Ich habe noch keine Ahnung, daß Onkel Pietrus mit »sehr gut« meint, daß die Polizei in Venda häufig Aktivisten und Studenten foltert und daß die südafrikanischen Sicherheitskräfte die Ausbildung der Sicherheitspolizei in Venda übernommen haben.

»Ich würde Venda gerne demnächst besuchen«, kündige ich an.

»Was hältst du davon, mich an Weihnachten nach Hause zu begleiten?«

Bevor ich nach Venda fahren kann, muß ich zuerst für meine Abschlußprüfungen lernen. Zur Vorbereitung machen unsere Lehrer eine ganze Reihe Tests, die alle mit in die Abschlußnoten eingehen. Die schwierigsten Tests schreiben wir im naturwissenschaftlichen Unterricht, der von niemand anderem als Lehrer Mguni gegeben wird. Er ist nicht nur unser Chorleiter, sondern auch der gefürchtetste Lehrer an der ganzen Schule.

Rosemary, ein Mädchen aus meiner Klasse, hat solche Angst davor, bestraft zu werden, daß sie bei Klassenarbeiten von Lehrer Mguni überhaupt nichts mehr hinbekommt. In der Vergangenheit haben Cynthia und ich alles versucht, um ihr Selbstbewußtsein zu stärken. Zwei Tage vor dem ersten naturwissenschaftlichen Test schlagen wir Rosemary vor, sich mit uns zusammen vorzubereiten. Während wir alles besprechen, ist sie gut dabei, weiß fast alle Antworten und strotzt nur so vor Selbstbewußtsein. Aber als der Test stattfindet, kann sie sich an nichts mehr erinnern. Sie versagt kläglich und wird wie befürchtet verprügelt.

Ein paar Tage später kündigt derselbe Lehrer den nächsten Test an. Rosemary kommt zitternd zu uns. »Bitte, ihr müßt mir helfen.«

»Wir können nichts mehr für dich tun, Rosemary«, gebe ich zu bedenken. »Es liegt nichts Rätselhaftes darin, wie wir uns vorbereiten. Wir lernen einfach nur fleißig. Wir haben auch keine *Muti*, die dir helfen könnte.« Das meine ich gar nicht spöttisch. Es gibt eine ganze Reihe von Schülern, die solche Angst haben, bei den Tests durchzufallen, daß sie zu einem von *Sangomas* zubereiteten *Muti*-Trank greifen, um bei einer Klassenarbeit ihre Chancen auf gute Noten zu verbessern.

»Es gibt doch noch etwas, das du tun kannst«, erwidert Rosemary zaghaft.

»Was denn?« Ich kann mir wirklich nicht vorstellen, wovon sie spricht.

»Du kannst mich neben dir sitzen lassen während des Tests.«

Ich will einfach nicht glauben, daß Rosemary verlangt, wir sollen ihr beim Pfuschen helfen, einem der schlimmsten Vergehen. Die Lehrer an der Bovet School haben in der Vergangenheit Betrug während Prüfungen immer damit bestraft, daß sie die beteiligten Schüler züchtigten und ihnen die schlechteste Note gaben. Ich bin nicht bereit, dieses Risiko einzugehen, vor allem, wo ich so kurz vor dem Abschluß stehe.

»Ich gebe euch alles, was ihr wollt«, fleht Rosemary uns mit einem mitleiderregenden Blick an.

»Alles, was wir wollen?« fragen wir im Chor.

»Ja.«

Rosemarys Familie ist sehr wohlhabend und besitzt einen gut sortierten Lebensmittelladen in der 15th Avenue. Er ist voll mit Dingen, die Cynthia und ich uns niemals leisten könnten, aber uns sehnlichst wünschen: Kekse, Coca-Cola, KitKat-Riegel und Sardinen, ganz zu schweigen von den Großpackungen Maismehl, Paraffin, Zucker, Milch und Waschpulver.

»Und du wärst wirklich damit einverstanden, wenn wir in euren Laden kommen und ein paar Sachen kaufen würden?« fragt Cynthia.

»Natürlich«, antwortet Rosemary. »Wann immer ihr wollt.«

»Nein, ich meine, wir kommen, wenn du hinter dem Tresen stehst. Wir würden die Sachen gerne bei dir kaufen.«

Rosemary hat endlich begriffen, was Cynthia meint. Sie zögert einen Moment, bevor sie erwidert: »Ich kann sicher einrichten, daß ich hinter dem Tresen stehe.«

»Also gut, dann werden Miriam und ich es so einrichten, daß du unsere Antworten während des Tests sehen kannst.«

»Ich bin euch ja so dankbar.« Rosemary fällt ein Stein vom Herzen.

Ich lausche der Abmachung zwischen Rosemary und Cynthia mit gemischten Gefühlen. Auf der einen Seite reizt mich die Möglichkeit, Lebensmittel umsonst zu bekommen. Andererseits habe ich ein schlechtes Gewissen, mich an Erpressung und Betrug zu beteiligen. Aber Cynthia überredet mich schließlich, und ich erkläre mich einverstanden, das Risiko einzugehen.

Cynthia und ich gehen fast täglich zu Rosemarys Laden. Wir warten jedesmal darauf, bis sie an der Kasse steht, dann gehen wir rein und packen ordentlich ein.

Am Vortag des Tests frage ich Cynthia: »Glaubst du, daß wir es schaffen, unseren Teil der Abmachung einzulösen?«

»Natürlich, warum denn nicht?«

»Du hast etwas vergessen.«

»Das wäre?«

»Wenn Lehrer Mguni uns dabei erwischt, wie wir Rosemary abschreiben lassen, dann setzt es was, und wir sind alle durchgefallen.«

»Wir können nur beten, daß er zwischendurch mal rausgeht.«

24

Am Tag des Tests macht Lehrer Mguni nicht nur keinerlei Anstalten, das Klassenzimmer zu verlassen, im Gegenteil, er schreitet die ganze Zeit den Gang zwischen unseren Bänken auf und ab und paßt auf wie ein Luchs, daß keiner pfuscht. Das Ergebnis ist, daß Rosemary trotz unserer Versuche, ihr unsere Hefte mit den Antworten so hinzuhalten, daß sie einen Blick darauf werfen kann, sich nicht traut, ihren Hals lang zu machen.

»Es tut mir leid, Rosemary«, tröste ich sie nach dem Test, »aber es war nicht drin, dir zu helfen.«

»Ich bin durchgefallen«, klagt Rosemary niedergeschlagen, »jetzt werde ich wieder geschlagen.«

»Sei doch nicht so pessimistisch«, erwidert Cynthia. »Du bist intelligent. Du brauchtest unsere Hilfe doch gar nicht. Du hast fleißiger gelernt als wir alle zusammen. Ich wette, du hast bestanden.«

»Ich weiß, daß ich durchgefallen bin. Das Merkwürdige ist, daß ich die Antworten kenne. Nur während des Tests kann ich mich beim besten Willen nicht daran erinnern.«

Am nächsten Tag gibt der Lehrer uns die Tests zurück. Rosemary ist tatsächlich durchgefallen. Ich fühle mich fürchterlich, als ich mitbekomme, daß sie kurz davor ist loszuheulen. Mr. Mguni fordert alle, die durchgefallen sind, auf, sich zu erheben. Er hat ein dickes Stück Schlauch in der Hand. Mehr als ein Drittel der Klasse steht auf. Zu Rosemarys Erleichterung fängt er am anderen Ende des Zimmers mit den Schlägen an. Es ist fast schon Zeit für die nächste Unterrichtsstunde. Vielleicht rettet sie ja die Pausenglocke.

Offensichtlich wird sich Lehrer Mguni dessen bewußt, denn er teilt die Schläge mit ungewöhnlicher Geschwindigkeit aus. Rosemary hat keine Chance, der Bestrafung zu entkommen, da der Lehrer schon die meisten Schüler gezüchtigt hat, und bis zum Ende der Stunde sind es immer noch fünfzehn Minuten.

Aber dann rettet sie etwas anderes. Der Lehrer ist gerade bei zwei Jungen angekommen, die ganz hinten in der Klasse sitzen. Sie heißen Markos und Khatuchera. Sie sind dicke Freunde und die größten Jungen in der Klasse. Markos hat sogar schon mal wegen Vergewaltigung im Gefängnis gesessen.

»Halt deine Hände hin«, fordert der Lehrer Markos auf.

Markos weigert sich. Zur Verwunderung der ganzen Klasse sieht er Lehrer Mguni trotzig an.

»Bist du taub? Ich habe gesagt, du sollst deine Hände hinhalten und deine Strafe entgegennehmen.«

»Wenn Sie es wagen, Hand an mich zu legen, Sie verfluchter Venda«, erwidert Markos auf Zulu, »dann erteile ich Ihnen eine Lektion, die Sie so schnell nicht vergessen werden.«

In der Klasse herrscht gebanntes Schweigen. Ich kann es nicht fassen – Markos hat dem Lehrer gedroht. Ich muß daran denken, wie Amanda von Mistress Mabaso verprügelt wurde, und warte schon darauf, daß Mr. Mguni uns alle rausschickt, um Markos zu schlagen.

Aber er macht etwas anderes. »Bleib da stehen«, sagt er zu Markos. »Mit dir beschäftige ich mich später.«

Ich vermute, er will sich erst die übrigen Schüler vornehmen, um dann auf Markos zurückzukommen.

»Streck deine Hände aus«, sagt er jetzt zu Khatuchera.

Auch der weigert sich.

»Hast du nicht verstanden?« fragt der Lehrer wütend. »Ich habe gesagt, du sollst deine Hände ausstrecken.«

»Wie kommen Sie darauf, daß Sie mich bestrafen können, wenn Sie ihn nicht bestraft haben?« Khatuchera zeigt mit dem Finger auf Markos. Khatuchera ist ein Venda wie Lehrer Mguni. Seine Eltern sind mit dem Lehrer gut bekannt.

»Haben dich deine Eltern dazu erzogen, deinen Lehrern die Achtung zu verweigern? Jetzt streck deine Hände aus, bevor ich dich verprügle.«

»Versuchen Sie's doch.«

Die Schüler halten den Atem an. Khatuchera hat Lehrer Mguni herausgefordert, ihn zu schlagen. Wenn der Lehrer jetzt zurückweicht, verliert er für immer seine Autorität.

»Wenn er Markos und Khatuchera nicht bestraft, dann kann er es bei Rosemary auch nicht machen«, flüstere ich Cynthia zu.

Wir beide sehen zu Rosemary hinüber. Sie muß zu demselben Schluß gekommen sein wie wir, denn ihr Gesichtsausdruck ist erheblich entspannter.

»Du willst also, daß ich dich verprügle?« droht Lehrer Mguni. In seiner Stimme liegt ein Anflug von Verzweiflung.

»Ich habe doch gesagt, Sie sollen es versuchen«, erwidert Khatuchera mit entschlossener Miene. Er ballt die Fäuste.

Der Lehrer hebt den Schlauch und läßt ihn auf Khatucheras Schulter niedersausen. Auf der Stelle versetzt Khatuchera dem Lehrer einen Schlag ins Gesicht. Die Schüler beobachten das Geschehen wie versteinert. Wutentbrannt will der Lehrer noch einmal mit dem Schlauch zuschlagen, aber da packt Markos ihn auch schon von hinten. Die zwei Schüler prügeln wie von Sinnen auf Lehrer Mguni ein. Vergeblich versucht er, ihnen auszuweichen und zurückzuschlagen. Sie krachen gegen die Schulbänke, als sie unter lautem Geschrei der Schüler aufeinander losgehen. Zweifellos würden wir Markos und Khatuchera anfeuern, wenn wir den Mut aufbrächten, unseren Gefühlen freien Lauf zu lassen.

Schließlich kann Lehrer Mguni sich losreißen und zur Tür stürzen. Die Schüler lachen hysterisch.

»Von nun an wird er uns nie wieder schlagen«, sagt Cynthia.

Kurz darauf kommt Lehrer Mguni mit dem Direktor zurück.

»Was ist hier passiert?« will der Direktor von Markos und Khatuchera wissen. Aus seinem Tonfall schließe ich, daß auch er Angst vor den beiden hat. Sie erzählen ihre Version des Vorfalls.

Ich rechne damit, daß die beiden auf der Stelle von der Schule fliegen. Doch nichts dergleichen passiert. Ich nehme an, der Direktor wollte nicht auch noch von Markos und Khatuchera verprügelt werden. Sie bleiben in der Klasse, und sie werden nie wieder von Lehrer Mguni gezüchtigt. Auch Rosemary wird nicht dafür geschlagen, daß sie den Test nicht bestanden hat. Und sie fällt nie wieder bei einem Test durch, den Lehrer Mguni schreiben läßt, auch nicht bei den Abschlußprüfungen.

Ich bin selig, als ich zu Beginn der Ferien nach Venda aufbreche. Ich habe die Grundschule erfolgreich abgeschlossen, und kommenden Januar werde ich die Alexandra Highschool besuchen. Die Fahrt nach Venda dauert ungefähr sieben Stunden, und wir erreichen das Land meines Vaters kurz vor dem Morgengrauen.

Venda erscheint mir noch schöner, als es in dem Lied *Shango Lasho Venda* beschrieben wird. Verglichen mit Alexandra, mit dem Smog, dem Dreck, mit der Überbevölkerung und den armseligen Hütten kommt mir Venda vor wie der Garten Eden. Die Luft ist klar, und die Hütten mit ihren Palmblattdächern gehören zu den schönsten und buntesten, die ich je gesehen habe; die Erde ist dunkelrot und trägt Früchte und Gemüse in Hülle und Fülle. Die hügelige Landschaft ist geprägt von Flüssen, Seen und dichten Wäldern. Genauso habe ich mir Papas Heimat in meinen Träumen immer vorgestellt. Hier ist es tausendmal schöner als in dem tristen Alexandra, wo die Erde verdorrt ist und höchstens mal ein vereinzelter Baum herumsteht. Ich bin regelrecht überwältigt von den vielen verschiedenen Pflanzen und Tieren, die ich alle noch nie gesehen habe.

Ich wohne im Haus von Papas Bruder. Auf diesen Moment mußte ich so viele Jahre warten. Seine Frau, Tante Lydia, ist eine *Sangoma*. Sie haben einen Sohn in meinem Alter, er heißt Dankies. Ich kann nicht umhin, diesen Ort mit Giyani zu vergleichen. Ich schlafe in einem richtigen Bett, nicht auf Schaumstoff und nicht auf Pappkartons. In den zwei Wochen meines Aufenthalts gibt es zum Abendessen immer Fleisch – Huhn, Steaks und sogar Lammkoteletts. *Murogo* gibt es nur, wenn ich Lust darauf habe. Reis wird genausooft gegessen wie Brei und nicht nur zu besonderen Anlässen.

Nach zwei Wochen fahre ich erholt und völlig beschwingt wieder nach Hause. Allen Leuten fällt auf, daß ich eine frische Gesichtsfarbe bekommen und ein wenig Gewicht zugelegt habe. Jetzt kann ich gut verstehen, warum Papa sich in Alexandra so elend und frustriert fühlt. Mir würde es genauso gehen, wenn ich in einem Paradies wie Venda aufgewachsen wäre und dann in einem Ghetto leben müßte. Ich frage Mama, warum er nicht einfach alles zusammenpackt und fortgeht.

»Dein Vater spricht zwar immer davon, daß er eines Tages wieder zurückkehren will, aber ich weiß, daß er es nicht wirklich ernst meint. Er hat nämlich Angst davor, verhext zu werden. Er stammt aus einer großen, hart arbeitenden Familie; sein Vater war sehr reich und besaß eine Menge Vieh. Er heiratete mehrere Frauen und hatte insgesamt zehn Kinder, fünf Jungen und fünf Mädchen. Man erzählt sich, daß einer seiner Schwiegersöhne hinter dem Besitz des Vaters her war. Er war ein durchtriebener Gauner, der systematisch alle Hindernisse aus dem Weg räumte, um an den gesamten Besitz zu kommen. Zuerst hat er deinen Großvater verhext. Anschließend den ältesten Bruder deines Vaters. Als die anderen Brüder mitbekamen, was er vorhatte, flohen sie alle. Dein Vater ist seitdem nicht wieder dort gewesen, weil er Angst hat, sein Schwager, der immer noch lebt, könnte auch ihn verhexen.«

25

Es ist schon fast ein Jahr her, daß Angie von ihrem eigenen Vater und dessen Mutter entführt worden ist. Florah fleht Collin zwar immer wieder an, er soll sie zurückholen, aber seine Stiefmutter weigert sich standhaft. Florah fürchtet, Angie könnte für *Muti*-Zwecke getötet worden sein. Viele Kinder, vor allem kleine Mädchen, werden entführt und in entlegenen Gebieten getötet, weil man Teile ihres Körpers für die Herstellung von Zaubermitteln benötigt.

»Collin würde so etwas nie mit seiner eigenen Tochter machen«, meint Mama. Sie empfiehlt Florah, eine *Sangoma* aufzusuchen, um genau herauszufinden, was mit Angie geschehen ist. Florah geht schließlich zu einer hin, die ihr nach der Befragung ihrer Weissagungsknochen versichert, daß Angie noch lebt und daß sie bald wieder bei ihrer Mutter sein wird.

Florah, die sich nicht damit zufriedengeben will zu warten, bis Angie irgendwann zurückkehrt, sucht nach anderen Wegen, um ihr Kind zurückzubekommen. Eine Freundin namens Rebecca schlägt ihr vor, die Angelegenheit auf einem Polizeirevier der Weißen zur Sprache zu bringen, weil diese über Abteilungen verfügen, die für Familienzwiste und Sorgerechtsstreitigkeiten zuständig sind, und Collin zwingen können, Angie zurückzuholen.

Mama fleht Florah an, nicht die weiße Polizei einzuschalten, weil sie Collins Leben gefährden könnte.

»Das ist mir egal. Ich will meine Angie zurückhaben.«

Mama geht daraufhin zu Collin und erzählt ihm, daß Florah vorhat, zur Polizei zu gehen, wenn Angie nicht zurückgebracht wird. Er wird furchtbar wütend und schreit Mama an, daß sie sich aus der Sache raushalten soll und daß er sich weder von ihr noch von Florah einschüchtern läßt. Mama versucht, ihn zu beschwichtigen und ihm klarzumachen, wie wichtig Angie für Florah ist. Doch er gibt nicht nach und wirft Mama sogar raus.

Florah hat nun keine Hoffnungen mehr, ihre Tochter jemals wiederzusehen. Doch sie soll sich täuschen. Zwei Tage später ist Angie wieder bei Florah, beinahe ein Jahr nachdem sie entführt und nach Newcastle in Natal gebracht worden war.

Angie spricht und versteht kein Shangaan mehr, sie kann nur noch Zulu. Es fällt ihr sehr schwer, zu uns allen wieder eine Beziehung aufzubauen, selbst zu ihrer Mutter. Sie ist ziemlich still geworden. Immer wenn es Florah gelingt, Angie zum Sprechen zu bewegen, verrät sie, daß sie eigentlich in Newcastle gut behandelt wurde, aber von einer Frau namens Auntie immer dann geschlagen wurde, sobald sie Shangaan sprach. Wenn sie anfänglich nach ihrer Mutter fragte, sagte man ihr, Florah wäre tot.

In der ersten Zeit nach ihrer Rückkehr weint Angie viel. Ich schlage Mama vor, daß wir alle Zulu sprechen sollten, damit sich Angie bei uns zu Hause fühlt. Mama spricht mit Papa, der widerstrebend einwilligt. Dieser Schachzug bewirkt Wunder bei Angie. Sie wird plötzlich kontaktfreudiger, lacht viel, spielt mit anderen Kindern und hat sogar Spaß daran, ihrem Vetter Given Zulu beizubringen. Umgekehrt bringt ihr Given Shangaan bei. Die zwei werden die besten Freunde.

Wenn ich die beiden so sehe, muß ich daran denken, daß auch ich die Umstellung von Shangaan auf Venga als Muttersprache in der Schule gut geschafft habe und meine Angst völlig unbegründet war. Nun kann ich endlich auf die High-School gehen.

Die Alexandra Highschool ist die Schule meiner Träume. Sie wurde erst kürzlich im Rahmen des Entwicklungsprogramms für Alexandra gebaut und sie ist die schönste Schule, die ich je gesehen habe. Sie besteht aus vier dreistöckigen Gebäuden, zwischen denen gepflegte Rasenflachen und ein farbenprächtiger Blumengarten angelegt sind. Im Oktober feiern wir nämlich Frühlingsanfang.

Die gefliesten Klassenräume sind im Sommer klimatisiert und im Winter beheizt. Es gibt dort einen Chemiesaal, und wir haben sogar unseren eigenen Sportplatz an der Stelle, wo früher die Bierhalle stand, die während der Unruhen im Jahre 1976 geplündert wurde.

Doch nicht nur das Schulgebäude hat mich so beeindruckt. Auch die Direktorin Miss Jones ist ganz anders als meine bisherigen Lehrer. Sie ist immer elegant gekleidet und fährt einen BMW, außerdem spricht sie perfekt Englisch. Jeden Morgen beim Appell ermahnt sie uns eindringlich, uns alle erdenkliche Mühe beim Lernen zu geben, auch wenn die Bantu Education mit dem Bildungssystem der Weißen nicht vergleichbar ist.

George geht jetzt in die Standard Nine. Wir verstehen uns sehr gut, und er kümmert sich seit Johannes' Abreise sehr viel um die Familie. Es ist beruhigend zu wissen, daß ich einen großen Bruder habe, der auf dieselbe Schule geht wie ich. Vor der Schule lungern nämlich immer irgendwelche Gangs von Schulabbrechern herum, die nichts Besseres zu tun haben, als Mädchen zu belästigen. Allerdings übertreibt George seine Beschützerrolle und legt ein ziemlich autoritäres Gehabe an den Tag. Er sagt mir gerne, was ich zu tun habe, und hält sich bei der lästigen Hausarbeit mehr als zurück. Er zieht es vor, Tennis zu spielen und Spieler zu trainieren. Außerdem hat er immer so modische Anzüge und Schuhe an, wie sie eigentlich nur die Weißen tragen. Manchmal frage ich mich, womit er sie bezahlt, er hat doch auch nicht so viel Geld.

Eines Tages kündigt Miss Jones an, daß die Schule einen Ausflug machen wird. Als ich noch auf der Bovet School war, konnte ich aus Geldmangel fast nie an den Ausflügen teilnehmen. George besteht auch diesmal darauf, daß ich nicht mitfahre, obwohl es nichts kostet. Ich vermute, er sagt es deshalb, weil er mitfährt und es ihm peinlich ist, wenn ich dabei bin. Ich bin sehr enttäuscht, aber ich beklage mich nicht.

Einige Stunden nach der Abfahrt der Busse versammelt Miss Jones die Dagebliebenen mit ernster Miene. Sie hat tragische Neuigkeiten. Alle um mich herum schweigen gebannt. Die Lehrerin berichtet, daß die Schüler in einen schweren Verkehrsunfall verwickelt worden sind, einige sind tot und Dutzende sind verwundet.

Ich stehe unter Schock. Was ist mit George? Ist er etwa auch verletzt oder gar tot? Ich kann kaum atmen, und tausend Gedanken schwirren mir durch den Kopf. Wie soll ich das Mama und Papa beibringen? Tränen steigen mir in die Augen.

Doch dann liest Miss Jones die Namen vor. Zenzi und zwei meiner Mitschülerinnen sind tot, Petronella ist verletzt. George kehrt zu meiner grenzenlosen Erleichterung unversehrt zurück. Wäre ich mitgefahren, wäre ich dann auch unter den Toten oder den Verletzten?

26

»Jetzt herrscht überall Krieg«, sagt George, als er einen Bericht über das Massaker von Uitenhage, einer Stadt in der Nähe von Port Elizabeth, vorliest. Dort hat die Polizei das Feuer auf viertausend Demonstranten eröffnet und mehr als zwanzig Menschen getötet.

Im März 1985 eskalieren die Proteste gegen die Apartheid. Sie knüpfen an die Aufstände an, die im Jahr zuvor gegen Präsident Bothas Verfassungsreformen ausbrachen. Die Reformen garantieren Mischlingen und Indern die Teilnahme an einem unterteilten, aus drei Kammern bestehenden Parlament. Schwarze sind weiterhin ausgeschlossen. Keine Woche vergeht ohne die Nachricht aus den einzelnen Townships, daß die Polizei wieder auf Demonstranten geschossen hat. Dutzende werden getötet und etliche mehr inhaftiert.

»Warum tötet die Regierung unschuldige Menschen?« fragt Mama.

»Sie haben Schiß«, erwidert George. »Sie wissen genau, daß die Comrades nicht mehr zurückweichen werden, bis die Apartheid beendet ist.«

»Wer ist das, die Comrades?«

»*Wir* sind die Comrades«, gibt George stolz zurück und tippt sich mit dem Finger auf die Brust. »Wir sind bereit, für die Freiheit zu sterben.«

In den folgenden Tagen fällt der Name »Comrades« in

Georges leidenschaftlichen Reden immer häufiger. Ich will mehr wissen über diese Leute, zu denen sich George zählt, mehr wissen über die Sache, für die sie kämpfen. George erklärt mir, daß die Comrades oder auch *Amagabane* junge Radikale sind, die sich als Vorkämpfer des Protests in den Townships verstehen. Sie haben es sich zum Ziel gesetzt, die Machtinstrumente der Regierung in den Townships – die Polizei und die Kommunalräte – zu zerschlagen und eine Art Volksrevolution herbeizuführen.

Die Comrades stellen die Schulen in den Mittelpunkt ihres Widerstands. Die meisten ihrer Anführer kommen aus der Minerva Highschool, die als Nährboden für studentischen Radikalismus schon lange bekannt ist. Aber einige sind auch von unserer Schule, unter ihnen ein großer, aufsässiger Junge namens Oupa, der sich gerne mit den Lehrern anlegt. In letzter Zeit war er des öfteren in Polizeigewahrsam. Ich sehe Oupa hin und wieder in unserem Hof in der 16th Avenue, wo seine ältere Schwester Aletta mit einem gewalttätigen Freund lebt, der sie fast jeden Tag verprügelt.

Unsere Schule ist von den gewalttätigen Auseinandersetzungen kaum betroffen, obwohl Oupa und ein paar andere Jungen zu den Anführern der Comrades zählen. Die meisten Schüler kommen weiterhin zum Unterricht. Das liegt an Miss Jones. Sie hält nicht viel von den Comrades. Jeden Morgen beim Appell zieht sie gegen deren Kurzsichtigkeit vom Leder und ermahnt uns eindringlich, weiterhin zur Schule zu gehen, anstatt der Parole »Befreiung jetzt – Bildung später« Beachtung zu schenken.

»Ein freies Südafrika wird gut ausgebildete Führungspersönlichkeiten brauchen«, gibt sie zu bedenken. »Auch Mandela und seine Mitgefangenen haben sich weitergebildet, während sie auf Robben Island inhaftiert waren. Sie wissen genau, daß sie ohne Wissen keine Führungsaufgaben übernehmen können.«

Immer wenn im Township Gewalttätigkeiten ausbrechen, schließt Miss Jones die Tore, um zu verhindern, daß wir beim Unterricht gestört werden. Ich staune über ihren Mut, erst recht, weil die Comrades im Umgang mit Leuten, die sich ihrem Willen widersetzen, eine brutale Methode anwenden. Die Methode besteht im »Halskrause-Anlegen«. Ein mit Benzin übergossener Autoreifen wird dem Opfer über Schultern und Oberarme gezwängt und angezündet.

»Ich befürchte, daß Miss Jones in den nächsten Tagen auch die Halskrause angelegt bekommt«, bemerke ich zu Cynthia eines Nachmittags, als wir nach einer besonders angespannten Situation zwischen Miss Jones und einer Gruppe Comrades nach Hause gehen.

»Sie werden ihr nichts tun«, erwidert Cynthia.

»Wieso nicht? Die Comrades schrecken vor niemandem zurück.«

»Sie wird von ihren Armreifen geschützt.«

Viele Bewohner des Ghettos glauben, daß das Leben bestimmter Leute durch Zauber geschützt ist und daß diese Leute unangreifbar sind aufgrund einer von *Sangomas* verliehenen *Muti*, die häufig in Form von Armreifen um den Oberarm getragen wird. Einem meiner Vettern wurde nachgesagt, daß seine Armreifen jeden Schaden von ihm abwandten, obwohl er ein Leben als Vergewaltiger und rücksichtsloser *Tsotsi* führte.

Miss Jones scheint tatsächlich unter einem besonderen Schutz zu stehen. Fast ein halbes Jahr lang bleibt unsere Schule unter ihrer strengen Führung von den Unruhen verschont. Aber das erweist sich lediglich als die Ruhe vor dem Sturm.

An einem klaren und heißen Morgen sitzen Cynthia und ich im Musikunterricht mit noch etwa vierzig anderen Schülern. Plötzlich gibt es draußen großes Geschrei. Unser Lehrer tritt ans Fenster, um nachzusehen, was los ist. Wir recken die Hälse, um auch etwas zu erspähen. Eine Meute von Comrades stürmt durch das Tor ins Schulinnere. Sie tragen gelbe T-Shirts des ANC und rote der UDF mit Sprüchen wie: »Kein Friede unter der Apartheid«, »Das Volk soll regieren«, »Kugeln halten uns nicht auf«, und »Weg mit der Bantu Education.«

Die meisten Comrades erkenne ich als Schüler aus der Minerva und Realogile Highschool. Ihre Anführer gehen mit Wasserschläuchen von Klasse zu Klasse und scheuchen die Schüler auf den Hof. Plötzlich wird die Tür unserer Klasse aufgerissen. Die Schüler fangen an zu schreien, als Oupa mit einem Schlauch in der Hand hereinmarschiert.

»Raus hier, ihr Verräter!« brüllt er. »Oder ich spritze euch zum Fenster raus.«

Die Schüler zwängen sich durch die Tür, andere springen gleich aus dem Fenster. Ich kämpfe mich durch die Tür, und als ich draußen bin, sehe ich, daß die Schüler der ganzen Schule auf dem Hof aufgehalten worden sind. Fast alle sind pitschnaß. Sie erinnern mich an eine zusammengepferchte Büffelherde.

Ich sehe mich nach den Lehrern und nach Miss Jones um, aber ich kann sie nirgendwo entdecken. Ob ihnen wohl etwas zugestoßen ist? Mehrere Comrades springen auf die überdachte Bühne, auf der Miss Jones ihren morgendlichen Appell abhält. Oupa ist dabei und Thabo, noch ein Schüler unserer Schule, der auch schon des öfteren in Polizeigewahrsam war.

»Die Zeiten, in denen ihr als Zuschauer am Spielfeldrand sitzen konntet, sind vorbei!« schreit Oupa durch ein Megaphon. »Entweder ihr schließt euch uns an, oder ihr seid gegen uns. Auch wir wollen Bildung. Aber wir wollen nicht die Bildung für Sklaven. Bantu Education ist nichts als Bildung für Sklaven. Trotz dieser modernen Gebäude hier ist euer Bewußtsein nach wie vor vergiftet. Eure Brüder und Schwestern sterben auf den Straßen für ein besseres Südafrika. Ihr Blut muß gerächt werden. Eure Eltern rackern sich jeden Tag für einen Hungerlohn ab. Sie brauchen anständige Arbeit. Die meisten von euch leben in Baracken ohne Strom und fließendes Wasser. Für alle muß es anständige Wohnungen geben. Aber vor allem muß das Wahlrecht für alle eingeführt werden. Wir wollen frei sein im Land unserer Ahnen. Und wir sind bereit, für die Freiheit zu sterben.«

Oupa gibt das Megaphon an Thabo weiter. Thabo humpelt. »Ihr alle wißt, daß ich schon oft von den verfluchten

Buren ins Gefängnis gesteckt worden bin. Jedesmal haben sie mich gefoltert. Beim letztenmal haben sie mir die Kniescheibe zertrümmert. Sie haben mich in Isolationshaft gesteckt. Sie haben versucht mich zu bestechen, um aus mir einen *Impimpi*, einen Spitzel, zu machen. Aber sie konnten meinen Widerstand nicht brechen. Ich war und bin bereit für unseren Kampf zu sterben. Ich weiß, daß wir gemeinsam stark sind. Also: Entweder ihr schließt euch uns an, oder ihr seid für uns Kollaborateure und Verräter, die mit der Halskrause bestraft werden.«

Bei diesen wilden Reden klopft mir das Herz bis zum Hals. Ich bin zwischen den unterschiedlichsten Gefühlen hin- und hergerissen. Mit dem meisten, was die beiden gesagt haben, stimme ich überein, aber ich will mich ihnen nicht anschließen müssen. Ich möchte frei wählen dürfen. Ich möchte trotzdem meinen Schulabschluß machen. Ich verabscheue Gewalt, auch wenn sie alltäglich geworden ist.

Ich wünschte, Miss Jones hätte den Mut, auf die Bühne zu gehen und ihren Standpunkt zu verteidigen. Dann könnte man miteinander reden, Ziele und Mittel zusammen bestimmen. Und sich nicht gegenseitig umbringen. Wo ist sie überhaupt? Hat man ihr etwa schon als Kollaborateurin die Halskrause umgelegt?

Während ich sie überall suche, ergreift eine dicke, tiefschwarze, muskulöse Frau, die einen wildentschlossenen Eindruck macht, das Megaphon. Sie heißt Teresa. Ihr Ruf als Anführerin der Comrades ist legendär. Sie wirkt unbeirrbar, ohne Angst, rücksichtslos. Bei Demonstrationen ist sie immer ganz vorne mit dabei und verurteilt die Apartheid, beschimpft die Polizei, treibt die Comrades an. Sie läuft nie weg, auch nicht vor Tränengas und Gummigeschossen. Auch sie war mehrere Male inhaftiert.

Ihre tiefe, dröhnende Stimme hallt über den Hof: »Es ist jetzt Zeit zu handeln, Comrades. Von hier aus marschieren wir zu den Fabriken in Marlboro. Wir müssen sie als Symbole der Ausbeutung niederbrennen. Dann geht es weiter zur Polizeistation. Als Symbol der Repression muß auch die dem

Brand zum Opfer fallen. *Amandla!* Alle Macht!« Bei diesen Worten stößt sie ihre rechte Faust in die Höhe.

»*Nga wethu!* Dem Volk!« brüllt die Menge. Ich stimme nicht in die Parolen ein, ich bin viel zu verwirrt. Vielleicht habe ich zu viel Zeit mit Nachdenken verbracht. Vielleicht würde das miteinander Reden nur die Energie aufbrauchen, die die Comrades für ihr Handeln haben müssen. Ich bewundere ihre Kraft, ihre Entschlossenheit, das eigene Leben für das schwarze Volk, für unsere Befreiung zu opfern.

»Mach lieber mit«, ermahnt mich Cynthia und stößt mir einen Ellbogen in die Seite, »sonst legen sie dir nachher noch die Halskrause an.«

»*Amandla!*« schreit Teresa wieder und stößt erneut ihre Faust in die Höhe.

»*Nga wethu!*« falle ich in den Chor ein.

»Viva Comrade Nelson Mandela! Viva!« schreit Teresa.

»Viva Comrade Nelson Mandela! Viva!« brüllt die Menge.

»Viva Comrade Oliver Tambo! Viva!« schreit Teresa.

»Viva Comrade Oliver Tambo! Viva!« brüllt die Menge.

»Viva Comrade Chris Hani! Viva!« schreit Teresa.

»Viva Comrade Chris Hani! Viva!« brüllt die Menge.

»Viva Comrade Joe Slovo! Viva!« schreit Teresa.

»Viva Comrade Joe Slovo! Viva!« brüllt die Menge.

Bis auf Nelson Mandela, den ich aus vielen Erzählungen kenne, habe ich nicht die geringste Ahnung, wer die ANC-Führer sind. Aber ich brülle ihre Namen, als wären sie meine Busenfreunde. Ganz neues Gedankengut hat die Menge mittlerweile erfaßt. Man hat uns in einen Irrsinn aus Aufregung und Vorfreude gepeitscht. Selbst ich fühle mich durchdrungen von ganz neuem Mut.

Die Meute fängt an zu tanzen, als die Comrades *Toyi-Toyi* – ihren Kriegsgesang – anstimmen. Dabei hüpft man mit erhobenen Armen und geballten Fäusten von einem Fuß auf den anderen und singt: »*Hayi, hayi-hayi! Hayi, hayi-hayi! Hayi, hayi-hayi!*«

Singend und hüpfend verlassen wir in Reihen den Schulhof und bewegen uns entlang der 2nd Avenue in Richtung der

Fabriken in Marlboro. Um zu verhindern, daß jemand abhaut, laufen die Anführer der Comrades und die Veteranen des Kampfes am Ende und am Anfang des Zuges. Die Neurekrutierten wie ich, die sich wahrscheinlich bei dem leichtesten Anschein von Schwierigkeiten absetzen würden, werden in die Mitte genommen. Jeder, der zu fliehen versucht, wird verprügelt.

Ich marschiere in einer Reihe mit Cynthia, Zandile, Anania und Alexandra.

Nach ungefähr zwei Blocks treffen wir auf unser erstes Angriffsziel. Ein Lieferlastwagen von Coca-Cola. Unsere Anführer befehlen dem schwarzen Fahrer auszusteigen. Er ist starr vor Schreck und flieht direkt in den nächstgelegenen Hof. Der beschlagnahmte Wagen wird sofort geplündert. Einige der Zuschauer aus den Höfen schließen sich der Plünderung an, auch ältere Menschen. Seit Wochen habe ich keine Cola mehr getrunken, und außerdem mögen meine Nichte Angie und mein Neffe Given das Zeug, also packe ich mir gleich zwei Liter ein. Nach ein paar Minuten ist der Lastwagen ausgeräumt. Unsere Anführer bestimmen, daß er angezündet werden soll. Irgendwer kippt Benzin darüber und wirft ein Streichholz. Innerhalb von Sekunden ist der Lastwagen ein Inferno aus hochschlagenden Flammen und beißendem schwarzen Rauch.

Die Plünderung läßt uns die Fabriken in Marlboro vergessen. Alle laufen nach Hause mit ihrem Anteil der Beute. Plötzlich entsteht das Gerücht, daß mehrere gepanzerte Wagen, Hippos, Mello-Yellos und Caspirs, unterwegs zu uns sind. Wahrscheinlich bringen sie Soldaten und Polizisten.

Panik greift um sich. Ich verliere meine Freundinnen aus den Augen. Die zwei Liter Cola fest an mich gepreßt, renne ich los. Ich höre Schüsse. Völlig klar, daß ich die 16th Avenue nicht erreichen kann, ohne auf einen Panzerwagen zu stoßen. Meine Cousine Jane wohnt in der 14th Avenue – ich laufe so schnell ich kann zu ihr nach Hause.

Zum Glück ist sie da. Sie ist überrascht, mich zu sehen.

»Ich war mit den Comrades unterwegs«, sage ich keuchend.

»Darf ich die zwei Liter Cola hierlassen? Dann komme ich schneller vorwärts.«

»Du willst nach Hause? Bist du denn verrückt geworden? Die Straßen wimmeln von Soldaten.«

»Ich muß aber nach Hause. Ich muß nachsehen, ob alles in Ordnung ist.«

»Sei keine Närrin, Miriam. Sie werden dich töten.«

»Ich muß.«

Jane erlaubt, daß ich die Cola im zweitürigen Kühlschrank ihrer Eltern deponiere.

»Bleib hier, Miriam«, sagt sie. »Es ist zu gefährlich da draußen. Hörst du die Schüsse?«

Ich kann nicht bleiben. Ich muß heim.

Ich mache mich sofort auf den Weg. Die Straßen sind verlassen. Alle Menschen haben sich in ihren Häusern verbarrikadiert, um dem Tränengas und den Soldaten zu entfliehen. Ich meide die Hauptstraße und laufe so schnell es geht zur 16th Avenue. Als ich unversehrt bei unserer Hütte ankomme und dort Angie und Given eingesperrt finde, schicke ich ein Stoßgebet zum Himmel.

Ich kann selbst noch gar nicht glauben, was ich angestellt habe. Gegen meinen Willen bin ich zu einer Comrade geworden. Ich hatte kein schlechtes Gewissen, den Lastwagen zu plündern. Aus vollem Herzen habe ich die aufrührerischen Lieder mitgesungen. Und hinter vielen Forderungen der Comrades kann ich ohne Gewissensbisse stehen. Aber die Gewalt macht mir immer noch sehr viel Angst.

27

Am nächsten Tag gehen Cynthia, Zandile, Anania und ich wieder zur Schule. Wir tragen keine Schuluniform, wir wollen die Aufmerksamkeit der Polizei nicht auf uns lenken. Sie verhaften Schüler und werfen sie in Gefangenentransporter.

»Glaubt ihr, daß es ungefährlich ist, weiterzugehen?« frage ich auf halbem Weg. Wir haben so gut wie keinen anderen Schüler gesehen, die Straßen sind übersät mit leeren Tränengaspatronen und zerbrochenen Flaschen.

»Wir tragen doch keine Uniform« erwidert Cynthia.

»Und wenn wir auf die Polizei treffen?«

»Dann hauen wir ab, so schnell wir können.«

Die Schule ist völlig verlassen, bis auf ein paar Lehrer und Miss Jones, die sich in ihrem Büro beraten. Sie sind überrascht, uns zu sehen.

»Heute ist keine Schule«, teilt uns Miss Jones mit.

»Wir sind gekommen, um unsere Bücher abzuholen«, sage ich, »wir haben sie gestern vergessen.«

Miss Jones schließt unseren Klassenraum auf, und wir nehmen unsere Bücher. Sie versichert uns, daß die Schule in Kürze ihren Betrieb wieder aufnehmen wird, und rät uns, zu Hause einfach weiterzulernen.

»Und haltet euch von den Unruhen fern«, bittet sie uns inständig. »Die Polizei wird immer schießwütiger.«

Auf unserem Rückweg geraten wir in eine Menge von mehr als zweitausend Comrades. Ihre Anführer gehen von Haus zu Haus, um die älteren Schüler der High-School aufzustöbern, damit sie am nächsten Protestmarsch teilnehmen. Denjenigen, die sich weigern, werden Prügel und die Halskrause angedroht. Cynthia, Anania, Zandile und ich schließen uns an – wenn auch widerstrebend.

Der Demonstrationsmarsch wird immer wieder von Tanzpausen unterbrochen. Wir singen das aufsässige Erkennungslied der Comrades.

Senzeni Na?
Was haben wir Schwarzen getan?
Senzeni Na? Senzeni Na?
Amabunu a yi zinya.
Weiße Polizisten sind Hunde.
Amabunu a yi zinya. Amabunu a yi zinya.

In der ausgelassenen, aber disziplinierten Menge mache ich eine Reihe Schüler aus, die ich bisher für Pazifisten gehalten hatte. Wie mich selbst.

»Margaret«, sage ich überrascht, »was machst du denn hier?«

»Und was machst du hier?« fragt sie zurück.

»Ich war auf dem Weg von der Schule nach Hause.«

»Du warst heute in der Schule?«

»Ja. Um meine Bücher abzuholen. Und du?«

»Meine Eltern haben mir verboten rauszugehen. Deshalb bin ich zu Hause geblieben. Dann kamen die Comrades und haben mir befohlen mitzukommen.«

»Hast du eine Ahnung, wo es eigentlich hingeht?«

»Nein. Aber es heißt, daß wir zur Polizeistation laufen.«

Ich bin bestürzt. »Zur Polizeistation?«

»Ja. Und ich habe Angst.«

Angst, ja. Was ist, wenn die schießwütige Polizei draufhält? Am liebsten würde ich weglaufen, aber ich habe auch Angst vor der Halskrause.

Eine Stunde lang marschieren wir, singen und tanzen, unseren Reihen schließen sich mehr und mehr Jugendliche an. Schließlich erreichen wir die Polizeistation in Wynberg. Eine Phalanx schwerbewaffneter Polizisten und mehrere gepanzerte Fahrzeuge versperren die gepflasterte Straße.

Mein Herz schlägt wie wild. Ich kann nur an das Tränengas denken, die *Sjamboks*, die Schlagstöcke, und die Patronen. Unsere Anführer fordern lautstark die Freilassung aller politischen Aktivisten. Die Polizei befiehlt uns, nach Hause zu gehen. Die Menge fängt an, die Polizisten zu verspotten. Ein Hubschrauber kreist über unseren Köpfen. Ich habe schreckliche Angst, daß es Tränengaspatronen regnen wird. Aber nichts dergleichen geschieht. Aus irgendeinem Grund greifen uns die Polizisten – die meisten sind Schwarze – nicht an. Sie stehen einfach nur da, die Gewehre im Anschlag, und beobachten uns, wie wir tanzen und singen:

Oliver Tambo, sprich mit Botha,
daß er Mandela freiläßt.
Mandela, bleib stark,
der Tag unserer Freiheit ist nicht mehr fern.

Nach ungefähr einer Stunde fordern die Anführer uns auf umzukehren. Wir gehen auf demselben Weg zurück, den wir gekommen sind. Offensichtlich hatte unser Marsch zur Polizeistation nicht das Ziel, die Station zu stürmen. Unser Widerstand und unsere Stärke sollten demonstriert werden. Die Polizei hat ihre Panzer, Tränengas und ihre Kugeln – unsere Stärke liegt in unserer Zahl, unseren revolutionären Liedern und in unserer Wut.

Ich atme erleichtert auf. Zu früh. Eine weitere Phalanx von Polizisten wartet auf uns, als wir in die 11th Avenue einbiegen. Ohne Vorwarnung schießen sie Tränengas mitten in die Demonstranten. Als die Patronen explodieren, feuern sie in die Menge. Chaos bricht aus. Die Leute flüchten, um sich in Sicherheit zu bringen. Einige stolpern, andere laufen in die Häuser von Fremden und wieder andere wissen gar nicht, was sie machen sollen. Die Luft ist erfüllt von Tränengas, Panik und Schmerzensschreien.

Ich stehe unter Schock und kann kaum noch denken. Wir sind auf der 11th Avenue, und Cynthias Hof muß ganz in der Nähe sein. Meine Augen brennen vom Tränengas, ich suche wie von Sinnen das Haus. Noch zweihundertfünfzig Meter. Um mich herum nur Tränengas und Gewehrschüsse.

Chaos. Ich laufe nicht allein auf Cynthias Haus zu. Vor mir rennt Cynthia mit zwei Freundinnen. Noch jemand, bei dessen Anblick mir fast das Herz stehenbleibt. Meine zwölfjährige Schwester Linah. Alle halten sich den Hals und husten.

Als wir drinnen sind, verrammelt Cynthia als erstes die Tür. Aus Angst, die Polizisten könnten uns folgen, verstecken wir uns ganz hinten im Haus im Schlafzimmer, in dem ein Doppelbett und eine Kommode stehen, in der Mitte ein Nachttopf, den jemand vergessen hat auszuleeren. Cynthia schließt auch die Schlafzimmertür ab. Aus einem schmalen Fenster, das geöffnet ist, hat man den Blick auf eine Gasse.

»Schließt das Fenster«, schreit Cynthia, aber als eins der Mädchen dorthin läuft, fliegt irgendwas ins Zimmer. Zuerst denke ich, es ist ein Stein. Es landet genau im Nachttopf und zischt. Dicke Wolken von beißendem Rauch strömen aus.

»Tränengas«, schreie ich. Innerhalb von Sekunden ist das Zimmer eingenebelt. Man kann nichts mehr sehen, nicht mehr atmen. Irgend jemand weint. »Meine Augen! Meine Augen!« Das ist Linah.

Ich würde ihr gern helfen, meine Augen brennen auch, als hätte jemand roten Pfeffer hineingestreut. Ich kratze wie wahnsinnig, als wollte ich mir die Haut abziehen. Jemand anders übergibt sich.

Ich sehe, wie Cynthia den zischenden Nachttopf aufhebt und Urin verschüttet.

»Öffnet mir die Tür«, fleht sie.

»Wir brauchen Wasser! Wir brauchen Wasser!« sagt mein Verstand zwischen fürchterlichen Hustenanfällen. Wir laufen hinaus. Die Straße ist verlassen. Das Tränengas muß von einem vorbeifahrenden Polizeifahrzeug abgeschossen worden sein.

Wir finden Zuflucht bei einem Nachbarn. Die Leute geben uns Handtücher und in kaltes Wasser getunkte Lappen, mit denen wir uns die brennenden Augen und Gesichter abtupfen.

Nach einer Weile geht es besser. Niemand ist ernsthaft verletzt. Der schlimmste Anblick sind die Kinder, die das Tränengas abbekommen haben. Sie brüllen wie am Spieß, winden sich am Boden, husten und übergeben sich.

Linah und ich laufen so schnell wir können nach Hause. Auch unser Hof ist vom Tränengas nicht verschont geblieben. Angie und Given husten immer noch, genauso wie Maria, die Asthma hat, sich aber keine Medikamente leisten kann. Mama versucht, sich um alle gleichzeitig zu kümmern. Wir stopfen Lumpen in die Löcher und Ritzen in den Wänden und Fenstern, um gegen das Gas geschützt zu sein, wenn wir schlafen. Die Polizei hat die Angewohnheit, das Ghetto am Abend mit Tränengas einzunebeln, damit die Leute in den Häusern bleiben.

Während der ganzen Nacht höre ich vereinzelte Schüsse. Gegen Morgen finde ich schließlich Schlaf. In meinen Träumen bin ich in Venda, gehe zur Schule und genieße mein Leben. Die Luft ist klar, die Sonne scheint, die Menschen lachen und sind fröhlich. Als ich aufwache, erzähle ich Mama von meinem Traum.

»Du hättest in Venda bleiben sollen, mein Kind.«

»Was? Und dich und alle anderen allein lassen?«

Mama lächelt und nimmt mich in den Arm.

»Ich finde Venda herrlich, Mama«, sage ich, »aber ich gehöre hierher zu dir und zu allen anderen.« Und ich gehöre auch zu den Comrades. Sie sind meine Schwestern und Brüder. Aber trotz meiner Solidarität mit den Comrades bin ich der Auffassung, daß ein neues Südafrika gut ausgebildete Führer brauchen wird. Und ich glaube von ganzem Herzen an den Frieden; ich verabscheue Haß und Mord.

Während des Volksaufstands, des *Mzabalazo*, gibt es nur

Wut und Haß und Mord und Tod. Dieser Krieg zerreißt die Gemeinde von Alexandra, Schwester kämpft gegen Schwester und Bruder gegen Bruder, und er entfesselt tödliche Kräfte, die sowohl Unschuldige als auch Schuldige gleichermaßen verstümmeln und töten.

28

Zwei Tage, nachdem wir mit dem Tränengas beschossen worden sind, beschließe ich, zu Jane zu gehen, um mir meine Cola zu holen. Die Cola ist köstlich kühl.

»Glaubst du, wir werden jemals wieder in die Schule gehen?« fragt Jane.

»Ich hoffe es.«

»Ich fürchte, wenn sie nicht bald wieder anfängt, wird es Schwierigkeiten geben.«

»Wie meinst du das?«

»Als das letzte Mal lange keine Schule war, sind viele Mädchen schwanger geworden.«

»Miss Jones sagt, die Schule geht bald weiter«, entgegne ich optimistisch.

Jane schüttelt den Kopf. »Das glaube ich nicht. Die Leute sagen, bei diesem *Mzabalazo* ist alles anders. Es heißt, die Comrades sind entschlossen, die Apartheid zu zerschlagen. Und diesmal wollen sie, daß es von den Schülern ausgeht.«

Als ich von der 14th Avenue gegenüber einem Lebensmittelladen in die Hofmeyer Street einbiege, sehe ich aus dem Augenwinkel einen Mello-Yello-Panzerwagen die Straße entlangrasen. Mein Instinkt rät mir wegzulaufen, aber ich versuche es erst gar nicht. Ich kann nicht schneller laufen als die Polizei. Da ich zwei Literflaschen Cola bei mir habe, werde ich, falls sie mich anhalten und wissen wollen, was ich hier zu suchen habe, einfach behaupten, ich hätte die Cola gerade in dem Lebensmittelladen gekauft.

Der Panzerwagen kommt direkt neben mir zum Stehen. Ohne Vorwarnung springen drei schwarze Polizisten aus dem Wagen und prügeln mit ihren *Sjamboks* auf mich ein. Sekundenlang versagen meine Beine mir den Dienst. Als der Schock nachläßt, spüre ich die Schläge ihrer Gummiknüppel auf meinem Rücken, am Hintern, am Kopf und an den Beinen.

Ich lasse die Flaschen fallen und renne auf den nächstgelegenen Hof zu. »*Yo! Yo! Yo!*« schreie ich verzweifelt. »Ich bin keine Comrade. Ich bin keine Comrade.«

Ein etwa einen Meter fünfzig hoher Zaun versperrt mir den Weg. Ich bin noch nie über etwas gesprungen, das höher als einen Meter war. Aber die schrecklichen Schläge und die Angst, daß sie mich totprügeln werden, läßt mich zum Sprung ansetzen. Ich komme erst wieder zu mir, als ich auf der anderen Seite hart auf dem Hintern lande.

Der Zaun steht jetzt zwischen mir und den Polizisten. Sie zögern. Dann machen sie kehrt.

»Miriam«, höre ich hinter mir jemanden sagen. »Du solltest an der Olympiade teilnehmen.«

Ich drehe mich um, und vor mir steht ein Junge, den ich kenne. Er grinst und mustert mich von oben bis unten. Sein Blick bleibt an meinem Busen hängen. Mein Atem geht schnell. Mir wird noch heißer. Ich muß weg von hier, sofort. Weg von der Polizei, weg von diesem Jungen. Ich fühle mich bedroht. Die Polizisten mit ihren Knüppeln. Ich weiß genau, ich hätte nicht über den Zaun springen können, wenn man mir eine Million Rand geboten hätte. Der Junge mit seinem Grinsen. Ich renne um mein Leben. Erst als ich zu Hause ankomme, bemerke ich, wie schlimm sie mich verprügelt haben. Mein Rücken und meine Beine sind mit riesigen Striemen übersät. Ich blute überall, und es tut höllisch weh, meine Bluse auszuziehen, die teilweise an den Wunden festklebt. Kein Wunder, daß der Junge so geglotzt hat.

Mama ist auf der Arbeit.

»Du mußt in die Klinik gehen«, sagt Maria, während sie

meinen geschundenen Körper vorsichtig mit warmem Salzwasser abtupft. Es brennt wie verrückt.

»Ich hab aber kein Geld. Du?«

»Nein, aber ich kann versuchen, mir welches zu leihen.«

»Es wird schon gehen«, sage ich mit Tränen in den Augen.

Es ist früh am Samstag morgen. Wie üblich mache ich Hausputz, während die anderen noch alle schlafen. Maria steht vom Boden auf.

»Wie geht es dir?« frage ich. Sie hat sich gestern mit Collin gestritten, und er hat sie geschlagen.

»Viel besser. Meine Augen tun nicht mehr so weh. Sind sie noch geschwollen?«

Ich sehe sie mir an. Die Schwellung ist zurückgegangen. Gestern abend, als sie nach Hause kam, hat sie mir von ihrer Beziehung erzählt, die immer unerträglicher wird. Sie ist hin- und hergerissen. Sie liebt Collin immer noch, er ist schließlich der Vater ihres Sohnes, aber sie will sich nicht länger von ihm mißhandeln lassen.

»Collin hat sich sehr verändert«, sage ich, während ich Feuer im Herd mache. »Früher war er so nett.«

»Ich weiß. Jetzt trinkt er. Das hat ihn verändert. Collin ist frustriert. Vor kurzem hat er seinen Job in der Reinigung verloren. Er behauptet, sie haben ihm gekündigt, weil er aus Alexandra ist. Die Weißen sind immer weniger bereit, junge Männer aus den Townships einzustellen, aus Angst, sie könnten zu den Comrades gehören. Aber ich brauche Geld, um für Given etwas zum Essen und zum Anziehen zu kaufen, Miriam. Als ich Collin das gesagt habe, ist er wütend geworden, und wir haben uns angeschrien.«

»Und was hast du jetzt vor?«

»Ich gehe gleich zu einer Beerdigung. Wenn ich zurückkomme, werde ich Mama bitten, mit seiner Mutter zu sprechen. Wenn er nicht schwört, mich nicht mehr zu prügeln, packe ich meine Sachen und verlasse ihn.«

»Und was ist mit Given?«

»Ich werde ihn allein großziehen. Ich suche mir einen Job.«

Ich sehe meine Schwester an. Sie ist gerade erst neunzehn, aber sie wirkt viel älter. Sie ist ganz schön dick geworden, und sie leidet an Asthma. Ich frage mich, was für eine Art Job sie wohl bekommt, nachdem sie so früh von der Schule abgegangen ist. Außerdem hat sie angefangen zu trinken.

»Du könntest doch wieder zur Schule gehen, wenn sie wieder aufmacht.«

»Bist du verrückt?« sagt Maria. »Um mich auslachen zu lassen? Ich käme mir vor wie eine Großmutter unter lauter Kindern.«

»Was spielt das schon für eine Rolle, wenn du dafür eine gute Ausbildung bekommst?«

»Ich überleg's mir.«

Nach dem Gespräch unter Schwestern geht Maria zur Beerdigung eines Freundes, der von der Polizei getötet wurde. Sie ist kaum eine halbe Stunde weg, als Collin vorbeikommt. Er ist in Begleitung von Florahs Mann Collin. Die beiden haben sich angefreundet. Ich bin überrascht, sie zu sehen, so früh am Morgen. Auch Mama, die gerade aufgewacht ist, wundert sich. Papa schläft noch.

Die beiden Männer begrüßen Mama und erkundigen sich, ob Florah und Maria zu Hause sind.

»Sie sind nicht da«, sagt Mama.

»Dürfen wir die Kinder sehen?« fragt Florahs Collin.

»Angie ist mit Florah unterwegs«, sagt Mama, »und Given schläft noch. Kommt doch später noch mal wieder.«

Ein paar Stunden später kommt Cynthia ganz aufgeregt angelaufen.

»Sie haben mir gesagt, ich soll dich holen«, sagt Cynthia unter Tränen zu Mama.

»Was ist passiert?«

»Collin ist tot.«

»Tot?«

»Ja. Ein Polizist hat ihn in den Kopf geschossen. Florahs Collin wurde angeschossen. Es steht schlimm um ihn. Sie haben ihn in die Klinik gebracht. Man weiß nicht, ob er überleben wird.«

Ich fange an zu schreien. Mama nimmt mich in die Arme. Obwohl ich schreie, und obwohl es mir das Herz bricht, kommen keine Tränen. Ich habe so viele Menschen sterben sehen und an so vielen Mahnwachen und Begräbnissen teilgenommen, daß Weinen völlig sinnlos geworden ist.

Mama macht sich sofort auf den Weg in die 11th Avenue. Ich stehe unter Schock. Ich kann es nicht fassen, daß die beiden jungen Männer, die noch vor wenigen Stunden hier waren, angeschossen wurden. Daß einer von ihnen jetzt tot ist.

Ein paar Stunden später kommt Mama zurück. Sie ist in Tränen aufgelöst.

»Er ist tot, Miriam«, schluchzt sie. »Ich habe seine blutige Leiche gesehen. Ich bin sogar mit seiner Mutter und mit dem Vater von Florahs Collin zur Polizei gegangen, um eine Aussage zu machen.«

Sie überlegt kurz, dann fragt sie: »Wo ist Maria?«

»Sie ist noch nicht zurück«, antworte ich mit bleierner Stimme.

»Mein armes Kind«, sagt Mama. »Mit neunzehn schon Witwe. Was wird jetzt aus Given?« Sie nimmt eine Prise Schnupftabak.

»Warum hat die Polizei überhaupt auf die beiden geschossen?«

»Niemand weiß etwas. Die Leute sagen, der Polizist ist gekommen, um Florahs Collin zu holen. Sie haben ihm gesagt, daß Collin auf der anderen Straßenseite ist. Also ging der Polizist rüber. Die beiden Collins saßen auf der Veranda und tranken Bier. Dann soll der Polizist gefragt haben: ›Wer von euch ist Collin?‹ Als beide geantwortet haben: ›Ich‹, hat er seine Pistole gezogen und auf beide geschossen. Marias Collin war sofort tot. Florahs Collin hat eine Kugel in den Hals abgekriegt.«

29

Am 7. Juni 1985 haben wir Marias Collin auf dem Friedhof von Alexandra neben dem Jukskei River begraben. Ich kann es immer noch nicht fassen. Er war gerade erst zwanzig. Wer hat ihn getötet? Warum? Was wird jetzt mit Given geschehen? Und mit Maria? Gewalt und Tod bekommen eine andere Dimension, wenn es jemanden aus der eigenen Familie trifft. Es sterben so viele junge Männer. Und wir hatten uns schon fast an all das Sterben um uns herum gewöhnt. Gibt es keine andere Antwort auf die Unterdrückung unseres Volkes als die Gewalt? Wird sich die Spirale endlos und sinnlos nach oben schrauben? Wird die Gewalt denn nie ein Ende nehmen?

Sie nimmt kein Ende. Die Comrades sind wild entschlossen, das Township unregierbar zu machen. Sie gehen immer brutaler gegen mutmaßliche Kollaborateure und *Impimpis* vor. Die Halskrausenmorde werden alltäglich. Jeder, der in den Verdacht gerät, ein *Impimpi* oder Kollaborateur zu sein, wird bei lebendigem Leib verbrannt. Niemand ist dagegen gefeit, nicht einmal die Anführer der Comrades.

Teresa, die kräftige, gefährlich aussehende Anführerin, wird mit der Halskrause bestraft, weil sie verdächtigt wird, ein Polizeispitzel zu sein. In anderen Townships geht es ähnlich zu. Im Township Duduza in Ost-Rand werden vier junge Comrades von präparierten Handgranaten zerfetzt. Sie hatten sie von einem schwarzen Mitglied der Sicherheitskräfte bekommen, der sich als Guerillakämpfer ausgegeben hatte. Unmittelbar nach ihrer Beerdigung wäre beinahe ein Mann, der als Spitzel verdächtigt wurde, mit der Halskrause gelyncht worden. Allein das mutige Einschreiten von Bischof Tutu hat den Mann vor der blutrünstigen Menge bewahrt.

Am 20. Juli 1985 erklärt Präsident Willem Botha wegen der ins endlose eskalierenden Gewalt den Ausnahmezustand. Ich erfahre es aus den Nachrichten im Radio. Es ist das erste Mal seit dem Massaker von Sharpeville im Jahre 1960, daß die Regierung zu dieser Maßnahme greift. Die meisten bürgerlichen Rechte sind aufgehoben; die Polizei hat das Recht, jeden, der als Staatsfeind betrachtet wird, zu verhaften, einzusperren und zu verhören. Von Johannes hören wir, daß die Vereinten Nationen die Verhängung des Ausnahmezustands verurteilen und Sanktionen gegen Südafrika fordern.

Die Polizei führt jetzt verstärkt nächtliche Razzien durch, und viele Comrades werden verhaftet. Im Gefängnis werden sie dann gefoltert, und wenn sie zurückkommen, sind sie noch radikaler als vorher. Oft liege ich die ganze Nacht lang wach und fürchte, daß jeden Augenblick die Tür aufgebrochen wird und man mich abholt. Während der ersten Tage des Ausnahmezustands werden über 800 Menschen verhaftet. Daraufhin rufen die Comrades zu weiteren Protesten auf. Die Polizei reagiert mit noch mehr Gewalt. Fast jede Nacht nehme ich an Mahnwachen teil. Die Polizei schießt jetzt ohne Vorwarnung. Jedes Wochenende werden mehr Menschen beerdigt. In der Vergangenheit war es uns auch in Unruhezeiten gestattet, unsere Toten in Würde zu begraben. Jetzt hat die Polizei neue Richtlinien für Beerdigungen erlassen. Kein Comrade darf ohne polizeiliche Genehmigung beerdigt werden. Wenn eine Genehmigung erteilt ist, wird der Zeitpunkt für das Begräbnis genau festgelegt und die Anzahl der Trauergäste streng beschränkt. Wenn wir die Vorschriften mißachten und in Scharen erscheinen, ist die Polizei sofort mit Panzerwagen zur Stelle. Am Ende der Beerdigungen attackieren sie uns oft mit Tränengas oder mit offenem Feuer, um die Menge zu zerstreuen, was weitere Mahnwachen und Beerdigungen zur Folge hat.

Während der Mahnwachen und Beerdigungen singen wir oft die ANC-Freiheitshymne, die 1897 von einem Lehrer vom Stamm der Xhosa komponiert wurde. In diesen gewalttätigen Zeiten gewinnt der Text noch an Bedeutung und Schärfe. Ich singe das Lied jedesmal mit Tränen in den Augen. Mein Herz sehnt sich nach Frieden, nach einem Ende der Gewalt und des Mordens, und ich glaube, daß nur Gott allein noch helfen kann.

Nkosi sikelel'i Afrika.
Gott segne Afrika.
Maluphakamis' uphondo lwayo,
Laß es sein Haupt erheben,
Yizwa imithandazo yethu,
Erhöre unsere Gebete,
Nkosi sikelela
Gott segne
Thina luswapho lwayo
Seine (Afrikas) Kinder.

Woza Moya,
Komm, o Geist,
Woza Moya Oyingcwele.
Komm, heiliger Geist.
Nkosi sikelela
Gott segne
Thina lusapho lwayo.
Uns, seine (Afrikas) Kinder.

Morena boloka
Gott segne
Sechaba sa heso,
Unser Volk,
O fedise dintwa le mathsewenyeho.
Nimm Krieg und Kummer von uns.

O se boloke, o se boloke,
Segne es, segne es,
O se boloke morena,
Segne es, o Herr,
Sechaba sa heso,
Unser Volk,
Sechaba sa heso.
Unser Volk.

Überall gibt es Massaker. Im November werden neunzehn Menschen getötet, als die Polizei in Mamelodi, einem Ghetto in der Nähe von Pretoria, etwa zwanzig Kilometer nördlich von Alexandra, das Feuer auf Demonstranten eröffnet. In Alexandra sehen sich die Comrades einer neuen, grausamen Macht gegenüber. Den Vigilantes. Das sind hauptsächlich Wanderarbeiter vom Stamm der Zulu, die in Männerwohnheimen hausen und es nicht ertragen können, sich von Jugendlichen herumkommandieren zu lassen. Mit Speeren, Knüppeln, Macheten und Gewehren bewaffnet fallen sie während der Mahnwachen und Beerdigungen über uns her.

Jedesmal wenn ich von zu Hause aufbreche, um an einer Mahnwache teilzunehmen, betet Mama, daß ich lebend zurückkomme. Ich bin inzwischen ziemlich fatalistisch. Ich glaube, wenn ich getötet werde, dann ist es Gottes Wille, und weder ich noch sonst irgend jemand kann es verhindern. Die Angst, die früher immer wieder aus einer anderen Ritze unserer Baracke auf mich zugekrochen kam und sich dann meiner bemächtigt hat, die Angst kommt nicht mehr. Vielleicht wurde sie ausgeräuchert, vom Tränengas aus unserer Hütte vertrieben. Vielleicht wurde sie weggeschwemmt von all den Tränen, die ich vergossen habe. Tränen der Trauer, Tränen der Wut.

Johannes ist zutiefst besorgt um die Sicherheit unserer Familie. Er schreibt regelmäßig und ruft Mama auf ihrer Arbeitsstelle an, um zu erfahren, ob sie noch lebt. Er spricht nur noch Tsonga mit ihr, aus Angst, das Telefon könnte abgehört werden. Johannes erzählt Mama, daß die amerikanischen Zeitungen voll sind von Berichten über die Greuel und daß der Protest gegen die Apartheid ständig wächst. Er schreibt jetzt Zeitungsartikel gegen die massive Propaganda des Regimes in Pretoria und berichtet darüber, wie es tatsächlich in den Townships zugeht. Nur von ihm erfahren wir, daß laut Zeitungsberichten bis Ende 1985 bei den Unruhen in Südafrika mehr als 900 Menschen umgekommen und 2165 verwundet worden sind. Tausende sind ohne Gerichtsverhandlung ins Gefängnis geworfen worden. Die Regierung ist offensichtlich fest entschlossen, den Widerstand der Schwarzen zu brechen.

George, Florah und ich schreiben Johannes lange Briefe, die Mama mit zur Post nimmt. Wir benutzen nie die Post in Wynberg, weil das Gerücht umgeht, daß dort alle Briefe vom Geheimdienst geöffnet werden und daß die Absender der Briefe, die irgendwelche verdächtigen Informationen enthalten, sofort verhaftet werden. Wir berichten Johannes von den Morden, den Killerkommandos, den Massenbegräbnissen, den Lynchmorden an *Impimpis* und der ständigen Polizeipräsenz im Township. Er ermahnt uns, stark zu sein, nach Möglichkeit jedem Ärger aus dem Weg zu gehen und auf Mama aufzupassen. Wie so oft wünsche ich mir, wir wären alle bei ihm in Amerika, fern von all dem Leid, fern von Gewalt und Tod.

Drei Monate, nachdem wir Marias Collin begraben haben, stirbt Florahs Collin im General Hospital. Als er von den Ärzten erfahren hatte, daß er durch die Kugel des Mörders vom Hals abwärts gelähmt bleiben würde, hatte er Florah erklärt, er würde lieber sterben, als sein Leben als Krüppel zu verbringen. Florah flehte ihn an durchzuhalten. Mit einem Lächeln versprach er, es ihr zuliebe zu versuchen. Dann wollte er seine Tochter sehen. Am nächsten Tag ist er gestorben.

Während der Totenwache in der 9th Avenue beobachte ich Florah. Sie trägt Trauerkleidung und hat sich eine Decke über den Kopf gezogen, unter der sie laut wehklagt. Ich weiß, daß sie Collin trotz aller Probleme, die sie miteinander hatten, sehr geliebt hat. Mama und ich haben ihn auch sehr gemocht. Bei allen seinen Fehlern war er voller Mitgefühl und hatte ein großes Herz. Angie, die jetzt fast vier Jahre alt ist, sitzt unbekümmert auf dem Sarg ihres Vaters. Immer wieder fragt sie ihre Mutter: »Warum schläft Papa in einer Kiste? Wann wacht er denn wieder auf?« Florah erklärt ihr, daß ihr Papa zu müde ist, um aufzuwachen, daß der Sarg ihn an einen wunderschönen Ort namens Himmel bringt, wo er bei Gott und den Engeln leben wird, und daß sie eines Tages zu ihm in den Himmel gehen und wieder eine glückliche Familie sein werden. Ich ertrage es nicht, den beiden noch länger zuzuhören. Unser Land, Afrika, beherrscht und geknechtet, unsere Familien zerrissen von Gewalt und Tod. Unsere Träume zerstört. Und da ist etwas in mir zerbrochen: die Hoffnung, der Glaube an eine bessere Zukunft. In unserem Land.

Wie wird Angie ohne Vater aufwachsen? Wird es sie verbittern? Wird es sie mit Haß erfüllen? Was wird aus all den vielen elternlosen Kindern werden, die auf den Straßen von Alexandra herumlungern?

Ich kann gar nicht aufhören zu trauern. Als der Sarg auf dem Friedhof von Alexandra, wo wir auch Marias Collin beerdigt haben, in das Grab gesenkt wird, murmle ich ein Gebet:

Lieber Gott, laß das Morden aufhören,
Lieber Gott, laß das Morden aufhören,
Lieber Gott, laß das Morden aufhören,
Lieber Gott, laß das Morden aufhören.

Im Januar 1986 haben die Unruhen sich so weit gelegt, daß die Schulen wieder öffnen. Hunderte von Schülern sind während des Ausnahmezustands verhaftet worden, darunter viele Schüler der Alexandra Highschool. Andere sind aus dem Land geflohen und haben sich dem militärischen Flügel des ANC namens *Umkoto we Wizwe*, Speer der Nation, angeschlossen. Diejenigen, die noch da sind, sind zutiefst ernüchtert.

Morgenappell an der Highschool. Miss Jones begrüßt uns mit ernstem Gesicht und verkündet, daß laut Beschluß des Department for Bantu Education alle Schüler, die im Dezember nicht an den Abschlußprüfungen teilgenommen haben, als durchgefallen gelten. Das bedeutet, wir alle müssen das Schuljahr wiederholen. Offenbar bestraft die Regierung uns für die Teilnahme an den Protesten. Überall ist aufgebrachtes Raunen zu hören.

»Was habt ihr denn erwartet, als ihr den Unterricht boykottiert habt?« fragt Miss Jones.

Um Ausschreitungen zu vermeiden, beendet sie die Versammlung. Mehrere Führer der Comrades befinden sich in unserer Mitte, darunter auch Comrade Oupa. Sie beraten miteinander. Als wir uns auf den Weg in die Klassenräume machen, rufen sie uns zurück. Sie springen auf die Bühne. Weder Miss Jones noch einer der anderen Lehrer versuchen sie aufzuhalten.

»Das System der Bantu Education ist abgeschafft«, verkündet Oupa über ein Megaphon. »Jetzt gibt es nur noch die People's Education, die Volksbildung. Das Jahr, das ihr als Kämpfer in den Reihen der Comrades verbracht habt, ist nicht vergeudet. Wir scheren uns nicht darum, was die Regierung sagt. Wir führen neue Regeln ein. Ab jetzt gilt: Wer eine Prüfung bestanden hat, hat alle Prüfungen bestanden. Ihr habt alle bestanden!«

Wir sind sprachlos.

»Heißt das, wir werden alle versetzt?« fragt Cynthia.

»Genau das heißt es«, antwortet Petronella.

»Ohne Prüfung?«

»Sieht ganz so aus.«

Comrade Oupa fährt trotz des Tumults, den er ausgelöst hat, ungerührt fort. Er ist sich seiner Macht bewußt und genießt sie sichtlich.

»Nach den Regeln der Volksbildung braucht niemand eine Klasse zu wiederholen, weil er am Freiheitskampf teilgenommen hat. Und jetzt geht in eure neuen Klassen.«

Alle brechen in Jubelgeschrei aus.

»Die Comrades können uns leicht erzählen, wir würden alle versetzt«, sage ich zu Petronella. »Die Frage ist nur, ob Miss Jones und die anderen Lehrer das Spiel mitspielen.«

»Es bleibt ihnen doch nichts anderes übrig. Sie fürchten sich alle vor der Halskrause.«

Und tatsächlich, weder Miss Jones noch sonst irgendein Lehrer stellt die Entscheidung der Comrades in Frage. Das ist der erste große Riß in der Autorität, die die Lehrer in der Schule stets genossen haben. Unwillkürlich muß ich daran denken, wie Markos und Khatuchera auf Lehrer Mguni losgegangen sind.

Während der folgenden Monate nimmt der Respekt gegenüber den Lehrern weiter ab, und ihre Autorität gerät immer mehr ins Wanken. Aus Angst verprügelt zu werden, oder, schlimmer noch, mit der Halskrause bestraft zu werden, wagen es die Lehrer kaum noch, die Schüler zu bestrafen. Schüler, die früher vor den Lehrern gezittert haben, lassen sich jetzt nichts mehr gefallen. Von anderen Schulen hört man, daß dort Lehrer verprügelt, mit dem Messer oder mit Schußwaffen attackiert werden, weil sie Hausaufgaben aufgeben, schlechte Noten erteilen oder Schüler züchtigen.

Die Schüler stellen mittlerweile sogar die Autorität ihrer Eltern in Frage. Manche nennen ihre Eltern naiv, beschimpfen sie als Narren und Feiglinge, weil sie sich nicht an dem Kampf gegen die Apartheid beteiligen. Bei uns zu Hause legen sich Linah und Diana, die an den Protestmärschen der Comrades und an vielen Mahnwachen teilgenommen haben, neuerdings mit Papa an.

30

Miriam, du mußt dich schützen«, sagt Mama eines sonnigen Samstag nachmittags, als wir gerade dabei sind, die Wäsche aufzuhängen.

»Wogegen?«

»Gegen das, was passieren kann, wenn ein Mann sich für dich interessiert.«

Mehr habe ich von meiner Mutter nie über die Dinge erfahren, die zwischen Mann und Frau passieren. Aber meinen Freundinnen und Florah habe ich natürlich Löcher in den Bauch gefragt. Bei Mama hätte ich mich nie zu fragen getraut. Wie für die meisten Frauen ihrer Generation, war es für Mama tabu, mit ihren Töchtern ausführlich über Sexualität zu sprechen. Aber da Mama älter ist und sich in Fragen der Sexualität auskennt, gehe ich eines Tages als pflichtschuldige Tochter mit ihr zum Heim für alleinstehende Frauen auf der 4th Avenue. Dort gibt es eine Familienberatungsstelle, oder zumindest etwas, das sich dafür ausgibt. Viele meiner Freundinnen sind von dort mit wahren Horrorstorys zurückgekommen. Die Helferinnen sind unfreundlich und erklären einem nichts. Sie verteilen einfach defekte Spiralen, die nicht selten den Uterus der jungen Mädchen verletzen oder am Ende in den Köpfen der Kinder stecken, die sie zur Welt bringen.

Florah wurde auch eine defekte Spirale eingesetzt. Sie hatte während ihrer gesamten Schwangerschaft Blutungen, und es war ständig zu befürchten, daß sie das Baby verlor. Nach Angies Geburt wollte sie noch ein Kind bekommen, aber die Ärzte erklärten ihr, das sei unmöglich; die Spirale hatte ihren Uterus beschädigt.

»Ich will keine Spirale«, sage ich zu Mama.

»Es gibt etwas Besseres als die Spirale«, erklärt Mama.

»Was denn?«

»Die Anti-Baby-Pille.«

Ich sträube mich dagegen, Tabletten einzunehmen. Selbst bei rasenden Kopfschmerzen nehme ich keine Medikamente. »Wieso soll ich die Anti-Baby-Pillen schlucken, wenn ich doch gar nichs von einem Mann will?«

»Manchmal passieren Unfälle. Und dann mußt du geschützt sein.«

»Wie soll denn ein Unfall passieren, wo ich doch noch nicht mal einen Freund habe?«

»Erinnerst du dich an deine Freundin Zandile?«

Zandile war in meiner Klasse auf der High-School und Mitglied in unserer Kirche. Alle dachten, sie hätte keinen Freund, aber dann war sie plötzlich schwanger und mußte die Schule abbrechen.

Die Helferinnen in der Familienplanungsstelle geben mir die Tabletten und tragen mir auf, täglich eine davon zu nehmen. Über die Nebenwirkungen verlieren sie kein Wort.

Ich habe noch einen guten Grund, mich auf keine sexuellen Experimente einzulassen: Aids.

Kurz bevor wir bei dieser Familienberatungsstelle waren, hat ein aidskranker Weißer auf Einladung von Miss Jones unsere Schule besucht. Er hat uns erklärt, daß er bald sterben wird und sich entschlossen hat, die wenige Zeit, die ihm noch bleibt, dazu zu nutzen, von Schule zu Schule zu gehen, um die jungen Leute vor den Gefahren von Aids zu warnen. Er war so mager und hohlwangig wie eine Vogelscheuche, aber sein Gesichtsausdruck schien erstaunlich gelassen. Was er uns zu sagen hatte, ließ uns das Blut in den Adern gefrieren.

Ich höre noch seine Stimme: »Glaubt den Leuten nicht, wenn sie euch erzählen, daß Aids eine Krankheit der Weißen ist. Jeder kann Aids bekommen. Wenn ihr Sex habt, ohne euch zu schützen, wenn ihr Drogen nehmt, könnt ihr Aids bekommen. Und wenn ihr euch einmal angesteckt habt, gibt es keine Aussicht auf Heilung. Seht mich an. Ich habe auch geglaubt, ich würde mich nie anstecken. Jetzt sagen mir die Ärzte, daß ich nur noch vier Monate zu leben habe.«

Dann machte er Zeichungen an die Tafel, um uns zu erklären, wie Aids übertragen wird. Viele von uns mußten kichern, als er über den Gebrauch von Kondomen sprach. Gleichzeitig kam mir der aidskranke Weiße wie der Sensenmann persönlich vor. Und ich habe ihm jedes Wort geglaubt. Er hat vieles, was wir über Aids gehört haben, als Märchen entlarvt. Es ist eine Lüge, daß *Sangomas* Aids heilen können. Es ist auch eine Lüge, daß nur Homosexuelle sich anstecken können. Und es ist eine Lüge, daß Sex mit einer Jungfrau ein Heilmittel gegen Aids ist.

Ich mache mir große Sorgen um Maria und Florah. Wie so viele Frauen sind sie mit Männern zusammen, die ihnen nicht treu sind.

»Hast du keine Angst, dich mit Aids anzustecken?« frage ich Maria besorgt.

»Doch, natürlich.«

»Und wie schützt du dich?«

»Gar nicht«, sie zuckt mit den Schultern und wendet sich ab.

Auf das Haus von Reverend Buti, einem Veteranen im Kampf gegen die Apartheid, ist ein Brandanschlag verübt worden. Mama und ich kommen an dem Haus vorbei, als wir auf dem Weg zur Bank sind, wo wir ihre letzten Ersparnisse abheben wollen, um Lebensmittel einzukaufen. Seit mehreren Tagen kann sie nicht zur Arbeit gehen, weil die Comrades einen Streik ausgerufen haben.

Ungläubig starrt Mama auf die verkohlten Überreste des Hauses, das einmal eins der schönsten von Alexandra war. Sie schüttelt den Kopf. Sie kennt Reverend Buti von der Lutherisch Reformierten Kirche schon seit Jahren. Sie hat ihn kennengelernt, als Alexandra damals platt gewalzt werden sollte, um Platz zu schaffen für Wohnheime zur Unterbringung alleinstehender Frauen und Männer.

»Reverend Buti«, sagt sie, »hat zusammen mit deinem Onkel, *Oompie* Lucas, den Kampf gegen die Zerstörung unseres Townships angeführt.«

Oompie Lucas, Grannys Halbbruder, war Geschäftsmann und eine führende Persönlichkeit in der Gemeinde.

»Die Comrades betrachten Leute wie Reverend Buti und *Oompie* Lucas als Kollaborateure der Apartheid«, erklärt Mama.

»Was für ein Blödsinn. Inwiefern kollaborieren die denn mit der Apartheid?«

»Sie sind Mitglieder des Kommunalrats, des Alexandra Town Council.«

Die Town Councils sind Teil der Selbstverwaltung, die das Pretoria-Regime in verschiedenen Townships eingesetzt hat, um die Schwarzen zu besänftigen. Damit antwortete die Regierung auf die Proteste der Schwarzen, die anprangerten, daß die begrenzten politischen Rechte zwar Mischlingen, Asiaten und Indern, aber nicht den Schwarzen zugestanden wurden. Aber die meisten Aktivisten begegnen den Town Councils mit großem Mißtrauen.

»Ich verstehe dieses Geschrei um die Kollaboration nicht«, sagt Mama kopfschüttelnd. »Und die Comrades, ich mag sie einfach nicht. Sie halten uns davon ab, zur Arbeit zu gehen. Sie zwingen unsere Kinder, die Schule zu schwänzen. Wie soll die Zukunft für unsere Kinder aussehen, wenn sie keine Bildung haben? Wie soll ich euch ernähren, wenn ich nicht arbeite?«

»Die Comrades sagen, wir müssen alle Opfer bringen.«

»Ich opfere mich schon mein ganzes Leben lang.«

Mamas Abneigung gegen die Comrades wird von vielen Leuten ihrer Generation geteilt, aber sie wagen es nicht, das offen zu auszusprechen, aus Angst, verprügelt oder mit der

Halskrause bestraft zu werden. Die Sicherheitskräfte, die diesen Generationenkonflikt schnell erkannt haben, nutzen ihn schamlos für ihre Zwecke aus, indem sie behaupten, ANC-Agitatoren und Kommunisten hätten uns aufgehetzt. Sie appellieren an die Stammesehre der älteren Generation und erklären den Leuten, sie hätten als Eltern versagt, wenn sie ihre Kinder nicht mehr im Griff haben.

Aber die Strategie funktioniert nicht. Leute wie Mama und Papa lehnen zwar die Comrades ab, aber sie bewundern den ANC. Sie erinnern sich an die vierziger und fünfziger Jahre, als die Befreiungsbewegung einen besonders starken und aktiven Zweig in Alexandra hatte. Papa erinnert sich noch genau an die Rolle des ANC bei der Organisation der Busboykotts. Die ersten Boykotts fanden in den vierziger Jahren statt, kurz nachdem Papa aus Venda nach Alexandra gekommen war. Und der berühmteste war 1957, kurz bevor er Mama kennenlernte.

»Aber während dieser Proteste«, sagt Mama, »haben die ANC-Leute nie Gewalt angewendet. Sie haben die Menschen nicht mit der Halskrause gelyncht.«

»Ich kann die Comrades gut verstehen, Mama«, entgegne ich. »Die meisten von uns haben ihr Leben lang nie etwas anderes erlebt als Gewalt. Die Lehrer prügeln uns, die Eltern schlagen uns, und die Polizei schießt auf uns. Du sagst doch selbst, daß aus Gewalt nur neue Gewalt entsteht.«

31

Kurz nach dem Brandanschlag auf Reverend Butis Haus wird in Wynberg ein junger Mann von einem Wachmann erschossen. Ich gehe auch zu seiner Beerdigung auf dem Friedhof von Alexandra, wo Zehntausende ihm die letzte Ehre erweisen. Wie der Brauch es vorschreibt, waschen die Trauergäste sich nach dem Begräbnis im Haus des Verstorbenen die Hände. Während wir gerade dabei sind, uns in mit Wasser gefüllten Zinkwannen die Hände zu waschen, rücken Soldaten in gepanzerten Fahrzeugen an. Ohne Vorwarnung schießen sie Tränengas in die Menge. Schreiend, hustend und kotzend stieben die Menschen in alle Richtungen auseinander. Mehrere ältere Menschen werden zu Boden gestoßen. Ich bringe mich in einem nahe gelegenen Schuppen in Sicherheit. Irgendwie schaffe ich es, nach Hause zu kommen.

Den ganzen Tag über gibt es immer wieder Zusammenstöße zwischen den Soldaten und Comrades, die sich mit Steinen, Ziegeln und Molotowcocktails gegen Gewehrkugeln und Tränengas zur Wehr setzen. Während der folgenden Wochen eskaliert der Krieg zwischen den Comrades auf der einen und den Soldaten und Vigilantes auf der anderen Seite. Das Zentrum des Krieges ist die Selbourne Street.

Quer über die Straße heben wir Gräben aus, die wir »Panzerfallen« nennen, und errichten Barrikaden aus brennenden Autowracks, um die Panzerfahrzeuge aufzuhalten.

Die Soldaten reagieren mit massivem Beschuß. Innerhalb einer Woche erschießen Polizei und Soldaten fast zwei Dutzend Comrades, die meisten davon Jugendliche. Die Straßen sind mit Toten und Verwundeten übersät. Wie wir von Johannes erfahren, nimmt das Ausland Notiz von diesen Morden. Sie gehen in die Geschichte ein als das Massaker von Alexandra.

Die Totenfeier für das Massenbegräbnis, an dem Hunderttausende teilnehmen, wird im Stadion abgehalten. Die Särge stehen nebeneinander auf einem grünen Teppich in der heißen Sonne. Sie sind mit Fahnen in Gold, Schwarz und Grün bedeckt, den Farben des ANC. Comrades in Khaki-Uniformen übernehmen die Ehrenwache. Es werden feurige Reden gehalten und Revolutionslieder gesungen. Viele rufen nach Rache und forden den ANC auf, uns mit Schußwaffen auszurüsten.

Nach dem Massenbegräbnis verschärfen die Comrades ihre Angriffe auf Kollaborateure. Die Mitglieder des Kommunalrats werden gezwungen zurückzutreten. Polizisten werden mit ihren Familien aus dem Township vertrieben. Vigilantes und *Impimpis* werden aufgespürt und mit der Halskrause gelyncht. Als wir von einem Besuch bei Florah zurückkehren, sehen Angie und ich die verkohlte und aufgedunsene Leiche eines Mannes, der für schuldig befunden wurde, zu den Vigilantes zu gehören. Mich schaudert es bei dem grausigen Anblick, aber Angie lacht nur und zeigt auf das vor Todesangst verzerrte Gesicht des Mannes, aus dessen weitaufgerissenem Mund die Zähne hervorstehen. Ich bin entsetzt über ihre Reaktion und frage mich, was all diese Gewalt aus unseren Kindern macht.

Die Vigilantes schlagen zurück. Mit schwarzen Kapuzen, *Balaclavas,* maskiert und mit Gewehren, Macheten und Speeren bewaffnet, starten sie einen Angriff, der als *Hlasale,* Invasion, bekannt wird. Von ihren Wohnheimen aus, die sie als Festungen benutzen, schlagen sie eine Schneise aus Blut und Zerstörung durch das Township. Sie reicht von der 1st bis zur 22nd Avenue. Im Schutz der Dunkelheit, oft in Wagen mit Phantasie-Nummernschildern, fahren sie von Straße zu Straße, von Haus zu Haus auf der Suche nach Comrades und brennen deren Häuser ab.

Auf einer Versammlung der Comrades wird uns gesagt, daß die Soldaten den Vigilantes grünes Licht gegeben haben, mit Gewalt gegen uns zu kämpfen und so die ganze revolutionäre Bewegung zu zerschlagen. Die Soldaten bieten den Vigilantes teilweise sogar Feuerschutz.

Die darauffolgende Schlacht zwischen den Comrades und den Vigilantes wird später der »Six Days War« genannt. Dutzende von Menschen werden getötet und Hunderte verwundet. Manche der verletzten Comrades trauen sich nicht, die Klinik aufzusuchen, aus Angst, verhaftet zu werden. Es heißt, gepanzerte Fahrzeuge seien vor der Klinik postiert, und die Erste-Hilfe-Station werde von Soldaten bewacht, die jeden Jugendlichen mit Schußwunden verhaften.

Während die Kämpfe andauern, wage ich mich nicht aus dem Haus. George, der als einer der Comrades um sein Leben fürchten muß, taucht unter. Mehrere seiner Freunde sind getötet worden. Abends, vor dem Schlafengehen, verbarrikadieren wir die Tür. Wir halten stets mit Wasser gefüllte Eimer und feuchte Lappen in Reichweite, unsere Erste-Hilfe-Maßnahmen gegen Tränengasangriffe. Nacht für Nacht sind überall um uns herum Gewehrschüsse zu hören.

Inzwischen wird es immer gefährlicher, an Totenwachen für gefallene Comrades teilzunehmen. Die Versammlungen sind zu einem beliebten Ziel für Vigilantes und Soldaten geworden. Bei einer Totenwache für einen vierzehnjährigen Comrade, der von den Soldaten erschossen worden war, haben mit *Balaclavas* vermummte Vigilantes das Zelt gestürmt, wahllos in die Menge gefeuert und mehrere Jugendliche erschossen. Es war der reinste Zufall, daß ich nicht unter den Trauernden war. Ich habe an einer anderen Totenwache teilgenommen, die gleichzeitig stattfand.

Der Ausnahmezustand wird am 7. März aufgehoben. Aus

der Zeitung erfahren wir, daß 750 Menschen umgekommen und mehr als 8000 verhaftet worden sind, darunter 2000 Jugendliche unter sechzehn Jahren. Viele der Toten und Verhafteten stammen aus Alexandra.

Obwohl der Ausnahmezustand aufgehoben ist, nimmt die Gewalttätigkeit kein Ende. Die Comrades sind wild entschlossen, die Herrschaft über das Township zu gewinnen. Zu diesem Zweck ersetzen sie alle vom Apartheid-Regime eingesetzten Selbstverwaltungsinstitutionen. Sie bilden Straßen- und Hofkomitees, um die Viertel zu organisieren. Die Comrades setzen eine eigene Gerichtsbarkeit ein und gründen eine eigene Polizeistation mit einer eigenen Polizei. Leuten, die unter Verdacht stehen, *Impimpis, Tsotsis,* Kollaborateure oder auch Hexen zu sein, wird vor diesen Gerichten der Prozeß gemacht. Wer als schuldig befunden wird, wird öffentlich ausgepeitscht, oder, bei besonders schweren Verbrechen, mit der Halskrause bestraft. Weil sie so gefürchtet sind, gelingt den Comrades, was die Peri-Urban stets vergeblich versucht hat. Die Kriminalität, die Vergewaltigungen und Mißhandlungen im Township gehen schlagartig zurück. Frauen haben gleiche Rechte vor den Volksgerichten und können ab sofort ihre Ehemänner oder Freunde wegen Mißhandlung verklagen.

Es kursieren aber auch Gerüchte über Comrades, die andere Leute erpressen, über Comrades, die sich mit Hilfe der Volksgerichte an persönlichen Feinden rächen, und über Comrades, die Frauen mit Gewalt zum Sex zwingen oder sie dazu nötigen, ihre Freundin zu werden.

Alexandra und ich nehmen an einer Mahnwache der Comrades im Stadion teil. Mehrere tausend Menschen hören den Rednern zu. Während einer der Redner sich darüber ausläßt, daß wir den Kampf unbedingt intensivieren müssen, sagt Alexandra zu mir: »Miriam, ein Freund meines Vetters will dich kennenlernen.«

»Ich bin nicht interessiert«, erwidere ich mit Nachdruck.

»Er wird dir bestimmt gefallen.«

»Ist er ein Comrade?«

Alexandra geht mit Phineas, einem Anführer der Comrades. Er ist ein Freund ihres Vetters Jacob, der auch zu den Anführern der Comrades gehört.

»Nein, er ist so einer wie du. Er verabscheut Gewalt. Er kommt nur hierher, weil ihm nichts anderes übrigbleibt.«

»Von welchem Stamm ist er denn?«

»Zulu. Er kommt aus Natal und kennt nicht viele Leute. Ein stiller, höflicher Typ. Er wird dir ganz bestimmt gefallen.«

Beim nächsten Treffen der Comrades stellt Alexandra mich einem zurückhaltenden, leise sprechenden Mann von etwa zweiundzwanzig Jahren vor. Er hat zwei kleine Narben in der Oberlippe, eine breite Stirn und große, runde Augen. Ich finde ihn ziemlich unattraktiv, aber ich bin höflich zu ihm.

»Miriam«, sagt Alexandra. »Das ist der Freund meines Vetters. Er heißt Sabelo.«

Alexandra läßt uns allein. Da die Reden uns langweilen, unterhalten wir uns. Es ist angenehm, mit einem Mann zu sprechen, von dem ich mich nicht bedroht fühle und der nicht mit seinen Heldentaten als Comrade angibt.

»Alexandra sagt, du bist aus Zululand?« frage ich ihn vorsichtig.

»Ja.« Er wirkt ein bißchen schüchtern auf mich, was ich sehr sympathisch finde.

»Was hat dich denn ausgerechnet nach Alexandra verschlagen?« Ich versuche, ihn aus der Reserve zu locken. Er schaut mich an.

»Arbeit«, sagt er. »Mein Vater ist tot, und ich muß für meine Mutter und meine Geschwister sorgen.« Er blickt auf seine Hände hinab. Warum fragt er mich nicht mal was?

»Sind sie mit dir nach Alexandra gekommen?«

»Nein. Ich lebe allein.«

»Was machst du denn?« Schon wieder ich.

»Ich repariere Autos.«

»Hast du ein Auto?« frage ich staunend.

»Nein. Aber mein Chef läßt mich eins fahren, wann immer

ich will. Soll ich dich nach der Mahnwache nach Hause fahren?«

Ich zögere. »Nein, danke. Es macht mir nichts aus zu laufen.«

»Aber spätabends ist es gefährlich in den Straßen.«

»Ich bin mit meinen Freunden hier. Wir gehen immer zusammen.«

»Wenn du's dir anders überlegst, dann sag mir Bescheid.«

32

Es ist ungefähr elf Uhr abends. Ich sitze in der Küche und lese in der Bibel. Plötzlich klopft es so laut an die Tür, daß mir fast das Herz stehenbleibt. Ich kenne dieses Klopfen. Ich habe schreckliche Angst, aber ich weiß, daß mir keine andere Wahl bleibt, als die Tür zu öffnen.

Vor mir stehen vier junge Männer. Es sind die Comrades vom Straßenkomitee, die von Tür zu Tür gehen, um die Leute für die Mahnwache zusammenzutrommeln. Unter ihnen ist auch Markos, mein ehemaliger Mitschüler.

»Los, komm, Miriam«, sagt Comrade Markos. »Heute abend ist eine Versammlung.«

»Ich bin krank.«

»Was fehlt dir denn?«

Ich zeige ihm meinen dick verbundenen rechten Knöchel. »Ich hab mir den Knöchel gebrochen.«

»Sie lügt«, sagt einer der anderen. »Ich hab sie heute früh gesehen. Da war ihr Fuß noch in Ordnung.«

»Simulierst du etwa?« fragt Comrade Markos gereizt. »Wenn das stimmt, lassen wir dir die Halskrause anlegen.«

»Nein, ich simuliere nicht.«

»Wer ist das, Miriam?« fragt Papa vom Schlafzimmer aus.

»Die Comrades.«

Ich höre das Bett quietschen, als Papa aufsteht. Dann kommt er in seinem zerschlissenen Schlafanzug an die Tür.

»Was ist hier los?« fragt er.

»Wir haben heute abend eine Versammlung, *Ntate,* alter Mann«, erklärt Comrade Markos.

»Und sie wollen mir nicht glauben, daß ich mir den Knöchel gebrochen habe.« Ich sehe Papa flehend an in der Hoffnung, daß er den Mut aufbringen wird, meine Lüge zu decken. Bisher hat er sich immer rausgehalten, wenn die Comrades kamen, um mich abzuholen.

Papa sieht erst die vier Comrades an, dann mich. »Sie hat sich den Knöchel gebrochen«, sagt er. »Und zwar heute nachmittag. Ich habe ihr persönlich den Fuß verbunden.«

Ich kann es kaum fassen, daß Papa gerade gelogen hat, um mich zu retten. Die Comrades mustern sein finsteres Gesicht. Dann durchbohren sie mich mit ihren Blicken, und ich bete, daß mein Gesichtsausdruck mich nicht verrät, denn meine Knie zittern heftig.

»Sieh zu, daß du bald wieder auf die Beine kommst, okay?« sagt Comrade Markos. »Wir brauchen dich für den Kampf.«

»Sobald mein Knöchel in Ordnung ist, bin ich wieder dabei, das verspreche ich.«

Die Comrades ziehen ab. Ich drehe mich um und betrachte Papas schmächtige, magere Gestalt.

»Danke«, flüstere ich.

»Geh jetzt schlafen«, sagt er und stapft zurück ins Schlafzimmer.

Ich knie nieder und spreche vor dem Schlafengehen ein Gebet.

Die ganze Nacht lang höre ich Schreie, das Dröhnen von Panzerfahrzeugen, das Geräusch von rennenden Füßen und das Krachen von Gewehrschüssen.

Die Lüge mit dem gebrochenen Knöchel hat mir wahrscheinlich das Leben gerettet. Die Polizei hat unvermittelt das Feuer auf die Menschenmenge eröffnet. George war dort, aber er ist zum Glück mit dem Leben davongekommen. Mehrere meiner Freunde, darunter meine besten Freundinnen Margaret, Petronella und Cynthia, sind spurlos verschwunden. Als ich zu Margarets Haus gehe, öffnet nur ihre Mutter, in Tränen. Sie hatte die Comrades angefleht, ihre Tochter nicht mitzunehmen.

»Ich war im Leichenschauhaus«, schluchzt sie. »Aber meine arme Tochter war nicht unter den Toten.«

»Könnte es sein, daß sie verhaftet worden ist?« Es heißt, daß sie mehr als hundert Teilnehmer der illegalen Mahnwache verhaftet haben.

»Bei der Polizei war ich auch schon. Sie haben mir gesagt, daß niemand mit diesem Namen verhaftet wurde. Ich fürchte, sie haben sie getötet.«

Die Welle der Gewalt, die sich über ganz Südafrika ausbreitet und zusehends außer Kontrolle gerät, erreicht schließlich auch die ländlichen Gegenden und die Homelands. Willie, Mamahulus Sohn, flieht aus Giyani nach Alexandra. Er erzählt uns, daß sich die Schüler in Giyani zu Gruppen von Comrades zusammengeschlossen haben und sich nicht nur gegen das Homeland-System, sondern auch gegen die Autorität der Stammesoberhäupter und die traditionellen Stammesbräuche auflehnen.

»Die Schüler liefern sich blutige Schlachten mit der Polizei«, berichtet er. »In manchen Gegenden haben sie die Herrschaft über ganze Dörfer übernommen. Wir haben jetzt auch Volksgerichte. Eine Menge Leute, die der Hexerei beschuldigt wurden, sind vor Gericht gestellt worden. Einige sind bei lebendigem Leib verbrannt worden. Andere haben der Hexerei abgeschworen und den christlichen Glauben angenommen, um dem Zorn der Comrades zu entgehen.«

»Und was ist mit Mamahulu?« frage ich.

»Sie haben sie nicht angerührt«, erwidert Willie stolz. »Das wagt niemand. Sie ist eine mächtige *Sangoma*. Außerdem benutzt sie ihre *Muti* nur für gute Zwecke.«

Aus Venda wird ebenfalls von gewalttätigen Zusammenstößen zwischen Schülern und Angehörigen der Sicherheitskräfte berichtet. Dankies, der nach Alexandra gezogen ist, um Arbeit zu suchen, erzählt von Schulgebäuden, die bis auf die Grundmauern abgebrannt sind, von Polizisten, die auf Schüler schießen, und von zahlreichen Menschen, die verhaftet und brutal gefoltert werden. Seine Mutter, die als *Sangoma* offenbar um ihr Leben fürchtet, hat sich taufen lassen und ist Mitglied der Zion Christian Church geworden.

Je mehr Menschen verschwinden, je mehr Menschen den Tod finden, um so fanatischer werden die Comrades. Ich nehme an einem Marsch teil, bei dem etwa zwanzigtausend Leute gegen die Verhaftung unserer Kameraden protestieren. Bei diesem Marsch erwidern die Comrades zum erstenmal das Feuer der Polizisten. Viele von ihnen sind jetzt mit Sturmgewehren bewaffnet. Es geht das Gerücht, daß der ANC die Comrades mit Schußwaffen ausrüstet.

Nachts ist es auf den Straßen besonders gefährlich. Vigilantes und Sicherheitspolizei sind ständig auf der Jagd. Ich lasse mich jetzt doch meistens von Sabelo nach Hause fahren. Wir sind uns öfter auf den Demonstrationen begegnet und haben Freundschaft geschlossen. Er ist ganz in Ordnung. Ich verbringe meine Zeit zur Hälfte im Haus und zur Hälfte auf der Straße. Zu Hause versuche ich Diana, Angie und Given von der Gefahr fernzuhalten. Angie und Given finden die Märsche äußerst spannend und laufen gern hinter der Menge her. Ich habe Angst, sie könnten getötet werden, vor allem, seit die Polizei keinen Unterschied mehr zwischen Kindern und Jugendlichen macht. Ich bin froh, daß Linah, die die Comrades immer bewundert und sich dauernd aus dem Haus geschlichen hat, um an den Mahnwachen und Versammlungen teilzunehmen, von Mama nach Venda geschickt worden ist. Sie geht jetzt dort zur Schule.

Seit dem Verschwinden meiner Freundinnen schaue ich immer wieder bei ihnen zu Hause vorbei, um mich nach Neuigkeiten zu erkundigen. Als ich eines Tages vor der Hütte von Margarets Familie ankomme, höre ich lautes Weinen. Ich klopfe an die Tür, und zu meiner großen Erleichterung sehe ich, daß drinnen Tränen der Freude vergossen werden.

Margaret ist wieder da. Und auch Dlayani, Petronella, Alexandra, Cynthia und alle meine anderen Freundinnen, die inhaftiert waren.

Ich kann es nicht fassen, wie schlecht Margaret aussieht. Wie blaß sie ist. In den nächsten Tagen erzählt sie uns, wie es ihr ergangen ist. Ihre Geschichte löst blankes Entsetzen bei mir aus und macht mich zugleich unglaublich wütend. In der Nacht, als Margaret verhaftet wurde, schoß die Polizei mal wieder auf die Demonstranten, die gegen den Ausnahmezustand protestierten.

»Sie haben mit scharfer Munition geschossen«, erklärt Margaret, während wir Sandwiches mit Erdnußbutter essen und Brause trinken. »Sie haben die Leute einfach niedergemäht. Cynthia, Alexandra, Petronella, Dlayani und ich haben uns zusammen mit zwanzig, dreißig anderen Leuten in ein Haus geflüchtet. Dummerweise haben uns die Polizisten gesehen und uns mit vorgehaltenen Waffen wieder hinausgetrieben. Dann haben sie uns mit Tritten und Flüchen auf die Lastwagen verladen.«

Margaret unterbricht sich und nippt an ihrer Brause. Ihre Hände zittern, und ich lege ihr beruhigend eine Hand auf den rechten Arm.

»Sie haben uns nach John Vorster gebracht«, fährt Margaret fort. John Vorster ist ein berühmt-berüchtigter Verhör- und Folterbunker mitten in Johannesburg. »Dort wurden wir in Zellen gesperrt. Wir waren so viele, darunter sogar einige Kinder von höchstens zehn Jahren. Die meisten weinten. Wir waren alle noch nie verhaftet worden. Manche riefen nach ihren Eltern.«

»Irgendwann werden wir ihnen das alles heimzahlen«, zische ich.

»Ich bin eigentlich keine Hasserin«, seufzt Margaret. »Aber was die *Amabunu*, die weißen Polizisten, uns angetan haben, hat mich hassen gelehrt. Wenn ich ein Gewehr hätte, würde ich sie alle erschießen. Am nächsten Tag brachten sie mich in einen speziellen Raum. Dort gab es einen Stuhl und einen Tisch. Kein Fenster. Sie haben mich an den Stuhl gefesselt.

Sie waren zu viert oder fünft, und sie sahen alle ganz furchterregend aus.«

»Hatten sie behaarte Arme?« frage ich.

»Woher weißt du das?«

»Als ich noch klein war, haben weiße Polizisten mit behaarten Armen unser Haus bei einer der Paß-Razzien gestürmt. Ich fürchte mich heute noch vor behaarten weißen Männern.«

»Ja, sie waren stark behaart, und sie waren groß und kräftig wie Rugby-Spieler. Sie hatten rote Gesichter und kurze, dicke Hälse und sprachen in kehligem Afrikaans. Es war auch ein schwarzer Polizist dabei. Er war fett und kohlrabenschwarz. Sah aus wie ein Venda. Das war der, der mich an den Stuhl gefesselt hat. Einer von den Weißen baute sich vor mir auf und drohte mir: ›Wenn du uns sagst, was wir wissen wollen, lassen wir dich laufen. Wenn nicht, werden wir dich töten.‹«

Margaret schluckt. »Ich habe ihnen gesagt, daß ich ihnen alles erzählen werde, was ich weiß. Als erstes wollten sie wissen, ob ich ein Comrade bin.«

»Und, was hast du gesagt?«

»Ich habe gesagt, nein. Ich habe gesagt, ich sei Schülerin an der Alexandra Highschool. Ich habe gesagt, ich würde die Comrades hassen. Sie wollten wissen, warum. Ich sagte, weil sie uns daran hindern, in die Schule zu gehen. Darüber haben sie nur gelacht. Einer von ihnen hat mich dann noch gefragt, was ich bei einem Protestmarsch zu suchen gehabt hätte, wenn ich nicht zu den Comrades gehöre. Ich habe ihnen erzählt, daß ich zu Hause war und gerade ins Bett gehen wollte, als die Comrades mich holen kamen. Da haben sie mich als Lügnerin beschimpft, weil ich dieselbe Antwort gegeben hatte wie mehrere andere Schülerinnen. Sie verhöhnten mich und sagten, ich würde bestimmt bald mit der Wahrheit rausrücken. Sie wollten von mir wissen, wer die Anführer der Protestmärsche sind. Ich sagte daß ich es nicht weiß. Und da haben sie mit den Schocks angefangen.«

»Schocks?«

»Ja. Sie haben Elektrokabel an meinen Armen und Beinen befestigt. Dann haben sie auf den Schalter gedrückt, und ich habe angefangen zu zittern und mich zu schütteln. Es war, als würden mich tausend Nadeln stechen. Ich schrie und schrie, bis sie endlich aufhörten. Ich wäre beinahe ohnmächtig geworden. Schließlich haben sie mich wieder losgebunden und zurück in die Zelle geführt. Die anderen Schüler haben sie auch verhört. Als sie mit allen fertig waren, fingen sie wieder von vorne an.«

»Wieder von vorne?«

»Ja. Sie haben uns zehn Tage lang viermal am Tag mit Elektroschocks gefoltert.«

»Diese Schweine«, rutscht es mir heraus. Welch eine unvorstellbare Barbarei. In diesem Augenblick empfinde ich nur noch Haß. »Haben sie euch denn nichts zu essen gegeben?« frage ich. »Du bist so mager geworden.«

»Der Fraß, den sie uns vorgesetzt haben, war ungenießbar«, sagt Margaret. »Ich mußte mich zwingen, das Essen runterzuwürgen. Und schlafen konnte ich auch nicht. Das grelle Licht in der Zelle wurde nie ausgeschaltet. Und die ganze Nacht konnte man die Menschen schreien hören, die gefoltert wurden. Außerdem war es feucht in der Zelle. Und hin und wieder haben sie uns einfach so zum Spaß mit Tränengas beschossen.«

»Warum haben sie euch denn freigelassen?«

»Wahrscheinlich haben sie irgendwann kapiert, daß wir die Wahrheit gesagt haben«, seufzt Margaret. »Bei der Entlassung haben sie uns angedroht, daß sie uns töten werden, wenn sie uns je wieder bei einem Protestmarsch erwischen. Aber mich können sie nicht mehr einschüchtern. Sollen sie mich doch töten, wenn sie wollen.«

Dann verblüfft sie mich, als sie sagt: »Weißt du was? Ich wünsche mir nichts sehnlicher, als wieder in die Schule gehen zu können.«

»Ich auch.«

»Ich komme mir so alt vor. Dabei bin ich doch erst siebzehn.«

»Ich weiß, was du meinst.« Wir schauen uns an und schweigen.

»Ich hab gehört, du hast einen Freund«, sagt Margaret plötzlich.

Ich laufe rot an. »Ach, wir sind nur so befreundet.«

Margaret grinst vielsagend. »Wie heißt er denn?«

»Sabelo.«

»Ein Zulu?«

»Ja. Er ist sehr nett. Und weil ich mit ihm befreundet bin, lassen mich die anderen Jungs jetzt in Ruhe. Außerdem fährt er mich manchmal mit dem Auto nach Hause.«

»Habt ihr es schon getan?«

»Was?«

»Du weißt schon.«

»Nein. Ich hab dir doch gesagt, wir sind nur so befreundet.«

Margaret lacht.

»Stellst du ihn mir mal vor?«

»Klar.«

33

Margaret ist von Sabelo begeistert. Trotzdem bin ich ihm gegenüber vorsichtig. Er hat schon mehrmals angeboten, mich der Familie vorzustellen, bei der er wohnt. Aber ich habe jedesmal abgelehnt. Ich habe es bisher auch abgelehnt, mit ihm in einem der vielen Autos, die er als Automechaniker zur Verfügung hat, nach Soweto oder Johannesburg zu fahren. Ich möchte ihm nicht das Gefühl geben, daß ich seine feste Freundin bin, denn ich fürchte, daß er mich dann bedrängen wird, mit ihm ins Bett zu gehen.

Dennoch genieße ich Sabelos Gesellschaft. Er ist sehr sensibel und macht mir keine Angst. Während der Mahnwachen, vor allem wenn die Reden der Comrades uns langweilen, reden wir ausführlich über unsere Familien und darüber, wie wichtig es ist, daß alle Familienmitglieder zusammenhalten. Er wünscht, er hätte die Schule abgeschlossen, aber wie viele schwarze Jugendliche mußte er abbrechen, weil er seine Familie ernähren muß. Sabelo ermutigt mich sehr in meinem Vorhaben, eine Ausbildung als Krankenschwester zu machen.

Ich halte meine Freundschaft mit ihm vor meiner Familie geheim. Ich fürchte mich vor der Reaktion von Mama und Papa. Sabelo würde meine Eltern so gern kennenlernen, aber ich traue mich nicht, ihn den beiden vorzustellen. »Ich möchte nicht, daß sie einen falschen Eindruck bekommen und denken wir wären ein Paar. Meine Mutter will, daß ich die Schule abschließe.«

Er lacht. »Ich möchte sie aber gern kennenlernen, weil ich ihnen klarmachen will, daß ich anders bin als die anderen Männer. Ich bin sehr glücklich über unsere Freundschaft. Mehr will ich nicht von dir.«

Jetzt, wo ich häufig mit Sabelo zusammen bin, mache ich mir Gedanken darüber, wie es wohl ist, mit einem Mann zu schlafen. Und wie ich mich schützen könnte. Ich habe nämlich aufgehört, die Pille zu nehmen, weil meine Brüste so schrecklich spannten und schmerzten.

Aber jetzt wäre es mir sowieso noch zu früh, und ich vertraue Sabelo. Er würde mich nie zu etwas zwingen, das ich nicht will.

Am 12. Juni versucht die Regierung, der eskalierenden Gewalt durch die erneute Ausrufung des Ausnahmezustands Herr zu werden. Diesmal sind die Maßnahmen noch drakonischer als beim erstenmal. Journalisten ist es untersagt, über die Ausschreitungen in den Townships zu berichten. Berichte über Gewalt dürfen nur vom Bureau of Information, dem staatlichen Propagandabüro, herausgegeben werden. Jeder, der illegale Streiks, Boykotts oder verbotene Organisationen wie den ANC oder die UDF unterstützt, wird wegen Hochverrats vor Gericht gestellt. Mahnwachen sind streng verboten.

Doch die Comrades setzen sich über das Verbot hinweg. Bei einer Mahnwache rückt die Armee an, beschießt uns mit Tränengas und eröffnet dann das Feuer.

»Hier lang!« schreit Sabelo, als ich losrenne, um mich in Deckung zu bringen. Er packt mich an der Hand und kämpft uns einen Weg durch die in Panik geratene Menge. Die Straßen, die zum Stadion führen, sind mit gepanzerten Fahrzeugen verbarrikadiert. Zum Glück hat Sabelo seinen schwarzen Plymouth nicht in der Nähe des Stadions geparkt. Wir tasten uns durch enge, finstere Gassen, um zu dem Wagen zu gelangen.

»Bitte, bring mich nach Hause«, sage ich zitternd, als wir im Auto sitzen.

»Unmöglich«, erwidert er. »Es wimmelt überall von Soldaten.«

»Wohin fahren wir denn dann?«

»Zu mir. Ich weiß eine Abkürzung. Bei mir sind wir in Sicherheit. Ich bringe dich nach Hause, sobald die Schießerei aufhört.«

Die Luft in den Straßen ist erfüllt von Tränengas. Irgendwie schaffen wir es, den Hof auf der 17th Avenue zu erreichen, wo Sabelo eine kleine Hütte gemietet hat.

»Ich gehe jetzt nach Hause«, erkläre ich, als wir in der Hütte sind. Sie ist karg eingerichtet, aber sauber. »Meine Eltern werden sich schon Sorgen machen.«

»Hörst du die Schüsse?« fragt er. »Willst du etwa durch den Kugelhagel laufen? Ich verspreche dir, ich bringe dich nach Hause, sobald die Schießerei aufhört.«

»Ich bin so müde«, sage ich gähnend.

»Du kannst im Nebenzimmer in meinem Bett schlafen.«

»Und du?«

»Ich schlafe auf dem Sofa.«

Ich lege mich angezogen aufs Bett. Die Schüsse halten mich wach. Ich höre Sabelo im anderen Zimmer. Sein ehrenhaftes Verhalten macht ihn mir noch sympathischer. Ich fühle mich vollkommen sicher. Ich habe mich nicht in ihm getäuscht.

Ich muß eingeschlafen sein, denn ich wache mitten in der Nacht auf, als die Tür geöffnet wird.

»Wer ist da?« frage ich.

»Ich bin's«, sagt Sabelo.

»Hat die Schießerei aufgehört?«

»Ja.«

»Bringst du mich jetzt nach Hause?« frage ich und stehe auf.

»Nein«, sagt Sabelo.

Dann kommt er auf mich zu und drückt mich zurück aufs Bett. Ich versuche, mich zu wehren, aber er ist zu stark. Ich flehe ihn an, von mir zu lassen, aber er ist wie von Sinnen und reißt mir wortlos die Kleider vom Leib. Ich spüre sein Gewicht auf meinem Körper und seinen heißen Atem in meinem Gesicht. Verzweifelt versuche ich, mich aus seinem Griff zu winden, aber dann dringt er in mich ein und stößt brutal zu und hört auch nicht auf, als ich anfange zu schreien und zu weinen und ihm sage, daß er mir weh tut. Wie konnte ich nur glauben, daß Sabelo anders ist als alle anderen Männer? Ich bete, daß ich nicht schwanger bin. Ich schäme mich so.

34

Nach der brutalen Niederschlagung des Widerstands kehrt vorübergehend Ruhe ein. Es heißt, daß die Schulen wieder geöffnet werden, aber ich habe keine große Lust hinzugehen. Ich könnte mich gar nicht auf irgendeinen Lernstoff konzentrieren. Ständig höre ich noch Sabelos Stöhnen. Ich ekle mich so vor mir selber, vor meinem Körper, den er benutzt hat. Und ich bin wütend auf mich, daß ich so leichtsinnig war und ihm vertraut habe. Ich habe niemandem davon erzählt, weder Mama noch einer meiner Freundinnen. Und ich habe mir geschworen, niemals irgend jemandem etwas zu erzählen. Ich gebe mir selbst die Schuld für das, was passiert ist. Insgeheim glaube ich, daß Gott mich dafür bestraft hat, daß ich an einem *Mzabalazo* teilgenommen habe. Ich bin bereit, mein Leid allein zu tragen.

Eine Woche bevor der Unterricht wieder beginnt, besucht Alexandra mich zu Hause. Sie ist den Tränen nahe.

»Miriam, du mußt mir helfen. Ich weiß nicht, was ich tun soll.«

»Was ist denn los?«

»Ich bin schwanger.«

»Bist du sicher?«

»Ja. Ich habe zweimal meine Periode nicht bekommen. Und mein Bauch fängt an, dicker zu werden.«

»O mein Gott! Wie konnte das denn passieren?« Mein Herz rast. Alexandra. Schwanger. Meine Periode ist auch ausgeblieben.

»Ich habe mit Phineas geschlafen.«

»Wie oft?«

»Ein paarmal.«

Ich seufze erleichtert auf. Sabelo hat mich nur einmal ... Ich kann unmöglich schwanger sein.

»Wissen deine Eltern davon?« frage ich.

»Nein. Ich trau mich nicht, es ihnen zu sagen. Mein Vater bringt mich um.«

»Und was hast du jetzt vor?«

»Ich werde abtreiben.«

»Du willst dein Baby töten?« rufe ich entsetzt aus.

»Ja.«

»Wie denn?«

»Mit Abführmitteln. Ich kann es mir nicht leisten, schwanger zu sein. Die Schule fängt bald wieder an, und meine Eltern erwarten, daß ich hingehe.«

»Mit Abführmitteln abzutreiben kann dich das Leben kosten, weißt du das? Es sind schon mehrere Mädchen daran gestorben.«

»Was soll ich denn sonst tun? Ich habe kein Geld, um mir Abtreibungs-*Muti* zu kaufen.«

»Behalt das Baby. Sprich mit deinen Eltern. Sag ihnen, daß es ein Fehler war. Versprich ihnen, daß du wieder zur Schule gehen wirst, wenn das Baby erst mal da ist. Sie werden sicher Verständnis haben.«

Alexandra spricht mit ihren Eltern, aber sie geraten außer sich. Ihre Mutter geht zu Phineas' Eltern, aber Phineas bestreitet, daß er der Vater ist.

»Das hat mir sehr weh getan, als ich das gehört habe«, sagt Alexandra, als ich bei ihr zu Besuch bin. Sie liegt im Bett, weil ihr jeden Morgen schlecht ist. »Er ist der Vater. Daran besteht kein Zweifel. Er ist der einzige Mann, mit dem ich je geschlafen habe. Ich wünschte, ich hätte mich besser geschützt. Nimmst du irgendwas?«

Die Frage verblüfft mich. »Warum sollte ich?«

»Gehst du denn nicht mit Sabelo?«

»Ich? Mit diesem Ekel? – Wer hat dir denn das erzählt?«

Alexandra lächelt schwach. »Er hat Phineas anvertraut, er hätte mit dir geschlafen.«

»Dieser Bastard«, flüstere ich. »Er hat mich vergewaltigt.«

»So war es bei Phineas und mir auch beim erstenmal. Hast du dich denn geschützt, als er dich vergewaltigt hat?«

»Nein.«

»Ich dachte, du nimmst die Pille.«

»Ich habe vor Monaten damit aufgehört.«

»Warum denn?«

»Meine Brüste wurden immer größer, und die Jungs haben mich dauernd angemacht. Das ging mir auf die Nerven. Aber ich kann nicht schwanger sein. Er hat mich nur einmal genommen.«

»Es spielt keine Rolle, wie oft er dich genommen hat«, sagt Alexandra. »Ich kenne eine Menge Mädchen, die beim erstenmal gleich schwanger geworden sind.«

Ich nehme Alexandra das Versprechen ab, niemandem zu erzählen, was Sabelo mir angetan hat. Ich will es einfach vergessen.

Ich bereite mich darauf vor, wieder zur Schule zu gehen. Der Gedanke, nach fast einem Jahr wieder mit dem Lernen anzufangen, ist seltsam. Während des *Mzabalazo* habe ich nicht ein einziges Mal ein Schulbuch in die Hand genommen. Ich hatte einfach keine Lust. Ich frage mich, ob ich die Standard Six wiederholen muß, weil ich nicht an den Prüfungen teilgenommen habe. Aber niemand hat an einem Examen teilgenommen. Außerdem bin ich immer noch nicht hundertprozentig davon überzeugt, daß der Unterricht, wie versprochen, wiederaufgenommen wird.

Meine Zweifel werden bald zerstreut. Ein Anzeichen für die Rückkehr zur Normalität im Township ist die Wiedereinsetzung der schwarzen Polizisten und der Kommunalratsmitglieder, die nach der Inhaftierung der Comrade-Anführer erfolgt. Die Armee hält Alexandra weiterhin besetzt, um sicherzustellen, daß keine neuen Unruhen ausbrechen. Die Straßensperren an strategisch wichtigen Punkten bleiben erhalten, um den Verkehr zu überwachen und zu verhindern, daß ANC-Kämpfer und Aktivisten aus anderen Townships Alexandra infiltrieren. Soldaten besetzen das Stadion, wo wir Versammlungen und Mahnwachen abgehalten haben. Es heißt, wenn die Soldaten wieder abziehen, darf im Stadion nur noch Fußball gespielt werden; Mahnwachen und andere Massenveranstaltungen sind dort in Zukunft verboten.

»Hast du schon die gute Nachricht gehört, Jackson?« fragt Mama aufgeregt beim Abendessen. »Sie wollen Alexandra neu aufbauen. Wir werden Strom bekommen und eine Kanalisation und neue Häuser und Straßenlaternen und Spielplätze und neue Schulen.«

»Das glaube ich erst, wenn ich es sehe«, sagt Papa. »Nach jedem Aufstand verspricht die Regierung, Alexandra wiederaufzubauen.«

»Diesmal meinen sie es ernst«, plappert Mama weiter. »Überall reden die Leute davon. Es heißt, die Regierung stellt neunzig Millionen Rand zur Verfügung. Neunzig Millionen, kannst du dir das vorstellen? Alexandra wird so schön werden wie Sandton.«

Sandton, *der* weiße Luxusvorort von Johannesburg, zählt zu den reichsten Gemeinden der Welt.

»Ich kann's kaum erwarten«, höhnt Papa. »Alexandra ist ein Slum, weil die Regierung sich weigert, Geld für Schwarze auszugeben. Und es wird auch ein Slum bleiben.«

»Stimmt es denn nicht, Miriam«, wendet Mama sich an mich, »daß die Regierung neunzig Millionen Rand ausgeben will, um Alexandra wiederaufzubauen?«

»So steht es jedenfalls in den Zeitungen«, sage ich gedankenabwesend. Ich sitze mit meinem Teller neben dem Ofen, das Essen ist unangerührt.

»Ich freue mich so darauf, daß die Kinder bald wieder zur Schule gehen«, sagt Mama glücklich. »Seit die Schulen geschlossen sind, hat es nur Ärger gegeben. Ich habe gehört, daß ganz viele Mädchen während der Unruhen schwanger geworden sind.«

»Wenn es eine Schule gibt, in die sie zurückkehren können«, sagt Papa. »Die Comrades haben sie doch alle niedergebrannt.«

»Ist das wirklich wahr, Miriam?«

»Nein«, erwidere ich. »Nicht abgebrannt, aber verwüstet. Sie werden gerade renoviert.«

»Ich sehe nicht ein, warum Miriam wieder zur Schule gehen soll«, knurrt Papa. »Sie ist alt genug, um zu heiraten.«

Ich fange an zu weinen. »Mir ist nicht gut«, sage ich. »Ich glaube, ich mache einen kleinen Spaziergang.«

Ich bin mit Sabelo unter der Straßenlaterne an der Ecke 17th Avenue verabredet. Seit er mich vergewaltigt hat, treffen wir uns heimlich. Ich komme mir vor wie Ausschußware, also bleibe ich am besten bei dem Mann, der mich vergewaltigt hat. Außerdem ist er seitdem sehr verständnisvoll. Er hat sich entschuldigt und versprochen, sich um mich zu kümmern, falls ich schwanger bin. Und obwohl ich nicht weiß, ob ich ihn liebe, will ich auf keinen Fall ein uneheliches Kind zur Welt bringen.

»Hast du es ihnen schon gesagt?« fragt Sabelo.

»Nein.«

»Warum nicht?«

»Ich will immer noch nicht glauben, daß ich schwanger bin.«

Er lacht. »Das wird dir nichts helfen. Es sieht doch wirklich ganz danach aus.«

Ich erröte und entgegne: »Aber wir haben es doch nur einmal getan.«

Er lacht noch lauter. »Arme Miriam«, sagt er. »Weißt du denn nicht, daß du von einem einzigen Mal schwanger werden kannst? Du hast doch selbst gesagt, daß du dich nicht geschützt hast.«

Ich wende mich von ihm ab, und mein Blick schweift zu den armseligen Hütten hinüber. Wenn ich schwanger bin, ist mein Leben ruiniert.

Die High-School nimmt den Betrieb wieder auf. Die Schule ist halb leer, viele Schüler sind immer noch in Haft. Andere sind aus dem Land geflohen oder während der Unruhen umgekommen. Wieder andere sind einfach spurlos verschwunden. Alle sind deprimiert und ohne jegliche Motivation.

Was soll ich bloß tun, wenn ich wirklich schwanger bin? Ich wage kaum, es auch nur zu denken. Ich kann mir noch nicht mal einen Schwangerschaftstest leisten.

Als meine Regel zum zweitenmal ausbleibt, weigere ich mich immer noch, den Tatsachen ins Auge zu sehen. Meine Brüste spannen nicht, und mir wird morgens auch nicht übel. Alles Symptome, über die meine Freundinnen, die schwanger wurden, immer geklagt haben. Drei Monate vergehen. Ich gehe zur Schule, als wäre alles in Ordnung. Dann, eines Morgens, taste ich meinen Bauch ab. Er ist dicker geworden und ganz fest. Ich habe zugenommen. Ich passe nicht mehr in meine Kleider. Den ganzen Tag lang ist mir schlecht. Es hat keinen Zweck mehr, es zu leugnen. Ich bin schwanger. Ich breche in Tränen aus. Mein Leben ist ruiniert. Am liebsten würde ich mich umbringen.

Ich bin entsetzt, als ich erfahre, daß Cynthia und Petronella ebenfalls schwanger sind. Cynthia erzählt mir während der Mittagspause davon. Wie Alexandra will sie mit Hilfe von Abführmitteln abtreiben, damit sie die Schule beenden kann. Ich warne sie und erzähle ihr, wie gefährlich das ist.

»Ich bin auch schwanger«, sage ich.

Cynthia starrt mich ungläubig an. »Du? Schwanger?«

Ich nicke.

»Ich wußte gar nicht, daß du einen Freund hast.«

Ich erzähle Cynthia unter dem Siegel der Verschwiegenheit von Sabelo und der Nacht, in der er mich vergewaltigt hat.

»Was willst du denn tun, wenn du schwanger bist?« fragt sie.

»Ich werde das Kind bekommen.«

»Und was ist mit der Schule?«

»Ich breche die Schule ab. Und wenn das Baby da ist, komme ich wieder und mache meinen Abschluß.«

»Das sagen viele Mädchen, aber sie kommen nie zurück«, sagt Cynthia. »Sie sagen, es ist zu demütigend.«

»Ich weiß. Aber ich bin fest entschlossen zurückzukommen.«

»Ich hab solche Angst, Miriam«, sagt Cynthia.

»Wovor?«

»Ich weiß überhaupt nichts über Schwangerschaft und Geburt.«

»Ich auch nicht. Wir werden es uns gegenseitig beibringen.«

35

»Miriam«, sagt Mama eines Nachmittags unvermittelt, »bist du etwa schwanger?«

»Nein«, erwidere ich hastig. »Wie kommst du denn darauf?«

»Du siehst so frisch und rosig aus.«

»Das liegt wahrscheinlich daran, daß wir, seitdem du wieder Arbeit hast, jeden Abend etwas zu essen bekommen«, sage ich ausweichend.

Ich weiß, ich kann es nicht mehr lange geheimhalten, daß ich schwanger bin. Es wird bald nicht mehr zu übersehen sein. Schließlich stimme ich zu, daß Sabelo es meinen Eltern sagt. Ich gehe solange nach draußen. Kurz darauf kommt er kopfschüttelnd aus dem Haus.

»Dein Vater hat gedroht, mich umzubringen.«

»Was hast du ihm denn gesagt?«

»Ich habe ihnen gesagt, daß es ein Fehler war und daß ich bereit bin, die volle Verantwortung zu übernehmen.«

»Heißt das, du wirst die *Lobola* für mich bezahlen?«

»Sobald ich mit meiner Mutter gesprochen habe.«

Als ich nach Hause komme, ist Mama vollkommen niedergeschlagen. Sie ist den Tränen nahe. Es ist fast so, als wäre jemand gestorben. Papa ist wahnsinnig wütend, er findet kaum Worte, um seinem Zorn Ausdruck zu verleihen. Er sieht mich an, als würde er mich am liebsten erwürgen.

»Es tut mir leid«, flüstere ich.

Wortlos steht er auf und geht nach draußen.

»Wie konntest du dir das antun?« fragt Mama.

»Es tut mir so leid«, murmele ich, bemüht, die Tränen zurückzuhalten. »Es war ein Unfall.«

Ich kann damit leben, daß Papa wütend auf mich ist, aber meine Mutter enttäuscht zu haben, ist unerträglich.

»Was für ein kostspieliger Unfall«, sagt Mama seufzend. »Weißt du eigentlich, daß du dir damit womöglich das Leben ruiniert hast? Ich hatte so große Hoffnungen in dich gesetzt, mein Kind. Das habe ich wirklich. Ich liebe alle meine Kinder, aber du bist mein Augenstern. Ich war immer so stolz auf dich. Du bist gottesfürchtig, du gehst gern zur Schule, und du bist fleißig. Daß du schwanger werden würdest, ist das letzte, womit ich gerechnet habe.«

»Es tut mir wirklich leid, Mama.« Mehr bringe ich nicht heraus.

Ich erkläre ihr, daß ich fest entschlossen bin, wieder zur Schule zu gehen, wenn das Baby da ist.

»Das hat Maria mir auch versprochen. Sie hat es nie getan. Jetzt erwartet sie ihr zweites Kind. Hast du das etwa auch vor? Ein Kind nach dem anderen in die Welt setzen?«

»Nein, Mama. Ich verspreche dir, ich werde wieder zur Schule gehen. Ich weiß, es wird hart werden. Aber ich bin fest entschlossen.«

»Wird Sabelo es denn erlauben?«

»Wenn nicht, werde ich ihn verlassen. Ich will die Schule abschließen, um jeden Preis.«

Mama nimmt mich in die Arme. »Ich freue mich, daß du das sagst, mein Kind. Ich werde dir helfen, das Baby zu versorgen. Und ich werde so viel wie möglich sparen, um sicherzustellen, daß wir das Schulgeld bezahlen können, wenn du wieder zurückgehst.«

»Nein, Mama«, sage ich. »Ich bezahle das Schulgeld selbst.«

»Wie denn?«

»Ich suche mir einen Job.«

Ich finde Arbeit in der Nähe der Fiberglasfabrik, in der Florah gearbeitet hat, als sie mit Angie schwanger war. Zandile hat mir den Job vermittelt, sie arbeitet da. Zandile ist nach einer Fehlgeburt zum zweitenmal schwanger. Wir sind die einzigen Arbeiterinnen in einem großen Schuppen, der einem Italiener gehört. Dort stehen zwei riesige Maschinen, mit denen Plastikbehälter und Plastikkämme hergestellt werden.

Unser Arbeitsplatz ist sehr primitiv. Es gibt nicht einmal Stühle. Bei der Arbeit sitzen wir auf runden, verrosteten Blechtonnen. Unsere gefährliche Aufgabe besteht darin, überstehende Ränder von Plastikflaschen zu entfernen, die mit hoher Temperatur und rasender Geschwindigkeit aus der Maschine kommen. Unser Arbeitstag beginnt um sechs Uhr morgens und endet um fünf Uhr nachmittags mit einer Mittagspause von nur einer halben Stunde.

In der Halle ist es extrem heiß, und die Lüftung funktioniert nur schlecht. Wir tragen weder eine Staubmaske noch Handschuhe. Die Dämpfe, die aus der Maschine kommen, sind manchmal unerträglich, und meine Hände tun weh vom Umgang mit dem heißen Plastik. Mein Rücken schmerzt auch schon vom krummen Sitzen. Und für all die Mühsal bezahlt man uns fünfundsiebzig Rand die Woche.

»Ich wünschte, ich wäre wieder in der Schule«, sage ich eines Tages während der Mittagspause zu Zandile.

»Ich auch«, sagt sie und streckt sich.

»Ich gehe wieder hin, sobald das Baby da ist.« Meine Stimme klingt fest entschlossen.

»Das würde ich auch gern, aber ich habe Schwierigkeiten zu Hause«, sagt Zandile niedergeschlagen.

»Wieso?«

»Meine Mutter schlägt mich«, erwidert Zandile.

Mir sind die blauen Flecken an ihrem Hals und an ihren Armen schon aufgefallen.

»Sie ist wütend auf mich, weil ich von Buti schwanger bin. Sie haßt Butis Mutter.«

»Liebst du Buti?«

»Ich glaube schon, obwohl er ganz schön anstrengend sein kann. Aber er ist der einzige Mann, mit dem ich je geschlafen habe, und er ist der Vater von meinem Baby.«

»Glaubst du, er wird dich heiraten?« Sie tut mir unglaublich leid, aber ich weiß nicht, wie ich ihr helfen kann.

»Er sagt, er würde es gerne, aber seine Eltern erlauben es nicht.«

»Warum nicht?«

»Seine Mutter mag mich nicht. Sie meint, er hat etwas Besseres verdient. Sie behauptet, ich sei nur hinter seinem Geld her, weil er einen guten Job hat. Dabei bin ich diejenige, die ihn durchfüttert. Seit dem *Mzabalazo* hat er angefangen zu trinken.«

»Ich verstehe dich nicht. Buti müßte dich doch unterstützen, vor allem jetzt, wo du schwanger bist!«

»Meine Mutter verlangt von mir, daß ich ihr meinen Lohn gebe. Wenn ich es nicht tue, schlägt sie mich. Dann laufe ich zu Buti. Aber er will auch nur mein Geld. Ich weiß gar nicht mehr, was ich tun soll.«

Tränen brennen in meinen Augen. Zandile ist einer der liebenswertesten und freundlichsten Menschen, die ich kenne. Sie ist gottesfürchtig, treu und fleißig. Aber ihr ergeht es so wie vielen Frauen: Ihr Schicksal wird von den Verwandten ihrer Ehemänner und Freunde bestimmt.

»Vielleicht solltest du dir eine eigene Wohnung suchen«, schlage ich vor. »Du verdienst genug, um auf eigenen Füßen zu stehen. Du bist nicht auf einen nichtsnutzigen Mann angewiesen.«

»Buti hat mir angedroht, mich zu verprügeln, wenn ich ihn verlasse. Ich wünsche mir oft, mein Vater wäre noch am Leben. Er war der einzige, der mich je geliebt hat.«

Ich erinnere mich, wie nett und fürsorglich Zandiles Vater war, und auf welch grausame Art er ums Leben gekommen ist. Er war Diakon und später Pfarrer in Mamas Kirche und ein außergewöhnlicher Mann. Er tat ohne zu Murren alles, worum seine Frau ihn bat, so daß die Leute schließlich glaubten, sie hätte ihn verhext. Eines Tages, als Zandiles Mutter sturzbetrunken war, bekam sie einen Tobsuchtsanfall und behauptete, er würde sie mit anderen Frauen betrügen. In ihrer Wut hat sie ihn mit Paraffin übergossen und angezündet. Seit seinem Tod läßt diese wahnsinnige Frau ihren Zorn an Zandile aus, die ebenso sanft und friedfertig ist wie ihr Vater. Sie schlägt ihre Tochter regelmäßig, oft mit einem Stück Schlauch. Selbst während Zandiles erster Schwangerschaft wurde sie regelmäßig von ihrer Mutter verprügelt. Sie hatte schließlich eine Fehlgeburt.

Zandile umarmt mich. »Mach dir keine Sorgen um mich, Miriam. Ich werde schon überleben.«

Eines Montagmorgens gehe ich zu ihrem Haus in der 11th Avenue, um sie zur Arbeit abzuholen. Sie hockt vor der Hütte, in der sie mit Buti wohnt, und weint. Ihre wenigen Habseligkeiten liegen auf der ganzen Straße verstreut. Ihre Augen sind geschwollen, ihre Kleider zerrissen.

»O mein Gott, was ist denn mit dir passiert?«

»Buti hat mich verprügelt.«

»Weswegen?« frage ich wütend.

»Ich habe getan, was du mir vorgeschlagen hast«, schluchzt Zandile. »Ich habe mich geweigert, ihm meinen Lohn zu geben. Ich habe gesagt, ich brauche das Geld, um mir neue Unterwäsche und Umstandskleider zu kaufen. Da ist er wütend geworden und hat mich geschlagen. Und weißt du was?«

»Was denn?«

»Seine Mutter und seine Großmutter haben ihn auch noch angefeuert. Sie haben ihm befohlen, mich aus dem Haus zu werfen.«

Ich helfe Zandile, die Sachen einzusammeln. »Ich bringe dich nach Hause. Du mußt dich ausruhen. Ich gehe allein zur Arbeit. Ich sage dem Italiener, daß du krank bist.«

»Das geht nicht. Er wird mich feuern. Und ich brauche den Job. Ganz besonders jetzt.«

Ich begleite Zandile zum Haus ihrer Mutter, wo sie ihre Sachen abstellt. Dann gehen wir zusammen den weiten Weg zur Arbeit. In der Mittagspause bricht Zandile in Tränen aus.

»Das Leben ist so schwer, Miriam«, sagt sie. »Manchmal möchte ich am liebsten aufgeben.«

»Tu das nicht«, sage ich. »Du schaffst es schon. Spar dein Geld, und sobald das Baby da ist, gehst du wieder zur Schule. Du bist eine gute Schülerin. Mach deinen Abschluß, dann findest du auch einen guten Job.«

»Du hast Glück, weil du eine Mutter hast, die dich unterstützt«, sagt Zandile. »Ich nicht. Ich bin ganz allein.«

Zandile hat recht. Es ist ein großes Glück, daß Mama mir unter die Arme greift. Deswegen will ich sie nicht noch einmal enttäuschen. Ich habe genug Geld gespart, um die Sachen für mein Baby zu bezahlen, um Bücher und eine Schuluniform zu kaufen und um das Schulgeld zu entrichten. Ich möchte Mama nicht mit der Verantwortung belasten, auch noch für mein Baby sorgen zu müssen.

36

Ich bin am Boden zerstört. Das Geld, das ich über ein Jahr lang mühsam in meinem Sparschwein gespart habe, ist verschwunden. Irgend jemand muß mein Versteck im Kleiderschrank ausfindig gemacht und meine gesamten Ersparnisse gestohlen haben, während ich arbeiten war. Aber ich glaube, ich weiß, wer der Übeltäter war.

»Warum hast du mein Geld gestohlen?« sage ich George direkt auf den Kopf zu, als er abends vom Tennisspielen nach Hause kommt.

Er wird rot und weicht meinem Blick aus. »Tut mir leid, Schwester«, antwortet er zerknirscht, »aber ich brauchte es ganz dringend.«

»Wofür?«

»Um das Schulgeld zu bezahlen und um Bücher zu kaufen. Du weißt doch, daß ich dieses Jahr meinen Abschluß machen will. Und ich bin seit Monaten vergeblich auf der Suche nach einem Job. Die Weißen stellen nun mal keine jungen Männer aus Alexandra ein. Sie halten uns alle für Comrades und Unruhestifter.«

»Warum hast du mich nicht einfach gefragt? Du weißt doch, daß ich dir ausgeholfen hätte.«

»Es tut mir wirklich leid,« sagt George. »Ich zahle es dir zurück, sobald ich einen Job habe.«

Ich weiß nicht, ob George die Wahrheit sagt, aber da ich

nicht das Gegenteil beweisen kann, muß ich ihm wohl glauben. Dennoch bin ich tief gekränkt. In meinem Sparschwein müssen an die hundert Rand gewesen sein, und ich benötige das Geld, um die Klinik und die Krankenschwestern zu bezahlen. Bis zur Geburt des Babys ist es nicht mehr so lange hin, und ich habe keinen Penny.

Sabelo hat versprochen, mir ein bißchen Geld zu geben, aber darauf kann ich mich nicht verlassen; vielleicht ändert er auch wieder seine Meinung, wie es bei vielen Männern der Fall ist, wenn das Baby erst mal da ist. Ich muß wieder ganz von vorne anfangen zu sparen.

Ich mache mir große Sorgen um die Gesundheit meines Babys. Ich achte genau darauf, was ich esse, und ich sorge dafür, daß ich genügend Ruhe finde trotz meiner langen Arbeitszeit, außerdem gehe ich beinahe wöchentlich zur Untersuchung ins Krankenhaus. Zweieinhalb Monate vor dem Entbindungstermin geben sie mir bei einer Untersuchung hundert Tabletten, von denen ich täglich drei Stück einnehmen soll.

»Wofür sind die?« frage ich die Schwester.

Sie starrt mich wütend an. Das Zimmer ist überfüllt mit Patienten. Die Krankenschwester schnauzt genervt. »Jedesmal, wenn du kommst, löcherst du mich mit Fragen. Glaubst du etwa, ich habe immer nur für dich Zeit? Du siehst doch, daß du nicht die einzige Patientin bist.«

Ich sehe zwar ein, daß die Frau viel zu tun hat, aber ich habe nun mal etwas gegen Tabletten. Außerdem möchte ich wissen, was ich zu mir nehme. Und eine Frage wird ja wohl noch erlaubt sein.

Ich stecke die Tabletten dann aber doch wie befohlen ein, ohne die geringste Ahnung, wofür sie gut sein sollen. Von den Tabletten wird mir schlecht. Außerdem fühle ich mich ganz schwach. An manchen Tagen möchte ich am liebsten gar nicht aufstehen. Ich habe aber Angst, meinen Arbeitsplatz zu verlieren, weil ich noch nicht genug gespart habe, um richtig für das Baby sorgen zu können. Ich setze die Tabletten ab. Sofort geht es mir wieder besser. Und ich kann auch weiter arbeiten.

Zandile hat eine Totgeburt. Die Eltern von Buti sind erleichtert. Bedeutet es doch, daß es nun nichts gibt, womit sie Buti an sich binden kann. Zandile ist in Tränen aufgelöst. Sie hätte das Baby so gerne bekommen. »Ich weiß nicht, was mit mir nicht stimmt. Ich muß verhext sein.«

»Es ist doch nicht deine Schuld«, beruhige ich sie. »So sehr, wie du unter Streß stehst. Außerdem wirst du dauernd grün und blau geschlagen.«

»Vielleicht ist es ja auch besser so«, seufzt Zandile. »Jetzt kann ich wenigstens wieder zur Schule gehen, ohne mir dauernd überlegen zu müssen, wer sich um das Baby kümmert. Außerdem wollte es sowieso niemand außer mir haben.«

Zandile geht ab Januar 1987 wieder zur Schule. Sie bleibt auch mit Buti zusammen, der immer brutaler wird und sie regelmäßig verprügelt. Sie bringt offensichtlich nicht den Mut auf, ihn zu verlassen. Sie unterstützt mich sehr in meinem letzten Stadium der Schwangerschaft, als meine Angst vor den Geburtsschmerzen zunimmt. Ich bin fast vierzig Pfund schwerer geworden und immer schnell erschöpft, aber ich weigere mich, kürzer zu treten. Die komischen Tabletten habe ich längst weggeworfen. Wenn die Krankenschwestern mich fragen, ob ich sie regelmäßig nehme, belüge ich sie einfach und sage ja.

Kurz darauf besuchen uns zwei Weiße, ein seltener Anblick. Die Nachbarn lugen neugierig durch die Fenster und treten vor die Tür, um das Phänomen in Augenschein zu nehmen. Die weißen Männer sind mir zutiefst suspekt, besonders der große Dunkelhaarige, der mit deutlichem Afrikaans-Akzent spricht. Er erinnert mich an die Polizisten, die uns während der Paß-Razzien terrorisiert haben. Aber mein Mißtrauen legt sich, als die beiden sich vorstellen. Der Bure heißt Gary Beukes und ist der Geschäftsmann, für den Florah zur Zeit als Sekretärin arbeitet. Der andere ist ein Amerikaner namens Lyston Peebles, der wichtige Nachrichten von Johannes und ein Paket von ihm mitgebracht hat.

Lyston berichtet uns, daß Johannes von New York nach

High Point in North Carolina umgezogen ist und daß *Kaffern Boy* gerade erschienen ist. Während Lyston spricht, fällt mir auf, wie Garys Blick über unsere Hütte schweift. Er scheint verblüfft zu sein, daß sie so klein und armselig ist. Lyston erzählt dann, wie tief *Kaffern Boy* ihn berührt hat, besonders die Schilderung, wie Mama in ihrem unbeugsamen christlichen Glauben aller Not getrotzt hat.

»Ich bin auch Christ«, fährt Lyston fort und fügt hinzu, daß er nach Alexandra gekommen ist, um sich mit eigenen Augen von den im Buch beschriebenen fürchterlichen Zuständen zu überzeugen. Er ist Vorsitzender einer Stiftung, die sich zum Ziel gesetzt hat, schwarzen Südafrikanern bei der Verbesserung ihrer Lebensumstände zu helfen.

Gary räumt ein, nie zuvor in Alexandra gewesen zu sein, obwohl er gerade mal zehn Meilen entfernt wohnt und sogar einen Freund im Township hat. Er zeigt sich schockiert über das Elend im Township und verspricht, die Mitglieder seiner Kirche über die Bedingungen im Ghetto aufzuklären, in der Hoffnung, daß sie etwas unternehmen, um eine Änderung der Situation herbeizuführen. Ob es mehr Buren gibt, die so sind wie er?

Das Paket aus Amerika enthält eine allerliebste Wanduhr in Form eines Schwans, der stündlich mit den Flügeln schlägt. Lyston hat außerdem Fotos und einige Briefe von Johannes bei sich. Papas Augen leuchten auf, als Lyston ihm das Geld überreicht, das Johannes zu schicken versprochen hatte.

»Ihr Sohn hofft sehr, daß Sie ihn bald in Amerika besuchen können.«

»Sagen Sie ihm, daß ich jeden Tag bete, daß dieses Wunder geschieht.«

Gary und Lyston gehen wieder. Der Brief wird im Beisein der ganzen Familie geöffnet. Darin empfiehlt Johannes unseren Eltern, den größten Teil des Geldes zurückzulegen und nur für Schulsachen und Notfälle auszugeben. Außerdem liegt für jeden einzelnen eine Hundert-Rand-Note bei. Papa sind die hundert Rand zu wenig. Das verstehe ich nicht ganz, da es das Zehnfache dessen ist, was er in einer Woche verdient.

»Ich bin kein Kind. Ich brauche das Doppelte.«

»Wofür brauchst du es denn, Mr. Mathabane?« fragt Mama gut gelaunt.

»Das geht nur mich etwas an«, erwidert Papa. »Vergiß nicht, daß Johannes mein Sohn ist.«

Mama muß lachen. »Aha. Jetzt, wo er arbeitet und einen Haufen Geld verdient, ist er also dein Sohn? Ich kann mich noch gut daran erinnern, wie du dich geweigert hast, das Schulgeld oder die Bücher für ihn zu bezahlen. Erinnerst du dich noch, wie du mich ausgeschimpft hast, als ich ihm erlaubt habe, nach Amerika zu gehen? Hast du das alles schon vergessen?«

»Hör auf, mich zu belehren, Frau, und gib mir das Geld.«

Mama gibt nach und hält Papa zweihundert Rand hin. Ich benutze meine hundert Rand, um endlich das lang ersehnte Konto bei der First National Bank zu eröffnen. Mama bittet George, sie zur Bank zu begleiten, damit sie auch ein Konto einrichten kann, um die verbliebenen tausendneunhundert Rand einzuzahlen. Von einem Teil des Geldes läßt Mama Telefon legen.

»Endlich brauchen wir nicht mehr die Nachbarn zu bitten, uns ihr Telefon benutzen zu lassen«, bekräftigt Maria.

»Und Johannes kann uns immer anrufen«, freut sich Mama.

»Wie wär's denn mit einem Fernsehgerät?« will George wissen.

»Was soll damit sein?« gibt Mama zurück.

»Es wird höchste Zeit, daß wir mal eins bekommen.«

»Brauchen wir denn wirklich eins?« Mama hält noch immer nicht sehr viel von dem Gedanken.

»Auf jeden Fall, Oma«, meldet sich Angie.

»Und sie bringen wunderbare Shows«, stimmt Given ein.

Da läßt sie sich doch erweichen. »Also gut, ich kaufe eins von dem zurückgelegten Geld.«

»Aber wir haben doch gar keinen Strom«, gibt Diana zu bedenken.

»Dann benutzen wir eben einen Generator wie die Sitholes«, schlägt Florah vor.

Die Sitholes sind unsere Nachbarn. Sie sind die einzigen im ganzen Viertel, die einen Fernseher besitzen. Angie und Given betteln Mama dauernd um die fünfundzwanzig Cents an, die sie den Sitholes bezahlen müssen, wenn sie sich ihre amerikanische Lieblingsserie »Mr. T and Tina« ansehen wollen, die auf Zulu synchronisiert ist.

»Wir können uns keinen Generator leisten«, erklärt Mama.

»Dann benutzen wir eben eine Batterie«, überlegt George.

Alle sind begeistert, bis auf Papa. Er hat während des ganzen Gesprächs ruhig dagesessen und zugehört. Schließlich sagt er seine Meinung. »Hat Johannes uns das Geld geschickt, um es für so unnützes Zeugs wie ein Fernsehgerät zu verschwenden?«

»Aber jede anständige Familie hat einen Fernseher«, gibt Florah zurück.

»So ein Ding macht doch nur Krach«, schimpft Papa. »So was kommt mir nicht ins Haus!«

»Warum läßt du den Kindern denn nicht ihren Willen, Jackson?« sagt Mama versöhnlich. »Ist es dir lieber, wenn sie ihr Geld zu den Sitholes tragen, um fernsehen zu können?«

Aber Papa bleibt hart. »Ich will keinen Fernseher in meinem Haus. Und das ist mein letztes Wort. Wenn ich hier einen Fernseher entdecke, werde ich ihn zertrümmern.«

»Weißt du was, Jackson?« entgegnet Mama. »Ich bin lange genug mit dir verheiratet, um zu wissen, daß du nur deshalb gegen den Kauf eines Fernsehers bist, weil du um deine Autorität fürchtest. Hättest du selber den Vorschlag gemacht, wäre alles in Ordnung. Aber nein, er kam von deinem Sohn, und deshalb mußt du dich dagegen auflehnen.«

»Du weißt doch gar nicht, wovon du redest«, knurrt Papa.

»Doch, das tue ich«, sagt Mama in einem Ton, als wäre sie ein Untertan, der dem König eine Bitte vorträgt. »Jackson, du bist der Haushaltsvorstand, und ich bitte dich, den Kindern die Anschaffung eines Fernsehers zu gestatten. Das wird sie endlich mal zu Hause halten.«

Mama kauft einen großen Schwarzweißfernseher. Papa macht seine Drohung nicht wahr, ihn zu zerschlagen, aber er besteht darauf zu bestimmen, wann er angeschaltet wird.

37

Einige Wochen später kehrt Mama von der Arbeit zurück und sagt: »Miriam, du wirst nicht glauben, was ich heute im Laden gesehen habe.«

Ich liege hochschwanger im Bett und drehe mich mühsam auf die Seite. »Und, was hast du gesehen?«

»Ich habe den schönsten Eßzimmertisch der Welt gesehen. Ganz aus Glas, nagelneu und unglaublich billig. Meinst du, ich soll ihn kaufen?«

»Wenn du meinst, daß wir ihn unbedingt brauchen.«

»Es war mir ganz peinlich, als Lyston und Gary uns besucht haben und es keinen Platz gab, wo wir ihnen hätten Tee servieren können. Und neulich hat Johannes mir erzählt, daß wegen seines Buches hin und wieder wichtige Besucher aus Amerika kommen werden. Wir brauchen dringend einen Platz, um ihnen Tee zu servieren. Das können wir Johannes nicht antun.«

»Du hast recht, Mama«, stimmt Maria zu. »Die Leute fragen sich bestimmt, warum wir immer noch in einer Hütte wohnen, wenn Johannes doch in Amerika ist.«

»Eines Tages werden wir ein anständiges Haus haben«, meint Mama. »Eins nach dem andern.«

Am nächsten Morgen begleite ich Mama zur Bank in Bramley. Die Zweigstelle ist vor allem mit Frauen überfüllt, die ängstlich ihre Sparbücher umklammern. Wir stellen uns in die Schlange, und als wir drankommen, bedient uns eine elegant gekleidete Schwarze mit einem zuvorkommenden Lächeln.

»Ich möchte gerne zweihundert Rand von meinem Sparbuch abheben«, erklärt Mama.

»Selbstverständlich«, sagt die Kassiererin, als Mama ihr das Sparbuch hinhält. Die Kassiererin prüft den Kontostand. Sie blättert schnell durch das Sparbuch. »Was sagten Sie gleich, wieviel Sie abheben wollen, Mrs. Mathabane?«

»Zweihundert Rand.«

»Tut mir leid, aber soviel ist nicht auf Ihrem Konto.«

Mama und ich sind wie vor den Kopf geschlagen. Mama fragt: »Haben Sie eben gesagt, soviel ist nicht auf dem Konto?«

»Ja. Es sind nur noch fünf Rand darauf.«

»Aber das ist unmöglich«, protestiert Mama mit weit aufgerissenen Augen. »Ich habe fast zweitausend Rand eingezahlt.«

Die Kassiererin überprüft noch einmal den Kontostand.

»Sie haben eintausendneunhundertundachtundneunzig Rand eingezahlt, aber fast die gesamte Summe wurde wieder abgehoben.«

»Abgehoben?«

»Ja.«

»Von wem?«

»Von Ihnen, Mrs. Mathabane.«

Mama schüttelt den Kopf. »Ich habe nichts abgehoben. Immer wenn ich herkomme, zahle ich nur etwas ein.«

Die Kassiererin zeigt uns das Sparbuch. »Bis jetzt haben Sie zehnmal etwas abgehoben. Und hier können Sie auch genau sehen, wann.«

Wir sehen es uns an. Es ist kein Irrtum. »Aber ich war nie bei der Bank, um etwas abzuheben«, beharrt Mama.

»Die Abhebungen wurden nicht bei uns gemacht, sondern an verschiedenen Geldautomaten. Dafür wurde die Scheckkarte benutzt.«

»Die was, bitte?«

Die Kassiererin erklärt Mama, was eine Scheckkarte ist. Mama beharrt darauf, daß sie nie an einem Geldautomaten gewesen ist, da sie gar keine Scheckkarte besitzt.

»Aber bei der Kontoeröffnung haben Sie eine erhalten, Mrs. Mathabane«, sagt die Kassiererin höflich. »Das steht hier jedenfalls.«

Plötzlich kapiere ich, was los ist. Ich könnte vor Wut heulen.

Schließlich dämmert es auch Mama. »O mein Gott!« schreit sie heraus. Sie starrt mich an. »Mein Gott! Jetzt erinnere ich mich. George wollte, daß ich die Karte nehme. Ich fand, ich bräuchte keine, weil ich nur sparen wollte und nichts abheben. Er muß das ganze Geld genommen haben. Ich erinnere mich, daß er meinte, ich soll einige Papiere unterschreiben.«

Als wir wieder zu Hause sind, stellt Mama George zur Rede. »Wie konntest du mir das nur antun, mein Sohn?«

»Ich brauchte das Geld, Mama«, sagt er mit derselben betretenen Miene, die er auch an den Tag legte, nachdem er mein Sparschwein geplündert hatte. »Ich wußte genau, daß du es mir nicht gegeben hättest, wenn ich dich gefragt hätte.«

»Wofür hast du es denn so dringend gebraucht?«

»Ich stehe kurz vor der Reifeprüfung und muß mir dann einen Job suchen«, erwidert George. »Ich will einen guten Eindruck machen, wenn ich zu Bewerbungsgesprächen gehe. Deshalb habe ich mir einige Anzüge, Krawatten und ein paar Schuhe gekauft.«

»Aber du hast doch immer gesagt, die Weißen, mit denen du Tennis spielst, würden dir diese Dinge geben.«

George lächelt nervös. »Ich habe gelogen.«

»Weißt du, was mir daran weh tut, Sohn?« Mama klingt ganz traurig, sie ist auch gar nicht mehr wütend auf George, nur enttäuscht. »Nicht so sehr, daß du mit dem Geld Kleidung kaufst, sondern daß du es einfach stiehlst. Stehlen verstößt gegen die Gebote des Herrn.«

»Ich zahle es zurück, sobald ich eine Arbeit habe.«

Als Papa Wind von der Sache bekommt, ist er sauer. »Wie

kannst du es wagen, deiner armen Mutter Geld zu stehlen?«

»Ich habe es nicht gestohlen«, gibt George selbstbewußt zurück. »Ich habe es genommen, weil das Geld in diesem Haus nur Ärger macht. Seit Johannes Mama Geld schickt, bist du dauernd hinter ihr her deswegen. Du hast ihr sogar gedroht, sie zu verprügeln, wenn sie es nicht rausrückt. Jetzt habt ihr auf jeden Fall keinen Grund mehr, euch zu streiten.« Ich bin sehr erstaunt darüber, daß mein Bruder noch nicht einmal ein schlechtes Gewissen hat. Aber irgendwie paßt es auch zu ihm.

»Du verdammter Dieb.«

»Was bildest du dir ein, mich einen Dieb zu nennen?« Er hat keine Angst vor Papa. »Wer bist du denn? Du tust doch nichts anderes, als das Haushaltsgeld zu versaufen und zu verspielen. Ist das vielleicht kein Diebstahl?«

Papa hat keine Argumente mehr, so bleibt ihm nur noch zu fluchen: »Eines Tages dreh ich dir den Hals um.«

»Da mußt du aber ein bißchen früher aufstehen«, blafft George frech zurück.

Einige Tage nachdem George das Konto geplündert hat, kommt Florah aufgeregt von der Arbeit nach Hause. »Wir fahren nach Amerika«, schreit sie. »Wir fahren nach Amerika.«

»Wovon redest du?«

»Ich hab es doch gesagt. Wir fahren nach Amerika.«

»Hör auf herumzuspinnen. Worauf willst du hinaus?«

»Johannes hat mich heute nachmittag auf der Arbeit angerufen«, erklärt Florah. »Er möchte, daß die ganze Familie ihn in Amerika besucht.«

Alle sind wie benommen. Nach Amerika fahren! Johannes das erste Mal seit fast zehn Jahren wiedersehen!

»Wann?« will ich wissen.

»In ein paar Wochen«, erwidert Florah.

»Bist du sicher, daß wir alle kommen sollen?« erkundigt sich Mama.

»Na klar«, bestätigt Flora. »Und Granny auch.«

»Wie kann er sich das nur leisten?« Mama ist trotz aller Freude mal wieder besorgt.

»Ich habe euch doch gesagt, daß er jetzt reich ist«, mischt sich George ein.

»Er ist nicht reich«, gibt Florah zurück. »Eine berühmte Amerikanerin namens Oprah Winfrey hat ihm geholfen. Sie wird die Tickets bezahlen.«

»Meinst du etwa die bekannte Talkmasterin?« fragt Maria.

»Ja. Sie hat *Kaffern Boy* gelesen und war sehr beeindruckt.«

»Gott segne Mrs. Oprah Winfrey«, sagt Mama gerührt.

»Wann geht's denn los?« George ist jetzt schon ganz ungeduldig.

»Sobald wir Pässe und Visa haben. Gary hat versprochen, uns dabei zu helfen. Er kommt demnächst vorbei, um alles mit uns zu besprechen.«

»Können wir denn überhaupt mitfahren?« frage ich. »Ich kann jeden Tag mein Baby bekommen. Und Maria auch.«

»Ich weiß nicht genau«, erwidert Florah. »Da muß ich Gary fragen.«

»Ich glaube nicht, daß schwangere Frauen fliegen dürfen«, wendet Mama ein. »Stell dir bloß vor, die Wehen setzen im Flugzeug ein.«

»Mama hat recht«, pflichtet ihr George bei.

Ich bin todunglücklich. Nie habe ich mehr bereut, schwanger geworden zu sein. Aber ich versuche, es mir nicht ansehen zu lassen.

»Dann bleibe ich eben hier. Außerdem möchte ich Johannes nicht in Verlegenheit bringen, indem ich schwanger und unverheiratet bei ihm auftauche.«

»Dann bleibe ich auch«, erklärt Maria mit Tränen in den Augen.

Plötzlich geht die Tür auf, und Papa kommt betrunken herein.

»Wir haben wunderbare Nachrichten von Johannes, Mr. Mathabane«, sprudelt Mama überschwenglich hervor.

»Hat er wieder Geld geschickt?«

»Nein. Er hat uns nach Amerika eingeladen.«

»Da fahre ich nicht hin«, erwidert Papa trotzig. »Gib mir mein Essen.«

Alle Augen richten sich auf Papa. Ich gehe zum Herd und stelle das warme Abendessen, *Pap* und *Vleis*, vor ihn auf den Küchentisch.

»Warum willst du denn deinen Sohn nicht besuchen?« will Mama wissen. »Du hast ihn doch schon fast zehn Jahre nicht gesehen.«

»Er ist nicht mein Sohn. Wäre er mein Sohn, würde er mir Geld schicken, anstatt es den Weißen zu geben.«

»Wovon redest du überhaupt?« fragt Mama verärgert.

»Wo kommt dieser Gary eigentlich her?« fragt Papa. »Seit wann helfen Weiße den Schwarzen? Dieser Gary ist nur hinter unserem Geld her, sage ich euch.«

»Was für eine absurde Idee«, erwidert Mama. »Gary ist Christ. Florah arbeitet bei ihm. Er will uns einfach nur helfen. Weißt du eigentlich, wie schwer es für Schwarze ist, an einen Paß zu kommen? Hast du schon die Rennerei vergessen, als du dein Paßbuch verloren hattest und dir ein neues besorgen mußtest? Dauernd solltest du irgendwelche Papiere und Bestätigungen nachliefern.«

»Ich fahre nicht nach Amerika. Schluß aus.«

38

Am Morgen des dritten Mai erwache ich mit fürchterlichen Rückenschmerzen. Ich messe ihnen zunächst keine große Bedeutung bei und führe sie darauf zurück, daß ich mich auf dem harten Betonboden verlegen habe. Doch als ich das Frühstück bereiten will, spüre ich plötzlich, wie mir eine warme Flüssigkeit an den Beinen herunterläuft.

»Mama! Mama! Das Baby!«

Mama kommt aus dem Schlafzimmer gelaufen. »Was ist los?«

»Das Baby kommt schon!«

Mama lächelt. »Keine Angst. Die Fruchtblase ist geplatzt. Wir müssen dich jetzt sofort ins Krankenhaus bringen.«

Mama eilt nach draußen und treibt ein Taxi auf. Ich habe solche Angst und sehne mich danach, jemanden bei der Geburt dabeizuhaben. Aber die Vorschriften des Krankenhauses erlauben es nicht, außer der Krankenschwester darf während der Geburt niemand bei der Mutter sein.

Um kurz nach sieben sind wir dort. In den Fluren wimmelt es von Patienten. Obwohl schon die ersten Wehen einsetzen, muß ich erst noch eine Stunde lang Papiere ausfüllen, bevor ich aufgenommen werde. Dann steckt man mich in ein Zimmer mit noch fünf anderen werdenden Müttern, alles ältere Frauen.

Die Frauen jammern und schreien bei jeder Wehe und winden sich auf den schmalen Liegen. Es gibt nur eine Krankenschwester und keinen Arzt. Daran, wie sie die Frauen anschreit, kann ich ablesen, daß sie mit den Nerven bereits völlig am Ende ist.

»Hört endlich auf mit dem Geschrei! Was müßt ihr auch schwanger werden, wenn ihr die Geburtsschmerzen nicht aushaltet!«

Als wieder eine Wehe einsetzt, beiße ich die Zähne zusammen. Am liebsten möchte ich schreien, was die Lungen hergeben, weil die Schmerzen unerträglich werden. Aber ich erinnere mich an eine Redensart von Mama, die mir schon während meiner Vorbereitung auf die Initiation geholfen hat: Eine starke Frau sein heißt, Schmerzen ertragen zu können. Außerdem würde ich mir durch das Geschrei nur den Zorn der genervten Krankenschwester zuziehen.

Die Wehen kommen und gehen in gleichmäßigen Abständen. Ich atme tief durch, wie Mama es mir empfohlen hat. Ich habe Hunger, aber die Krankenschwester hat gleich bei der Einweisung gesagt, daß wir während der Geburt nichts zu essen bekommen. Ich habe auch Durst, aber ich traue mich noch nicht mal, nach Wasser zu fragen. Die fünf anderen Frauen hören nicht auf zu wimmern und zu schreien.

»Pressen! Immer pressen!« blafft die Krankenschwester.

Das Gesicht einer der Frauen ist schmerzverzerrt. Ihr Baby hat sich in Steißlage gedreht. Aber es gibt keinen Arzt. Die Krankenschwester tut, was sie kann. Schließlich kommt das Baby, mit den Füßen zuerst. Das Baby einer anderen Frau schreit nicht, obwohl es einen Klaps auf den Hintern bekommt. Es ist eine Totgeburt. Die Mutter weint hemmungslos, als sie aus dem Zimmer gefahren wird, um einer anderen werdenden Mutter Platz zu machen.

Mein Baby ist sehr groß. Mein Damm reißt ein, als der Kopf austritt. Außerdem hat sich die Nabelschnur um den Hals des Babys gewickelt, und sein Gesicht ist ganz blau angelaufen. Es schreit auch nicht, als die Krankenschwester ihm einen Klaps auf den Po gibt. Tränen schießen mir in die Augen. Ich habe Angst, daß es tot ist. Die Krankenschwester gibt ihm noch einen Klaps, und endlich schreit es los. Jetzt weine ich vor Freude.

Es ist ein Junge.

»Haben Sie schon einen Namen ausgesucht?«

»Sibusiso«, antworte ich. Ein Geschenk Gottes. Ich möchte Sibusiso endlich in die Arme nehmen, aber die Krankenschwester läßt mich nicht. Sie ist ziemlich panisch. Hektisch versucht sie, meinen Dammriß zu nähen, aber es gelingt ihr nicht. Die Wunde ist ziemlich groß und blutet heftig. Jetzt wäre dringend ein Arzt nötig. Ich werde in einen Krankenwagen verfrachtet und in einer dreißigminütigen Fahrt zum Tembisa-Krankenhaus gebracht.

Dort ist es noch überfüllter als in Alexandra. Wir kommen kurz nach eins an. Ich bin schon völlig weggetreten vor Hunger und noch immer sehr erschöpft von der Geburt. Dennoch bekomme ich nichts zu essen, das Mittagessen dort ist schon vorbei. Zum Glück hat eine der Frauen, mit denen ich im Zimmer liege, von ihrem Mittagessen noch eine Apfelsine und eine Banane übriggelassen. Nach fünfzehn Stunden bekomme ich den ersten Bissen zwischen die Zähne.

Die wenigen Ärzte eilen von einem Notfall zum nächsten. So wird es fast fünf Uhr nachmittags, bis ich endlich untersucht und genäht werde. Als ich da liege und auf die Erlaubnis warte, meinen Sohn sehen zu dürfen, wird mir endgültig klar, warum die Apartheid so schlimm ist.

In den Krankenhäusern der Weißen bemühen sich Ärzte um die Patienten; weiße Frauen bringen ihre Babys unter besten hygienischen Bedingungen zur Welt. Nach den Erzählungen einer Tante, die als Putzfrau in einem weißen Krankenhaus arbeitet, werden den Frauen dort sogar Rückzugsräume zugestanden, in denen sie sich mit ihren Männern aufhalten können. Wir schwarzen Frauen werden dagegen zusammengepfercht wie die Tiere. Es interessiert niemanden, ob wir leben oder sterben, und unsere Babys sind ihnen auch egal.

Ich werde am Tag darauf entlassen, obwohl ich mich vor Schmerzen kaum bewegen kann und mich noch kein bißchen erholt habe. Das Bett wird schon wieder für die nächste Frau gebraucht. Auf dem Nachhauseweg gelobe ich, daß ich unter solchen Bedingungen nicht noch ein Kind zur Welt bringen werde. Ich bin entschlossener als je zuvor, wieder zur Schule zu gehen, um eine Ausbildung zur Krankenschwester machen zu können. Immerhin habe ich gerade am eigenen Leib erfahren, wie hoch der Bedarf an engagierten Krankenschwestern ist, die sich trotz Streß und Überarbeitung noch bewußt sind, daß ihre Patienten menschliche Wesen sind und kein Abfall.

Zwei Wochen lang muß ich zu Hause bleiben und mich schonen. Solange ich im Wochenbett liege, ist Sibusiso für seinen Vater und Fremde tabu, und zwar bis zur Tauffeier. Ich nenne mein Baby Mark nach meinem Bruder Johannes, der 1976 diesen Vornamen angenommen hat, um sich den Behörden bei ihrer Jagd auf die Teilnehmer des Schüleraufstands zu entziehen. Mein Kind bekommt seinen Namen, weil mein großer Bruder mich dazu ermutigt hat, nach meiner Schwangerschaft wieder zur Schule zu gehen. Außerdem hat er mir angeboten, die Kosten für meine Ausbildung zu übernehmen. Auf diese Weise will ich ihm danken.

Sabelo kommt vorbei, um seinen Sohn zu sehen. Er findet es ganz aufregend, Vater zu sein. Er überreicht mir dreißig Rand für Windeln und andere Babysachen und will mir in Zukunft noch mehr geben.

»Ich werde hart arbeiten, um dich und das Baby zu unterstützen«, verspricht er.

Ich muß lächeln. Vielleicht habe ich mich doch in ihm getäuscht.

»Glaubst du, ich kann mir Hoffnungen machen?« will er wissen.

»Hoffnungen worauf?« Ich kann ihm nicht ganz folgen.

»Daß wir beide heiraten.«

»Dafür bin ich noch zu jung«, erwidere ich.

»Du bist achtzehn, und ich bin zweiundzwanzig«, beharrt er. »Es gibt Leute, die heiraten, obwohl sie noch jünger sind als wir.«

»Gary meint, daß du mit nach Amerika kommen kannst«, eröffnet mir Florah eines Nachmittags. »Ich habe mit ihm gesprochen. Seiner Ansicht nach kannst du mit einem drei Wochen alten Baby reisen.«

Ich traue meinen Ohren nicht. Jetzt werde ich doch noch nach Amerika kommen.

»Und was ist mit mir?« fragt Maria.

»Gary sagt, du kannst auch mitkommen. Aber ihr müßt euch schleunigst um Pässe kümmern.«

Am nächsten Tag fahren Maria und ich in die Innenstadt von Johannesburg. Wir gehen zur Paßstelle in der Harrison Street. Eine unfreundliche weiße Frau mit einem starken Afrikaans-Akzent fragt uns aus. »Wofür wollt ihr die Pässe haben?«

»Um nach Amerika zu fahren.«

Sie sieht uns ungläubig an. »Was wollt ihr denn da?«

»Unseren Bruder besuchen.«

»Wie heißt der?«

»Johannes Mathabane.«

Die Frau steht auf und verschwindet hinter einer Tür. Kurz darauf kommt sie zurück und fragt noch einmal: »Was hast du gesagt, wie er heißt?«

»Johannes Mathabane.«

Die Frau verschwindet wieder.

»Du hast sie mißtrauisch gemacht«, flüstert mir Maria zu.

»Wieso denn?«

»Erinnerst du dich denn nicht, daß Johannes seinen Paß unter dem Namen Mark Mathabane beantragt hat?«

»Um Himmels willen!« rufe ich aus. Das habe ich ja ganz vergessen. Dabei hatte er den Paß hier in diesem Büro beantragt. Sie hätten ihm den Paß beinahe verweigert und ihn ins Gefängnis geworfen, hätten seine weißen Freunde sich nicht für ihn eingesetzt.

Würden sie uns nun auch die Pässe verweigern? Immerhin hat unser Bruder sich öffentlich gegen die Apartheid ausgesprochen und ein Buch über die Unmenschlichkeit dieses Systems geschrieben.

Die weiße Frau kehrt zurück. »Die Papiere sind noch nicht vollständig«, sagt sie und gibt uns eine Liste von den Dingen, die noch fehlen: Geburtsurkunden, eine Kopie von Mamas Aufenthaltserlaubnis, Schulbescheinigungen.

Zwei Tage später liefern wir die geforderten Unterlagen ab. Sie verschwindet wieder hinter der Tür und kommt nach einiger Zeit zurück. »Wir brauchen noch mehr Papiere«, behauptet sie.

»Was für Papiere?«

»Wir brauchen noch eine schriftliche Bestätigung eures Bruders, daß er euch wirklich eingeladen hat. Außerdem brauchen wir Mietquittungen von euren Eltern.«

Ich sehe Maria überrascht an. Als Gary die Pässe für die anderen Familienmitglieder beantragt hat, brauchte er nichts dergleichen. Wir kramen alle Mietbescheinigungen zusammen, die wir finden können. Wir rufen sogar für eine Menge Geld bei Johannes in Amerika an.

»Das überrascht mich nicht. Sie wollen verhindern, daß ihr kommt. Es gefällt ihnen gar nicht, daß ich *Kaffern Boy* geschrieben habe. Und da sie mich nicht erwischen können, weil ich in Amerika sitze, wollen sie eben euch bestrafen.«

Johannes schickt uns das erforderliche Fax. Endlich erklären sie sich einverstanden, unser Anliegen weiter zu bearbeiten. Die weiße Frau versichert uns, daß wir die Pässe haben werden, bevor die Familie nach Amerika aufbricht.

39

Während wir auf die Pässe warten, bemühe ich mich, den Bedürfnissen meines Babys gerecht zu werden. Es ist schwer, mit ihm auf dem Fußboden zu schlafen, eingequetscht zwischen all meinen Geschwistern. Ich schütze den Kleinen mit meinem Körper so gut es geht, damit sich keiner der Schlafenden auf ihn rollt. Ich wache regelmäßig mitten in der Nacht auf, um die Stoffwindeln zu wechseln und ihn zu stillen. Er hat einen gesunden Appetit.

Einmal die Woche bringe ich ihn in die Klinik, wo er seine Impfungen bekommt und wo die diversen Vorsorgeuntersuchungen durchgeführt werden. Das Schlangestehen in der sengenden Sonne strapaziert meine Geduld. Ich stehe früh auf, meist zwischen fünf und sechs Uhr, um bei den Ersten in der Schlange zu sein, doch selbst das ist keine Garantie für eine Behandlung. An manchen Tagen komme ich nicht dran, weil die Kleinkindabteilung schon am Mittag schließt. Dann muß ich am nächsten Tag noch mal hin. Andere Frauen bleiben einfach weg, und ihre Kinder werden dann eben nicht geimpft. Ich bin entschlossen, trotz der schwierigen Umstände keinen Impftermin auszulassen. Von wie vielen Krankheiten die Neugeborenen im Township befallen werden können, weiß ich nur zu genau. Nicht umsonst hat Alexandra mit die höchste Sterblichkeitsrate bei Kleinkindern im ganzen Land. Außerdem muß Sibusiso geimpft sein, wenn ich ihn nach Amerika mitnehmen will.

An den Tagen, an denen ich das Glück habe, bis zur Impfung und zur Untersuchung durchzukommen, wartet schon der bloße Schrecken in Person von Schwester Mary auf mich. Sie ist für die Neugeborenen zuständig und hat einen schlimmen Ruf, den sie sich im Laufe der Jahrzehnte, die sie schon im Krankenhaus beschäftigt ist, erworben hat.

Als ich mal wieder in einem überfüllten Raum zusammen mit einem Dutzend anderer junger Mütter warte, kann ich an ihren angsterfüllten Gesichtern ablesen, daß Schwester Mary die letzte ist, die sie in ihrer Nähe haben wollen. Ich verstehe auch sehr bald, warum. Sie kommt viel zu spät und völlig abgehetzt aus einem anderen Bereich des Krankenhauses und fängt sofort mit den Untersuchungen an.

Sie packt das erste Baby und hält es hoch. Es hat Untergewicht und ist schlecht ernährt. Man kann seine Rippen zählen, und der Bauch ist stark aufgebläht. »Das nennst du also ein Baby!« blafft Schwester Mary und schwenkt das Baby wie eine Stoffpuppe vor der Mutter hin und her. »Warum bekommst du ein Baby, wenn du dich nicht darum kümmern kannst? Es braucht was zu essen.« Schwester Mary gibt der Mutter das brüllende Baby zurück.

Sie packt sich ein anderes, das ziemlich krank aussieht und den Kopf hängen läßt. »Hast du dein Kind immer zum Impfen gebracht, wie ich es dir gesagt habe?«

Die Mutter antwortet kleinlaut: »Nein, habe ich nicht.«

»Sprich lauter, damit alle hören können, was für eine unverantwortliche Mutter du bist.« Schwester Mary ist jetzt richtig in Fahrt.

»Ich hab's nicht gemacht«, sagt die Frau jetzt ein bißchen lauter.

»Und warum nicht?«

»Ich hab's vergessen.«

»Und auf deiner Karteikarte steht, daß du schon wieder schwanger bist. Warum in aller Welt willst du noch ein Baby, wenn du dich schon um dieses hier nicht richtig kümmerst?«

Die Hälfte der Frauen kommt in den Augen von Schwester Mary nicht gut weg. Sie wollen nicht wiederkommen, denn sie fühlen sich gedemütigt. Ich bin dieses Mal noch davongekommen. »Die Schwester will doch nur das Beste für unsere Kinder«, versuche ich die anderen zu beruhigen.

Aber die Frauen halten mir ihre schlechten Lebensbedingungen entgegen. Sie müssen viel arbeiten, und von ihren Männern bekommen sie kaum Geld. Außerdem haben sie meistens noch weitere Kinder, die sie versorgen müssen.

Maria und ich sind todunglücklich. Auf dem Paßamt erklärt uns die Frau mit dem starken Afrikaans-Akzent, daß unsere Pässe nicht rechtzeitig fertig sein werden. Die Familie wird in zwei Tagen abreisen. Oprah Winfrey hat das Geld telegrafisch an Gary überwiesen, und er hat die Tickets schon gekauft.

Als Papa begreift, daß die Reise tatsächlich Realität wird, ändert er seine Meinung. Er erzählt Mama, daß er es sich anders überlegt hat und nun doch mitfahren will. »Jetzt ist es zu spät, Jackson«, klärt Gary ihn auf. »Du hättest mitfahren können, wenn du gleich zu Anfang einen Paß beantragt hättest.«

Gary lädt unsere komplette Großfamilie zu einer Abschiedsparty in sein Haus in der Nähe des Johannesburger Zoos ein. Granny, Tante Bushy, Onkel Cheeks, Grannys früherer Ehemann, der mittlerweile blind ist, Fikile und Onkel Piet sind alle versammelt. Papa ist immer noch sauer und weigert sich mitzukommen.

Wir schlagen uns bei einem großartigen, üppigen Abendessen den Bauch voll. Gary bietet den Schwimmern unter uns die Benutzung seines Swimmingpools an. Nur Angie, Given, Linah und Diana haben im Jukskei River schwimmen gelernt. Aber sie sind zu schüchtern, im Swimmingpool eines Weißen zu baden.

Nach dem Essen holt Mrs. Beukes uns auf die Veranda, um allen noch ein paar gute Ratschläge mit auf die Reise zu geben. Keiner aus unserer Familie ist bisher geflogen, und

Granny hat eine Heidenangst, besonders seit sie gehört hat, daß manche Leute sich beim Start des Flugzeugs übergeben müssen und daß den Flugzeugen dauernd der Sprit ausgeht und sie dann vom Himmel fallen.

Mrs. Beukes versichert uns, daß Flugzeuge in Wirklichkeit sicherer sind als Autos. Sie ermahnt alle, sich beispielhaft zu verhalten, vor allem gegenüber Oprah Winfrey, die auch in Südafrika sehr bekannt und beliebt ist. Dann macht sie uns noch mit ein paar Benimm-Regeln vertraut, damit »jeder als Botschafter Südafrikas auftreten kann«, wie sie sich ausdrückt. Sie klärt uns auf, wie man sich auf Englisch vorstellt, wie man am Tisch sitzt und mit Messer und Gabel umgeht. Zudem sollen wir uns nicht über Aufzüge, Toiletten mit Wasserspülung und Elektrizität wundern, die in Amerika gang und gäbe sind.

Ich könnte heulen bei all den Geschichten über Amerika. Wenn ich kein Baby gekriegt hätte, könnte ich jetzt auch mitfahren.

Als wir wieder zu Hause sind und alle gut gelaunt ihre Sachen packen, sitze ich in der Ecke und kämpfe mit den Tränen. Tags darauf erscheint Gary mit zwei Autos, um uns zum Flughafen zu bringen. Obwohl genug Platz für alle wäre, lehnen Maria und ich ab mitzufahren. Papa weigert sich auch. Wir gehen noch nach draußen und winken zum Abschied. Als die Autos abgefahren sind, gehe ich in unsere Küche und breche in Tränen aus.

In der Hütte ist es ganz still, ich fühle mich verlassen. Ich vermisse Diana, Linah, George, Florah und besonders Mama. Selbst Papa ist deprimiert. Er sitzt draußen in der Sonne und starrt in den Himmel. Jedesmal, wenn ein Flugzeug vorbeifliegt, zeigt er hinauf und sagt: »Da kommt das Flugzeug aus Amerika, mit Mama und allen anderen.«

Endlich erhalten wir einen Anruf aus New York. Der Flug war lang und aufregend. Keiner hat auch nur ein Auge zugemacht. Sie sind über ganz Afrika geflogen, in London war Zwischenlandung, und dann ging es über den Atlantik weiter nach New York. Sie wurden sogar schon von Fernsehteams erwartet, die das Wiedersehen mit Johannes auf dem überfüllten Flughafen filmen wollten.

Johannes hat auch allen seine Freundin Gail vorgestellt. Sie ist eine Weiße und genauso hübsch wie auf den Fotos, die er nach Hause geschickt hat. Dann hat er die Familie mit Oprah Winfrey bekannt gemacht, die wunderschön, elegant und unglaublich freundlich war und dafür gesorgt hat, daß sie in Luxuslimousinen ins Hotel Sheraton nach Manhattan gefahren wurden. Meine Familie ist in einem der schönsten und teuersten Hotels der Welt untergebracht.

Der Benimm-Kurs von Helen Beukes erweist sich als nützlich. Alle speisen fürstlich. Oprahs Freund war auch dabei, ein schlanker gutaussehender Mann namens Stedman Graham, den Florah absolut umwerfend findet. Nach dem Essen sind alle mit Beverly, Oprahs persönlichem Assistenten, in ein Kleidergeschäft namens Alexander's gefahren, wo sie komplett neu eingekleidet wurden. Die ganze Familie soll nach Chicago fliegen, um in Oprah Winfreys Talkshow aufzutreten, die in ganz Amerika ausgestrahlt wird.

Das Telefonat dauert fast zwei Stunden. Macht nichts, Oprah ist sehr reich und bezahlt alles. Sie wünschten sich so, daß Maria und ich bei ihnen sein und mit ihnen zusammen das großartige New York City ansehen könnten, all die Leuchtreklamen, den Broadway und die in Freiheit lebenden Schwarzen. Gegen Ende des Marathongesprächs, bei dem ich mit jedem einzelnen rede, sagt Mama, daß sie Maria und mich schrecklich vermißt.

»Du fehlst mir auch, Mama«, erwidere ich und kann meine Tränen kaum zurückhalten.

»Habt ihr alles, was ihr braucht?«

»Die Lebensmittel gehen uns langsam aus.«

»Mach dir keine Sorgen. Auf dem Weg zum Flughafen hat Gary in der 17th Avenue angehalten und uns seinem Freund Linda Twala vorgestellt. Kennst du den?«

»Ich habe schon mal von ihm gehört«, antworte ich.

»Er wird in den nächsten Tagen bei euch vorbeikommen und euch Geld geben. Johannes hat das mit ihm geregelt.

Was willst du denn aus Amerika mitgebracht haben?« fragt Mama.

»Ich brauche dringend einen Kinderwagen«, sprudelt es aus mir heraus. »Sibusiso ist so ein großes Baby. Es bringt mich um, ihn den ganzen Tag auf dem Rücken herumzuschleppen. Und ich könnte ein paar Kleider gebrauchen. Ich hab ja kaum welche.«

»Ich werde mit Johannes darüber reden. Ist dein Vater denn auch zu Hause?«

»Nein. Er ist in der Kneipe. Er ist ziemlich niedergeschlagen, seit ihr weg seid. Er sitzt die ganze Zeit vor der Tür und starrt in den Himmel. Jedesmal wenn ein Flugzeug zu sehen ist, zeigt er hinauf und sagt, es käme aus Amerika und würde euch zurückbringen.«

»*Aauww sham*«, seufzt Mama. »Wie traurig. Mein lieber Mann vermißt mich. Sag ihm, er fehlt mir auch.«

40

Eine Woche, nachdem meine Familie nach Amerika gereist ist, wird Maria ins Krankenhaus gebracht. Nach achtstündigen Wehen bringt sie einen Jungen zur Welt. Sein Vater, ein Mechaniker aus Mosotho, gibt ihm den Namen Tsepo, was so viel heißt wie Vertrauen. Maria nennt ihn Lionel, nach ihrem amerikanischen Lieblingssänger Lionel Ritchie.

Wir haben kaum noch Geld, weil wir fast alles für den Kleinbus und die Klinik gebraucht haben. Da Maria und ich noch stillen, können wir nicht arbeiten gehen. Papa arbeitet auch nicht. Er ist krank; in der Klinik sagen sie, es ist eine schlimme Erkältung. Er hustet stark und klagt über Schmerzen in der Brust und im Bein. Außerdem ist seine Unterlippe stark geschwollen. Und trotzdem hört er nicht auf zu trinken.

Eines Freitagmorgens kommt ein großer Schwarzer mit einem dichten Bart und einem freundlichen Lächeln zu unserer Hütte. Er geht auf Papa zu, der mal wieder vor dem Haus sitzt und in den Himmel starrt.

»Wissen Sie, wer ich bin?« fragt der Mann auf Zulu.

»Ja«, erwidert Papa. »Sie sind Mr. Linda Twala.«

Der Mann setzt sich auf einen Stuhl neben Papa. »Was ist bloß aus uns Schwarzen geworden?«

»Was wollen Sie damit sagen?«

»Wieso braucht es einen Weißen, um uns miteinander

bekannt zu machen, obwohl wir doch in derselben Gemeinde wohnen? Ich habe von Ihrer Familie durch Gary Beukes erfahren. Er ist ein guter Freund von mir. Vor ein paar Tagen auf dem Weg zum Flughafen ist er bei mir vorbeigekommen und hat mich Ihrer Frau und den Kindern vorgestellt. Haben Sie denn schon von ihnen gehört?«

Papa sieht mich an.

»Sie haben vor ein paar Tagen aus New York angerufen«, antworte ich.

»Warum sind Sie denn nicht mitgefahren?« will Linda von Papa wissen.

Papa senkt den Kopf. »Ich fühle mich nicht so gut.«

»Sie sehen auch nicht gut aus. Was ist denn mit Ihrer Lippe passiert?«

»Ich weiß auch nicht. Seit ein paar Wochen ist sie geschwollen.« Papa klingt plötzlich kleinlaut.

»Und, sind Sie in der Klinik gewesen?«

»Dafür habe ich kein Geld.«

»Ich werde Ihnen welches geben«, bietet Linda an. »Und ihr beiden, warum seid ihr nicht nach Amerika mitgefahren?«

»Sie wollten uns keine Pässe ausstellen«, antworte ich.

»Also gut, ich bin hergekommen, um euch zu sagen, daß ihr mich nur anzurufen braucht, falls ihr irgend etwas – egal was – benötigt. Ihr wißt doch, wo ich wohne?«

»Ja.«

Linda greift in seine Brieftasche und holt ein Bündel Geldscheine hervor. Er gibt Papa hundert Rand und Maria und mir je fünfzig. »Sie sollten besser in die Klinik gehen und Ihre Lippe untersuchen lassen«, empfiehlt Linda. »Und ihr beide seht zu, daß eure Babys immer genug zu essen bekommen.«

Dann gibt Linda mir noch zweihundert Rand. »Das ist das Haushaltsgeld. Wenn ihr mehr braucht, ruft mich einfach an.«

»Bestimmt«, erwidere ich.

Nach zwei Tagen sind die hundert Rand von Papa schon weg. Er hat alles in der *Shebeen* ausgegeben. Als er betrunken nach Hause gewankt kommt, liegt Maria gerade auf dem Bett und stillt Tsepo.

»Ich will Geld«, knurrt Papa.
»Welches Geld?« fragt Maria.
»Das Geld, das Linda euch gegeben hat.«
»Aber er hat doch gesagt, es ist Haushaltsgeld.«
»Ich brauche was davon, kapiert?«
»Du kannst zwanzig Rand von meinem haben«, sage ich beschwichtigend und lange nach meiner Handtasche. Ich bemühe mich, die Situation zu entkrampfen. Maria will etwas sagen, läßt es dann aber doch bleiben. Papa nimmt das Geld und verschwindet wieder in die Kneipe.
»Du bist blöd«, schimpft Maria. »Du hättest ihm das Geld nicht geben dürfen.«
»Ich wollte doch nur, daß er aufhört, dir zuzusetzen.«
»Er wird nicht aufhören. Paß auf, gleich ist er wieder da und will mehr haben.«
»Und was soll ich dann machen?«
»Gib ihm einfach nichts mehr«, erwidert Maria. »Sonst werden wir bald verhungern. Und kein Mensch weiß, wann Mama und die anderen zurückkommen. Vielleicht finden sie Amerika so schön, daß sie beschließen, dortzubleiben.«
»Dann nimm du das Geld an dich. Du hast wenigstens keine Angst vor ihm. Ich schon.« Meine Schwester ist da viel mutiger als ich. Wenn Papa mich bedroht, fühle ich mich immer wie ein hilfloses Kind.
Maria nimmt die zweihundert Rand und verstaut sie unter der Matratze. Wie vorhergesagt steht Papa nach einer Stunde wieder in der Tür, sieht mich an und will Geld haben.
»Ich habe keins mehr.«
»Was soll das heißen, du hast keins mehr«, faucht Papa. »Ich habe doch selbst gesehen, wie Linda dir zweihundert Rand gegeben hat.«
»Maria hat sie.«
Er wendet sich Maria zu und will es von ihr haben.
»Ich hab's auch nicht.«
»Du hast das Geld!« schreit er Maria an. »Her damit!«
»Linda hat gesagt, es ist Haushaltsgeld. Von Schnaps war nicht die Rede.«

»Her damit, oder du bekommst Schläge!«

»Ich habe kein Geld«, beharrt Maria und erhebt sich vom Bett. Dabei entzieht sie Tsepo die Brust, der sofort zu heulen anfängt.

Wutschnaubend läuft Papa ins Schlafzimmer und kommt mit einem Lederriemen in der Hand wieder heraus. Ich bewege mich vorsichtshalber schon mal auf die Tür zu.

»Jetzt gib endlich das Geld her«, verlangt er und schwingt drohend den Lederriemen.

»Ich hab dir doch schon gesagt, daß ich es nicht habe«, gibt Maria trotzig zurück.

Da schlägt er zu. Instinktiv versucht sie, mit einer Hand den Riemen zu erwischen, um Tsepo zu schützen. Ich fange an zu schreien. Maria und Papa rangeln um den Lederriemen, aber Maria hat nur eine Hand frei.

»Gib mir das Baby!« rufe ich und schnappe mir Tsepo, der laut brüllend in ihrem Arm hängt. Mit den beiden Kindern auf dem Arm laufe ich hilfeschreiend zu unserer Nachbarin.

Mrs. Sithole stürmt in unsere Hütte. »Schande über dich, Jackson«, schimpft sie schon auf der Schwelle los. »Was für ein Mann bist du eigentlich, daß du deine eigene Tochter schlägst? Eine stillende Mutter noch dazu!«

Papa läßt ab von Maria, die sofort hinausrennt. »Sie braucht eine Lektion. Sie hat keinen Respekt.«

»Stimmt gar nicht«, erklärt Maria und nimmt Tsepo wieder auf den Arm. »Er nimmt unser ganzes Haushaltsgeld, um es zu versaufen. Linda hat ihm vor zwei Tagen hundert Rand gegeben, und die sind schon weg.«

»Gebt ihm nichts mehr«, sagt Mrs. Sithole bestimmt. »Für alle Fälle werde ich gleich mal Linda anrufen.«

Kurz darauf kommt er zu uns und geht wortlos in die Hütte. Nach einer ganzen Weile kommt er wieder heraus und teilt Maria und mir mit, daß er mit Papa geredet hat. »Er wird euch nicht mehr belästigen. Wollt ihr nicht morgen zu mir nach Hause kommen? Ich veranstalte ein großes Fest für die alten Leute.«

Am nächsten Tag schickt Linda einen Kleinbus, um uns abholen zu lassen. Sogar Papa kommt mit. Er ist wie ausgewechselt und hat sich sogar einen ordentlichen Anzug angezogen. Ich wüßte gerne, was Linda ihm nach der Auseinandersetzung mit Maria gesagt hat. Als wir beim *Phutadichaba Qoqizizwe*, dem Gemeindehaus der Völkerverständigung in der 17th Avenue ankommen, ist die ganze Straße überfüllt von Menschen, die in zwei langen Schlangen auf der Straße stehen.

»Was sind das für Leute?« will Maria vom Fahrer wissen.

»In der einen Schlange stehen alte Menschen, in der anderen Waisenkinder. Linda gibt ihnen jeden Tag eine Mahlzeit. Er teilt schon seit 1967 Essen an die Waisen aus. Heute verteilt er Decken für den bevorstehenden Winter. Deshalb sind auch so viele Leute hier. Die meisten von ihnen schlafen in verlassenen Häusern, Autos und Bussen und in Hütten ohne Heizung.«

»Das ist alles umsonst?« fragt Papa ungläubig.

»Ja.«

»Dann muß er ja ein reicher Mann sein«, meint Papa.

»Er ist nicht reich«, erwidert der Fahrer. »Das sind alles Spenden.«

»Wird er denn dafür bezahlt?« frage ich.

»Nein. Er macht das freiwillig«, klärt mich der Fahrer auf. »Er kümmert sich um die Menschen von Alexandra. Und seit dem *Mzabalazo* gibt es sehr viele Mittellose.«

Wir werden in einen Saal geleitet, der schon proppenvoll mit alten Menschen ist. Auf einer Bühne singt ein Chor. Er besteht aus Mitgliedern des Christian Movement an der Alexandra Highschool. Als ich einige von ihnen erkenne, winke ich ihnen zu.

Für das Fest ist ein Rind geschlachtet worden. Mehrere große dreibeinige Kessel sind randvoll mit *Pap*. Dazu gibt es jede Menge Gemüse, Kuchen und kalte Getränke.

Mir kommen die Tränen, als ich feststelle, wie dankbar all die Menschen für das warme Essen sind. Ich begreife, daß ohne Linda viele dieser Leute sterben würden.

Viele von den Alten sind weit über achtzig, manche sogar schon über neunzig. Sie sind alle ordentlich angezogen. In der Vergangenheit kümmerte sich die Großfamilie um sie. Aber während des *Mzabalazo* wurden viele Brotverdiener getötet, viele sind in Haft oder aus dem Land geflohen. Die Arbeitslosigkeit in Alexandra liegt inzwischen bei fünfzig Prozent.

»Heute begrüßen wir in unseren Reihen Jackson Mathabane und seine beiden Töchter«, sagt Linda, der auf die Bühne geklettert ist. Die Leute fächeln sich mit Zeitungen und Hüten Luft zu. »Einige von euch haben vielleicht schon gehört, daß mehrere Mitglieder der Familie Mathabane gerade in Amerika sind. Sie sind hingefahren, um Johannes, den Sohn von Jackson Mathabane, zu besuchen. Viele von euch werden ihn kennen.«

Ich bin überrascht, wie viele Leute im Saal zustimmend nicken. Es ist schon so viel Zeit vergangen, seit mein Bruder nach Amerika gegangen ist, daß ich angenommen hatte, die Menschen hätten ihn längst vergessen.

»Er ist jetzt ein berühmter Mann in Amerika«, fährt Linda fort. »Er hat ein Buch über seine Kindheit in Alexandra geschrieben. Deshalb wissen jetzt viele Menschen auf der ganzen Welt, daß es uns gibt und wie wir leben. Tut das nicht gut?«

Die Menschen lächeln und murmeln zustimmend.

»Und während jetzt einige Mitglieder der Familie Mathabane in Amerika sind«, ruft Linda, »möchte ich, daß ihr alle Jackson und seine beiden Töchter umarmt. Wir sind alle eine große Familie, denkt daran. Wir müssen einander helfen.«

Jetzt verstehe ich, warum Linda derart beliebt ist in Alexandra. Ich erinnere mich noch daran, daß sein Haus während des *Mzabalazo* wegen seiner Aktivitäten von der Polizei ausgeräuchert worden war. Wer kann einem Mann etwas antun wollen, der die Menschen von Alexandra so sehr liebt, daß er sogar sein Leben riskiert, um den Armen, den Bedürftigen, den Waisen und den Verstoßenen zu helfen?

Maria und ich sind so berührt von Lindas Arbeit, daß wir

von nun an einen Großteil unserer Zeit im *Phutadichaba*-Zentrum verbringen, um mitzuhelfen. Wir verteilen das Essen an die Alten, waschen das Geschirr ab und räumen auf. Durch meine Besuche dort, bei denen ich oft und lange mit den Alten spreche, erfahre ich eine Menge über Alexandra; sie kennen viele Geschichten und haben ein gutes Gedächtnis. Viele von ihnen leben schon im Township seit dessen Gründung im Jahre 1912. Ein alter Mann erzählt mir, daß das Ghetto seinen Namen von Alexandra Papenfus hat. Sie war die Frau eines Landbesitzers, der diesen Flecken registrieren ließ, um daraus Baugrundstücke machen und diese weiterverkaufen zu können. Er hatte gehofft, Weiße würden die Grundstücke erwerben, aber die wenigsten wollten so weit von der Stadt entfernt leben. Daraufhin bemühte sich dieser Papenfus um die Genehmigung, Alexandra in ein Township für »Eingeborene« umwandeln zu können. Es war ein großes Glück für die Bewohner Alexandras, daß diese Umwandlung stattfand, bevor 1913 der Native Land Act verabschiedet wurde, der es den Schwarzen untersagte, im »weißen« Südafrika Land zu erwerben. Davon wußte ich bisher noch nichts; ich fand es spannend, dem alten Mann zuzuhören, und er hat unser Gespräch auch sichtlich genossen.

Einige der Alten erinnern sich noch gut, wie stolz ihre Eltern waren, zu den wenigen Landbesitzern im »weißen« Südafrika zu gehören. Sie können sogar noch von den diversen Schlachten erzählen, in denen sie ihr Besitztum zu wahren und die Gemeinde aufrechtzuerhalten versuchten. Die Stadtverwaltung von Johannesburg wollte dafür nämlich keine Verantwortung übernehmen. Da keine Mittel mehr für die öffentlichen Aufgaben bereitgestellt wurden, verkam Alexandra zunehmend zu einem Slum und wurde bekannt als »Stiefkind« und »verlorene Stadt«.

Ein anderes Mal erzählte mir ein Mann, der schon viel erlebt hat und dessen Lebensgeschichte sich wie ein spannender Krimi anhört, daß sich in Alexandra einer der stärksten Flügel des ANC bildete, aus dem später die meisten Führer dieser 1912 gegründeten Organisation hervorgingen.

Unter ihnen war auch ein junger Anwalt namens Nelson Mandela, der in einem Hinterhof auf der 7th Avenue einen kleinen Raum als Büro angemietet hatte.

Viele der Alten beteiligten sich damals an den Protesten zur Rettung des Townships, das wegen der hohen Kriminalitätsrate und des großen Elends als schwarzer Fleck von der Landkarte getilgt werden sollte. Alexandra wurde von berüchtigten Banden terrorisiert, die sich die exotischsten Namen gegeben hatten. Sie nannten sich die »Mau-Maus«, die »Berlins«, die »Stone Breakers« oder die »Jungen Amerikaner«. Das Okapi-Springmesser war die bevorzugte Waffe der Bandenmitglieder, denen es gefiel, sich wie amerikanische Gangster zu kleiden: bunte zweireihige Anzüge, Hüte mit breiter Krempe, die sie verwegen schräg aufsetzten, so daß ihre Augen kaum zu sehen waren, glänzende schwarze Schuhe und knallbunte Krawatten. Die Banden erpreßten von den Arbeitern, Kneipenwirten, Taxifahrern, Lebensmittelhändlern, Fleischern und verschiedenen anderen Selbständigen in Alexandra mit gut ausgebildeten Schlägern Schutzgelder.

Als ich all diese Geschichten höre, wird mir klar, wie wunderbar Jung und Alt voneinander profitieren könnten. Ich empfinde Dankbarkeit, daß es Granny noch gibt, die in meiner Kindheit oft auf mich aufgepaßt hat, wenn Mama unterwegs war auf Arbeitssuche, und mich mit Geschichten, Liedern und Tänzen unterhalten hat. Es macht mich richtig traurig, daß seit dem Einzug des Fernsehers in unsere Hütte die wunderschönen Geschichten und Lieder von Angie, Given und ihren Freundinnen als langweilig abgetan werden. Die Kinder wollen heute lieber Fernsehshows sehen.

Ich bin schon sehr gespannt, welche Geschichten Granny aus Amerika, dem Land der Fernsehshows, zum besten geben wird, wenn sie wieder nach Hause kommt.

Eines Tages ruft mich eine Freundin an und fragt, ob ich schon das Neueste wüßte.

»Das Neueste?«

»Deine Familie ist gerade in Amerika in der Fernsehshow von Oprah Winfrey aufgetreten.«

»Tatsächlich?« Ich kann es kaum glauben. Meine Familie war im Fernsehen!

»Ja. Meine Verwandten haben aus Amerika angerufen und mir erzählt, daß sie es gesehen haben. Deine Mutter, Granny, Linah, Diana, George und Johannes. Johannes ist wegen *Kaffern Boy* interviewt worden.«

Am selben Abend bekomme ich einen Anruf aus Chicago, der die Geschichte bestätigt. Die Familie ist schon wieder in einem wunderbaren Hotel, auf Einladung von Oprah. Granny hat mal wieder alle zum Lachen gebracht, als sie nicht glauben wollte, daß die goldenen Wasserhähne im Bad echt sind. Sie hat immer wieder darübergestrichen und sprachlos den Kopf geschüttelt. Linah und Diana können gar nicht aufhören, davon zu schwärmen, wie toll es im Fernsehen war. Nach dem Telefongespräch sind Maria und ich ein bißchen niedergeschlagen.

»Ich wünschte, ich könnte jetzt in Amerika mit dabei sein.«

»Ich auch.«

41

Lindas Kleinbus bringt uns zum Flughafen Jan Smuts, um Mama und die anderen abzuholen. Sie waren fast drei Monate weg, aber es kommt mir vor, als wäre es ein ganzes Jahr gewesen. Das Empfangskomitee besteht aus Maria, Papa, Fikile, Tante Bushy, Onkel Cheeks, Angie, Given und mir. Mama kommt als erste durch die Kontrolle. Sie schiebt einen der schönsten Kinderwagen vor sich her, die ich je gesehen habe. Direkt hinter ihr sind Granny und Florah. Sie ziehen riesige, vollgepackte Koffer auf Rollen.

Ich umarme und küsse alle zur Begrüßung. »Wo sind denn Linah, George und Diana?« frage ich.

»Die sind in Amerika geblieben«, antwortet Mama.

Ich bin wie vor den Kopf geschlagen. »Warum?«

»Dein Bruder Johannes hat darauf bestanden, daß sie noch bleiben.« Bevor Mama weiterreden kann, wird sie auch schon vom Rest der Familie mit Umarmungen und Küssen überhäuft. Papa steht mürrisch ein wenig abseits.

Auf dem Weg nach Hause spricht er kein Wort. Ich sehe ihm an, daß er stinksauer ist.

»Wo sind meine Kinder?« ist seine erste Frage, nachdem Linda und die anderen weg sind.

»Ich habe sie in Amerika gelassen«, erwidert Mama.

»Warum?« brüllt er wütend.

»Damit sie zur Schule gehen.«

»Was für eine verdammte Schule? Gibt's hier etwa keine Schulen?« Er ist völlig außer sich.

»Die Schulen in Amerika sind viel besser, Jackson«, sagt Mama.

»Warum hast du mich nicht um Rat gefragt?«

»Tut mir leid«, gibt Mama zurück. »Aber wir hatten keine Zeit. Ich mußte mich auf der Stelle entscheiden. Aber ich versichere dir, daß sie in guten Händen sind. Johannes und seine Frau wollen sich um sie kümmern.«

»Seine Frau? Mein Sohn hat eine Weiße geheiratet?«

»Ja. Im August hat er Gail geheiratet. Wir waren auch auf der Hochzeit. Ein wunderschönes Fest. Ich hätte mir gewünscht, euch alle dabeizuhaben.«

»Ich will meine Kinder zurückhaben, verstanden?« schimpft Papa und wedelt mit dem Finger vor Mamas Gesicht herum. Dann stapft er wütend aus dem Haus.

Ich kann verstehen, daß Papa sauer ist. Diana war seine Lieblingstochter. Aber ich sehe auch ein, warum Mama beschlossen hat, die drei dort zur Schule gehen zu lassen, ohne Papas Einverständnis einzuholen. Er hätte es sowieso nicht erlaubt.

Mir bricht fast das Herz bei dem Gedanken, daß Maria und ich, hätten wir keine Babys bekommen und wären wir mit nach Amerika gefahren, jetzt wahrscheinlich auch dort zur Schule gehen würden. Wenn es stimmt, was Johannes in seinen Briefen schreibt, dann können Schulkinder dort umsonst mit dem Schulbus fahren, bekommen ein Mittagessen, das nicht bezahlt werden muß, und haben Zugang zu Bibliotheken und Computern. In den Klassen sind höchstens fünfzig Kinder und sie werden nicht geschlagen, wenn sie keine Uniform anhaben oder keine richtigen Schulhefte besitzen oder das Schulgeld nicht rechtzeitig bezahlen.

Vielleicht kann ich ja wie George die Reifeprüfung machen, und dann wird Johannes mich einladen, damit ich in Amerika studieren kann.

»Ich habe vor, mich für die Standard Seven eintragen zu lassen«, eröffne ich Mama Anfang 1988. In wenigen Wochen wird das Schuljahr beginnen.

»Gut«, erwidert Mama.

»Aber vorher möchte ich wissen, ob du dich um Sibusiso kümmern kannst.«

»Natürlich werde ich mich um meinen Enkel kümmern.«

»Ich komme mittags immer nach Hause und stille ihn. Und wenn wir nachmittags eine Freistunde haben, komme ich noch mal, um ihn zu stillen.«

»Hast du denn genug Geld, um dich anzumelden?«

»Ja. Ich habe das Geld gespart, das Johannes mir geschickt hat.«

Ich zittere ein wenig. Eine endlose Schlange von Schülern läßt sich von Miss Jones registrieren. Ich frage mich, ob sie wohl ahnt, daß ich ein Jahr gefehlt habe, weil ich schwanger war. Wenn ja, bin ich in Schwierigkeiten. Schülerinnen mit Kindern werden als letzte eingeschrieben. Und wenn zu viele Anmeldungen vorliegen, haben die Mädchen meist keine Chance, angenommen zu werden. Die jungen Mütter bleiben nämlich zu oft dem Unterricht fern, weil sie sich um die Kinder kümmern oder mit den Vätern ihrer Kinder herumschlagen müssen. Die freien Plätze werden daher lieber an Nichtmütter vergeben.

»Wo warst du im letzten Jahr, Miriam?« fragt Miss Jones.

»Ich war weg, Miss Jones«, gebe ich zur Antwort und versuche, das Beben in meiner Stimme zu unterdrücken.

»Wir haben dich vermißt. Hattest du Probleme?«

Weiß sie etwa doch Bescheid? Soll ich sie einfach belügen? Ich verabscheue Lügen, aber diesmal muß es sein. Meine Zukunft hängt davon ab. »Ich war im Homeland, Miss Jones«, sage ich.

»Bist du dort zur Schule gegangen?«

»Nein. Während des *Mzabalazo* war ich plötzlich von *Swikwembus* besessen. Meine Eltern haben mich dorthin geschickt, damit ich am *Kutwasa* teilnehme.

Miss Jones zieht eine Augenbraue hoch. »Dann bist du jetzt also eine *Sangoma*?«

»Ja.«

»Nun gut, dann weiß ich ja, wen ich demnächst rufen kann, wenn ich wieder krank bin und mir die weißen Ärzte nicht helfen können«, erwidert Miss Jones lächelnd. Ich halte den Atem an, als sie meinen Namen in die Liste der Teilnehmer der Standard Seven einträgt.

In dem Jahr, das ich nicht in der Schule war, hat sich eine Menge geändert. Wir sind viel weniger Schüler in einer Klasse, und von dem aufbegehrenden Ton der Comrades ist nichts mehr zu hören. Auch die Lehrer wirken irgendwie frustriert. Viele von ihnen trinken. Aber alle versuchen immer noch, ihr Bestes zu geben.

Es fällt mir schwer, mich an mein Doppelleben als Mutter und Schülerin zu gewöhnen. Mittags muß ich mich immer bei den Mitschülern entschuldigen und nach Hause rennen, um Sibusiso zu stillen. Meine Teilnahme an besonderen Lehrveranstaltungen ist dadurch natürlich auch eingeschränkt. Außerdem muß ich rechtzeitig zu Hause sein, wenn Mama zur Arbeit geht. Und wenn ich Sibusiso gestillt habe, muß ich aufräumen und kochen. Immerhin finde ich noch die Zeit, im Chor zu singen und sonntags in die Kirche zu gehen.

Die Briefe von Linah, Diana und George bestärken mich jedoch in meiner Entscheidung, die Reifeprüfung zu machen. Sie berichten von den Herausforderungen, die das Leben in der neuen Umgebung an sie stellt: sie müssen immer englisch reden, sich an fremdes Essen gewöhnen, zum Beispiel an Hamburger, sie haben zum ersten Mal Schnee erlebt, müssen sich an eigenartige Akzente gewöhnen und gehen auf Schulen, die sowohl Weißen als auch Schwarzen offenstehen. Es schockiert mich zu erfahren, daß sie Aufnahmeprüfungen machen mußten, bei denen herauskam, daß ihre schulische Ausbildung bisher so miserabel war, daß sie mehrere Klassen zurückgestuft werden mußten. George, der schon die Reifeprüfung bestanden hatte und normalerweise zur Universität gehen könnte, wurde in die zehnte Klasse zurückgestuft. Linah und Diana wurden in die siebte und achte Klasse gesteckt.

»Aber es lohnt sich«, sagt George am Telefon glücklich und stolz. »Selbst wenn sie gesagt hätten, ich soll in der ersten Klasse anfangen, hätte ich es gemacht. Das Bildungssystem hier ist erstklassig. Und die Lehrer schlagen einen nie.«

Jeden Tag träume ich davon, in Amerika zur Schule zu gehen. Und es ist mir egal, ob ich in der ersten Klasse wieder anfangen muß.

Die Abschlußprüfungen finden schon in drei Wochen statt und Sibusiso ist sehr krank. Ich muß zu Hause bleiben, um ihn zu pflegen. Ich habe große Angst durchzufallen. Ich kann es mir nicht leisten, die Prüfungen zu versieben. Wenn ich die Standard Seven wiederholen muß, bedeutet das, wieder Schulgeld bezahlen und schon wieder neue Bücher kaufen zu müssen.

Ich bete, daß Sibusiso sich so weit erholt, daß ich zumindest an den Prüfungen teilnehmen kann. Cynthia unterstützt mich, indem sie jeden Nachmittag vorbeikommt, den Stoff mit mir durchgeht und mir Aufgaben stellt.

Sabelo hilft mir auch. Er gibt mir einen Teil seines Lohns, damit ich Sachen für das Baby kaufen kann. Schließlich bringe ich Sibusiso in die Klinik, wo er eine Spritze bekommt, die tatsächlich zu helfen scheint.

Ich kann zum Glück an den Abschlußprüfungen teilnehmen. Zwei Wochen später bekomme ich die Ergebnisse. Ich habe bestanden und werde in die Standard Eight versetzt. Wenn alles gutgeht, mache ich in zwei Jahren die Reifeprüfung.

42

Lindas Kleinbus ist gestohlen worden. Das macht mich sehr traurig, weil der Bus lebensnotwendig für die Arbeit im *Phutadichaba*-Zentrum ist. Viele der alten Leute haben Arthritis und andere Beschwerden. Sie können nicht ins Zentrum laufen, müssen immer zum Essen abgeholt und anschließend wieder nach Hause gebracht werden. Ohne den Bus werden viele Alte ihre wichtigste Mahlzeit nicht mehr bekommen.

Als Linda uns mal wieder besucht, bittet er Mama, mit Johannes zu reden, damit er in Amerika Unterstützung für das Zentrum organisiert, das dringend auf Spenden angewiesen ist. Johannes sagt seine Hilfe sofort zu, benötigt allerdings nähere Informationen über das Zentrum, damit er bei Lesungen Handzettel an sein Publikum verteilen kann.

Nur wenige Tage später ruft Johannes an und erzählt, daß eine Organisation namens Habitat for Humanity (HFH) beschlossen hat, in Südafrika preiswerte Häuser für Leute mit niedrigem Einkommen zu bauen, und daß die ersten Projekte in Alexandra verwirklicht werden sollen. Einige Vertreter der Organisation haben ihm bereits zugesichert, daß unter den ersten fünfzig Häusern auch eins für unsere Familie sein wird.

Wir alle können es nicht fassen und sind ganz aufgeregt. Der Traum, endlich in einem richtigen Haus mit Strom, fließendem Wasser und einer Toilette mit Wasserspülung zu leben, klingt zu schön, um wahr zu sein.

»Seit wir aus Amerika zurück sind, träume ich davon, in einem schönen Haus zu wohnen«, sagt Mama. »Pfarrer Mathebula hat mir prophezeit, daß dieser Traum in Erfüllung geht. Gott ist allmächtig.«

Johannes schickt uns ein Päckchen mit ausführlichen Informationen über Habitat for Humanity. Mit ihrem Programm sollen Familien mit einem Einkommen von weniger als eintausend Rand zu Hausbesitzern werden können. Die Familie steuert fünfundzwanzig Prozent ihres Einkommens bei und erklärt sich außerdem bereit, fünfhundert Arbeitsstunden beim Bau eines anderen Hausprojekts zu leisten. Zinsen werden nicht berechnet. Mit dem Geld soll dem Gemeinderat von Alexandra Land abgekauft werden, darüber hinaus sollen Material angeschafft und spezialisierte Dienstleistungen bezahlt werden. Unser Haus soll dadurch nur 30 000 Rand kosten, anstatt um die 50 000, die ein normaler Bauunternehmer dafür verlangen würde.

Papa ist begeistert. Da er selbst ein ausgesprochen guter Zimmermann und Bauhandwerker ist, freut er sich schon darauf, seine Fähigkeiten endlich auch beim Bau eines eigenen Hauses einsetzen zu können. Die Vertreterinnen von HFH, Helen Friedman, eine Amerikanerin, und Dorothy Steele, eine Südafrikanerin, setzen sich mit der ganzen Familie zusammen, um unsere Bedürfnisse besser einschätzen zu können. Sie sind unglaublich nett und geduldig, hören jedem einzelnen von uns zu und suchen nach der idealen Lösung. Zusammen mit David Ditson, dem Vor-Ort-Koordinator von HFH in Alexandra, wird schließlich die Planung unseres Hauses erstellt.

Papa will bei allen Fragen dabei sein. Er fordert Einsichtnahme in die Pläne und Kalkulationen. In den nächsten Monaten arbeitet er rund um die Uhr in einer Mannschaft von hundertvierzig Leuten, die sich aus Schwarzen und

Weißen zusammensetzt. Drei verschiedene Baugrundstücke für je fünf Häuser stehen bereits fest, hier werden die Fundamente gelegt. Eins befindet sich an 12th Avenue, das zweite an der 17th Avenue, das dritte an der 6th Avenue. Unser Haus soll auf dem Grundstück an der 12th Avenue zusammen mit vier weiteren Häusern errichtet werden. Mama und einige andere Frauen arbeiten Seite an Seite mit den Männern. Sie mischen Beton an, holen Steine und wuchten Schubkarren voll Zement.

»Es gefällt mir nicht, daß unser Haus aus Hohlblocksteinen gebaut wird. Warum können wir nicht richtige Ziegel haben?«

»Ziegelsteine sind zu teuer«, erwidert Mama.

»Und außerdem wird es viel zu klein.«

»Zu klein? Drei Schlafzimmer, ein Wohnzimmer, eine Küche und ein Badezimmer nennst du zu klein?«

»Für zwölf Menschen ist es zu klein.«

»Was redest du da? Wir leben seit Jahren zu zwölft in dieser kleinen Hütte. Das Haus wird allein drei Schlafzimmer haben. Du und ich werden eins nehmen. Florah wird eins bekommen. Maria und Miriam werden sich eins teilen. Und Angie, Given und Tsepo werden im Wohnzimmer schlafen. Das ist mehr Platz, als die meisten Leute im Township haben. Und vergiß nicht, hinter unserem Haus wird keine offene Abwasserrinne verlaufen.«

Der Gestank von dem offenen Abwasserkanal, der hinter unserer Hütte verläuft, ist einer der Gründe, warum ich den Umzug nicht abwarten kann. Seit dem *Mzabalazo* hat es keine regelmäßige Müllabfuhr mehr im Township gegeben. Das Abwasser aus den überlaufenden Gemeinschaftslatrinen in unserem Hof, die von mehr als dreißig Familien benutzt werden, läuft direkt an unserer Hütte vorbei. Der Gestank zieht durch alle Ritzen in Türen und Fenstern ins Haus, und es ist fast unmöglich einzuschlafen. Außerdem muß man Sibusiso und Tsepo ständig davon abhalten, am Abwasserkanal zu spielen.

Als die ersten größeren Baufortschritte bei den Häusern zu sehen sind, hat sich längst herumgesprochen, daß Papa eine Menge Ahnung vom Bau hat. Die Leute kommen zu ihm mit allen möglichen Fragen, angefangen beim Fundamentegießen bis hin zum Mauern und zum Dachdecken.

Daß Papa in allen Fragen des Häuserbaus zu Rat gezogen wird, tut ihm offensichtlich gut. Er geht nicht mehr in die Kneipe und hört sogar mit dem Glücksspiel auf. Auch verbringt er viel Zeit mit Mama, sie sprechen oft über das Haus, ob sie Fliesen oder Teppich legen wollen, oder für welchen Durchlauferhitzer sie sich entscheiden sollen.

Eines Sonntagmorgens tut Papa etwas, das ich nie erwartet hätte. Er erklärt Mama, daß er uns zur Kirche begleiten will.

Mama glaubt auch zuerst, daß er einen Scherz macht. »Du willst wirklich mit uns kommen?«

»Ja.« Papa verzieht keine Miene.

»Warum?«

»Stell mir nicht so viele Fragen, Frau, sonst überlege ich es mir noch anders.«

In der Kirche sind alle verblüfft, Papa zu sehen. Pfarrer Mathebula begrüßt ihn mit den Worten: »Unser Bruder ist endlich nach Hause gekommen.«

In der Folge erzählt er das Gleichnis vom verlorenen Sohn. Und zum Schluß weist er darauf hin, daß Mama die ganze Anerkennung gebührt, weil sie jedesmal, wenn sie mit ihren Sorgen zu ihm kam, auch für ihren Mann gebetet hat, damit der Herr ihn aus der Dunkelheit ins Licht führen möge. Nie habe ich Mama glücklicher erlebt als in dem Moment, als Papa gemeinsam mit den anderen Ehemännern in den Bänken auf der rechten Seite der Kirche Platz nimmt, während ihre Frauen links sitzen.

Als unser Haus kurz vor der Fertigstellung steht, bricht großes Unglück über uns herein. Eines Nachts werden alle Fenster und Türen gestohlen.

»Die HFH-Leute sagen, sie können unser Haus nicht fertigstellen«. Mama ist verzweifelt.

»Was sollen wir denn bloß machen?« fragt Florah. »Ich habe heute morgen Johannes angerufen und ihm die schlechten Nachrichten erzählt. Er hat gesagt, daß er und Gail zur Zeit selbst knapp bei Kasse sind und es eine Weile dauern wird, bis er uns wieder Geld schicken kann.«

»Und die Leute von Habitat können nicht warten«, jammert Mama. »Sie sagen, daß sie unser Projekt im Moment außer acht lassen müssen und erst die anderen vier Häuser fertigstellen wollen. Danach werden sie unseres zu Ende bringen, vorausgesetzt wir haben dann Fenster und Türen.«

»Ich frage mich ja, wer die geklaut haben könnte«, sage ich.

»Das könnte jeder getan haben«, erwidert Florah. »Bei der hohen Arbeitslosigkeit in Alexandra sind die Menschen doch verzweifelt.«

43

Papa hat immer noch Probleme mit seinem Husten. Er läßt sich erst in der Klinik und dann im Baragwanath Hospital untersuchen. In beiden überfüllten und unterbesetzten Krankenhäusern sagt man ihm, daß er an einer verschleppten Erkältung leidet. Die Schmerzen in seinem Bein führen die Ärzte auf sein hohes Alter zurück.

»Diese verdammten Ärzte haben keine Ahnung von Medizin«, schimpft Papa. »Ich mag vielleicht neunundsechzig Jahre alt sein, aber ich bin noch kein alter Mann. Irgendwas stimmt nicht mit mir.«

Also sucht Papa eine *Sangoma* auf. Die *Sangoma* gibt ihm *Klistire* und ein paar Kräuter, die ihm tatsächlich helfen.

Die Fertigstellung unseres Hauses wird um vier Monate verschoben. Papa zieht schon mal in das unfertige, fenster- und türlose Haus, um weitere Diebstähle zu verhindern. Die Leute stehlen Ziegelsteine und Dachmaterial von den Baustellen, um sich Hütten zu bauen, die überall im Township wie Pilze aus dem Boden schießen.

Im Februar sitzen wir alle wie gebannt vor dem Fernseher und verfolgen die Nachrichten. Präsident Botha hat einen Hirnschlag erlitten. Sein Nachfolger als Vorsitzender der regierenden Nationalpartei ist Willem de Klerk. Für die meisten Schwarzen ist der Wechsel an der Spitze der Partei von geringer Bedeutung, vor allem da de Klerk eine schwarze Mehrheit in der Regierung ablehnt, während er gleichzeitig verspricht, die von Botha eingeleiteten Reformen fortzuführen.

Im selben Monat erschüttert ein schreckliches Ereignis die Führungsspitze der Schwarzen. Winnie Mandela, die Ehefrau des legendären Nelson Mandela und selbst eine hochgeachtete Führungspersönlichkeit, wird von der UDF an den Pranger gestellt. Entsetzt lese ich den Bericht in der Zeitung. Winnie, die unter den Comrades in Alexandra sehr beliebt ist, wird beschuldigt, das Vertrauen der Schwarzen Südafrikas mißbraucht zu haben. Sie und ihre Leibwächter, eine Gruppe von Rowdys, die sich »Mandela United Football Club« nennen, haben mit dem Tod eines Jugendlichen namens Stompie Sepei zu tun. Ich kann zuerst kein Wort von der Geschichte glauben. Winnie ist für uns doch die herausragendste und mächtigste Stimme des schwarzen Befreiungskampfs! Wir nennen sie die »Mutter der Nation«. Diesen Ehrentitel hat sie sich dadurch verdient, daß sie sich jahrelang ihrer erbarmungslosen Verfolgung widersetzt hat und sogar die Verbannung in ein trostloses Township in Brandfort im Freistaat Oranje klaglos auf sich genommen hat.

»Ist an den Vorwürfen gegen Winnie wirklich was dran?« frage ich George am Telefon. Er hat in Amerika die ganzen Ereignisse in den Medien verfolgt.

»Ich fürchte, ja.«

»Ich glaube das nicht«, sage ich kopfschüttelnd. »Die Polizei hat sie bestimmt reingelegt.«

»Das hab ich auch zuerst gedacht, bis uns Leute, die in Brandfort gelebt haben, von ihrer Schreckensherrschaft erzählt haben.«

»Was denn für eine Schreckensherrschaft?«

»Dieser sogenannte Mandela United Football Club war nichts anderes als eine Bande von brutalen Gangstern, die die Bewohner ungestraft terrorisieren konnten. Sie glaubten, mit dem Namen Mandela im Rücken könnten sie sich über das Gesetz stellen.«

»Aber warum sollte Winnie Leute terrorisieren, die sie bewundern?« frage ich.

Darauf weiß George auch keine Antwort. »Wahrscheinlich haben auch solche Leute ihre Schwächen«, sagt er nur.

Das ganze Jahr über läßt uns diese herbe Enttäuschung nicht los. Wir können den schrecklichen Verrat an den eigenen Leuten einfach nicht begreifen. Doch Ende 1989 fassen wir wieder neuen Mut, als wir hören, daß sich Präsident de Klerk mit dem seit 1964 lebenslänglich inhaftierten Nelson Mandela in Kapstadt trifft. Die Zusammenkunft weckt Hoffnungen auf die Freilassung des ANC-Führers, der fünf Jahre vor meiner Geburt ins Gefängnis kam, weil er für Freiheit und Demokratie kämpfte. Womöglich würde Mandelas Freilassung sogar ein Ende der Gewalt und der Apartheid bedeuten. Aber so etwas wage ich gar nicht zu hoffen.

Endlich schickt Johannes uns wieder Geld, um neue Türen und Fenster zu kaufen. Und so geht für unsere Familie doch noch ein Traum in Erfüllung, unter großem Jubel ziehen wir in das neue Haus ein. Pfarrer Mathebula und einige ausgewählte Kirchenmitglieder kommen, um einen Gottesdienst abzuhalten. Sie bitten Gott, das Haus zu segnen und seinen Bewohnern Frieden und Wohlstand zu bescheren.

Mama kauft einen Kühlschrank auf Raten, und Johannes schickt uns Geld für einen Durchlauferhitzer. Angie, Tsepo und Given sind ganz verrückt darauf, aufs Klo zu gehen und die Spülung zu betätigen. Schließlich hat Papa genug davon und schimpft mit ihnen, weil sie so viel Wasser verschwenden. Es ist wunderbar, morgens ausgiebig zu duschen oder ein heißes Bad zu nehmen, anstatt sich in der rostigen Badewanne zu waschen.

Granny zieht mit Fikile, Onkel Piet, dessen Frau und deren vier Kindern in unsere alte Hütte auf der 16th Avenue, und Florah zieht mit ihrem neuen Freund Sipho in Grannys ehemalige kleine Hütte auf der 17th Avenue. Nichts wird vergeudet, noch nicht mal solche armseligen Hütten.

Eines Nachts, kurz nach unserem Umzug in die 12th Avenue, werde ich von Geräuschen in der Küche aus dem Tiefschlaf geweckt. Die Tür des Zimmers, das ich mir mit Maria teile, steht einen Spaltbreit offen. Ich spähe in den Flur hinaus, der in tiefer Dunkelheit liegt, aber ich kann nichts sehen. Ich frage mich schon, ob ich geträumt habe, aber dann höre ich das Geräusch wieder. Ich starre auf die Leuchtziffern meines Weckers. Es ist fast drei Uhr. Auf allen vieren krieche ich zu Marias Bett hinüber. »Wach auf!« flüstere ich und schüttle sie.

»Was ist denn los?« fragt sie schlaftrunken.

»Ich glaube, es ist jemand im Haus.« Ich kann vor Aufregung kaum sprechen.

»Wo denn?«

»In der Küche.«

Maria lauscht in die Dunkelheit. »Ich höre nichts«, sagt sie.

»Ich schwöre dir, ich hab ein Geräusch gehört«, beharre ich.

»Das hast du dir bestimmt eingebildet«, sagt Maria. »Ich hab die Tür abgeschlossen, bevor wir ins Bett gegangen sind.« Sie dreht sich um und schläft wieder ein. Ich krieche zurück in mein Bett und schlafe auch.

Bei Tagesanbruch bin ich als erste auf den Beinen, um Angie und Given für die Schule anzuziehen. Als ich die Küche betrete, erwartet mich ein schockierender Anblick. Alle Schranktüren stehen weit offen, und die Schränke sind leer. Alles, was darin war – Töpfe, Teller, Lebensmittel –, ist weg. Im Wohnzimmer das gleiche Bild der Verwüstung. Die große Uhr ist weg, und auch der Glastisch, den Mama von dem geliehenen Geld gekauft hat, nachdem George ihr Konto leergeräumt hatte.

Als Mama von der Arbeit nach Hause kommt, sagt sie nur: »Ich bin froh, daß keinem von uns ein Haar gekrümmt worden ist.«

Johannes schickt uns daraufhin Geld, um einbruchsichere Schlösser und Riegel zu kaufen, die Papa einbaut.

Sibusiso ist schon wieder krank. Ich bleibe dem Unterricht ein paar Tage fern, um ihn wieder gesund zu pflegen. Am Morgen des 2. Februar 1990, als ich Sibusiso gerade im Wohnzimmer seine Medizin gebe, erregt eine Reportage im Fernsehen meine Aufmerksamkeit. Der kahlköpfige Willem de Klerk steht im Parlament von Kapstadt auf einem Podium und hält eine Rede. Im Publikum herrscht verblüfftes Schweigen. Er spricht langsam und deutlich und verkündet in seinem starken Afrikaans-Akzent, daß das Verbot von ANC, dem Pan African Congress (PAC) und der South African Communist Party (SACP) aufgehoben ist. Ich kann nicht glauben, was ich da höre. Doch das war noch gar nicht alles: Weitere dreiunddreißig Organisationen, die gegen die Apartheid gekämpft haben, darunter die UDF, der Congress of South African Students (COSAS) und die Azanian People's Organization (AZAPO), die alle drei in Alexandra aktiv waren, werden ebenfalls legalisiert. Ich halte den Atem an, als Präsident de Klerk ankündigt, daß seine Regierung beschlossen hat, Nelson Mandela bedingungslos freizulassen.

Kurz nachdem de Klerk seine Rede beendet hat, entsteht draußen ein Höllenlärm. Die ganze Straße ist verstopft mit hupenden Autos. Junge Männer tanzen den *Toyi-toyi*, Frauen jubeln, sogar die Hunde bellen vor Freude über die unglaublichen Neuigkeiten.

Florah ruft von der Arbeit aus an, um mir zu erzählen, daß dort auch alle Leute Freudentänze aufführen. Johannes ruft aus Amerika an, wo er und seine Familie ebenfalls feiern. In den Nachmittagsnachrichten auf SABC erzählt Bischof Tutu, die Ankündigung hätte ihm den Atem geraubt, und die Oppositionsführer rühmen de Klerks Mut. Führende Politiker aus aller Welt sprechen de Klerk ihre Bewunderung aus, darunter der amerikanische Präsident George Bush und die britische Premierministerin Margaret Thatcher. Ich bin zutiefst gerührt und beeindruckt.

Viele Weiße dagegen sind schockiert. Die Führer der Neo-Nazi-Partei Afrikaner Resistance Movement (AWB) sind außer sich. Sie schimpfen de Klerk einen Verräter und schwören, die Vorherrschaft der Weißen bis zum bitteren Ende zu verteidigen.

In den Tagen nach der überraschenden Ankündigung des Präsidenten wird überall darüber spekuliert, ob das Ende der Apartheid jetzt bevorsteht. Die Lehrer verkünden, daß es bald gemischte Schulen für Weiße und Schwarze geben wird und sogar das allgemeine Wahlrecht. Die Schüler, die am *Mzabalazo* teilgenommen haben, empfinden große Genugtuung, und selbst meine Eltern sind über die Nachricht beglückt.

»Mein Kind«, sagt Mama. »Ich hätte nie geglaubt, daß ich einmal den Tag erleben würde, an dem Nelson Mandela freigelassen wird.«

Mama erzählt, daß sie Florah noch stillte, als Mandela auf Robben Island inhaftiert wurde. Damals verstand sie nicht viel von Politik, aber sie wußte, daß Mandela ein mutiger Mann war und daß er für eine wichtige Sache gekämpft haben mußte, wenn er den Zorn der Regierung auf sich gezogen hatte.

Neun Tage nach de Klerks Parlamentsrede ist die gesamte Familie im Wohnzimmer versammelt. Alle schauen gebannt auf den Fernseher. Am Tag zuvor hat de Klerk der Nation und der ganzen Welt erklärt, er würde Mandela am 11. Februar freilassen.

»Ich kann es einfach nicht fassen«, sagt Tante Bushy, während wir auf dem Bildschirm verfolgen, wie Tausende Schwarze und Weiße sich vor den Toren des Victor Verster Prison in Kapstadt versammeln. Zahllose Journalisten aus aller Welt berichten über diesen historischen Moment. Es ist Sommer in Südafrika, ein warmer, sonniger Tag.

»Aber es passiert wirklich«, sagt Florah atemlos. »De Klerk hat es ernst gemeint. Das ist der Beginn einer neuen Ära in Südafrika.«

Onkel Cheeks stammelt: »Ich habe Mandela schon als Kind bewundert. Ich weiß noch genau, wie sie ihn, nachdem er den *Umkonto we Sizwe* gegründet hatte und in den Untergrund gegangen war, den ›Schwarzen Pimpernel‹ genannt haben, weil die Polizei ihn nie erwischte. Seinetwegen habe ich sogar damals in Erwägung gezogen, mich dem *Umkonto* anzuschließen.«

»Wie haben sie ihn denn schließlich geschnappt?« frage ich.

»Er wurde von einem *Impimpi* verraten«, sagt Onkel Cheeks. »Doch sie konnten seinen Widerstand nicht brechen. Daran erkennt man einen wahren Führer.«

»In der Schule hat man uns nie von Nelson Mandela erzählt«, sage ich. »Ich habe seinen Namen zum erstenmal während des *Mzabalazo* gehört.«

»Das hat auch einen guten Grund«, erklärt Onkel Cheeks. »Ihr solltet ja auch in der Schule gar nichts über die Führer eures Volkes erfahren.«

»Wenn du mich einmal gefragt hättest, ich hätte dir alles über Mandela erzählt«, mischt Papa sich ein. Meine Geschwister und ich sehen ihn verblüfft an. »Hast du ihn etwa gekannt?«

»Ja. Er hat früher mal in Alexandra gewohnt. In der 7th Avenue.«

»Gleich gegenüber von dem Laden, den mein Mann betreibt«, sagt Tante Bushy.

»Und ich bin mit ihm zusammen marschiert.«

»Wirklich?« fragt Florah.

»Ja. Während des Busboykotts von 1943.«

Ich bin überrascht, wie viele Leute der älteren Generation sich noch lebhaft an Mandela erinnern. Selbst Granny hat ihn gekannt. Obwohl er so lange Zeit auf Robben Island war, haben die Menschen ihn nicht vergessen. Ich bin gespannt, wie er jetzt aussieht mit seinen einundsiebzig Jahren. Ich habe noch nie ein Foto von ihm gesehen, denn die Regierung hatte jegliche Veröffentlichung von Fotos, auf denen Mandela zu sehen war, verboten.

Schließlich, kurz vor vier Uhr nachmittags, sieht man einen Konvoi von Limousinen auf die Gefängnistore zufahren.

»Mandela und Winnie sitzen im ersten Wagen«, verkündet ein Kommentator.

Kurz vor dem Tor stoppt der Konvoi. Winnie Mandela steigt aus, gefolgt von einem großen, stolzen grauhaarigen Mann in Anzug und Krawatte. Die beiden schreiten auf die jubelnde Menge zu, die sich vor dem Tor versammelt hat.

»Das ist Mandela!« ruft Onkel Cheeks.

Als der große, grauhaarige Mann seine rechte Hand zum *Amandla*-Gruß hochreckt, weiß ich: Das ist er. Die Leute schreien und jubeln und fallen sich weinend in die Arme. Granny vollführt einen Freudentanz. »Er ist frei! Er ist endlich frei!« ruft sie überglücklich.

44

Mandela kommt nach Alexandra«, sagt Florah atemlos.

Seit fast einer Woche reden die Leute über nichts anderes mehr. Wo ich auch hingehe, höre ich Geschichten aus seinem Leben. Wir sind mächtig stolz, daß unser lange verachtetes Township einst das Zuhause des großen Mandela war.

Ich kann es kaum fassen, daß ich die lebende Legende tatsächlich zu Gesicht bekommen soll. Am Tag seines Besuchs stehen Maria und ich mit Tausenden anderen Menschen im überfüllten Stadion. Wir versuchen uns bis zur Bühne vorzukämpfen, aber es ist unmöglich. Wir sehen ihn nur von weitem, aber seine sonore Stimme hallt aus mehreren Lautsprechern durch die ganze Arena.

Mandelas Freilassung löst großen Optimismus aus. In jeder seiner Reden schlägt er einen versöhnlichen Ton an. Er versichert den Weißen, daß sie auch im neuen Südafrika eine wichtige Rolle spielen werden. Er reicht selbst dem erbittertsten Rivalen des ANC die Hand, der Inkatha Freedom Party, die von Häuptling Mangosuthu Gatsha Buthelezi angeführt wird. Buthelezi war ursprünglich ein überzeugtes Mitglied des ANC. Er verscherzte sich jedoch die Gunst der radikaleren Elemente in der Organisation, als er sich 1976 gegen den bewaffneten Kampf und gegen die Sanktionen aussprach, mit denen Pretoria zur Beendigung der Apartheid gezwungen werden sollte. In Alexandra, wo die meisten Leute ANC-Anhänger sind, ist die Inkatha verhaßt.

Mandelas Friedensangebot an die Inkatha wird als letzte Hoffnung betrachtet, um die blutigen Kämpfe zwischen Comrades und Inkatha-Anhängern in Alexandra zu beenden. Aber die meisten Comrades wollen den Frieden gar nicht; sie wollen vielmehr die Inkatha aus dem Township vertreiben. Doch weil sie Mandela respektieren, fügen sie sich.

Die Hoffnung auf Frieden macht sich auch unter den Schülern bemerkbar. Der Unterricht verläuft jetzt wesentlich entspannter und fast reibungslos. Das Lernen macht endlich wieder Spaß. Ich schneide sehr gut bei den Halbjahresprüfungen ab und freue mich schon auf das Abschlußexamen Ende des Jahres. Johannes schreibt, daß er eine schöne Belohnung für mich bereithält, wenn ich meine Reifeprüfung bestanden habe. Er will sich darum kümmern, daß ich nach Amerika kommen und eine Krankenschwesternausbildung machen kann. Ich bin außer mir vor Freude; jetzt habe ich ein klares Ziel vor Augen.

Aber wie es in der Vergangenheit schon so oft passiert ist, kommt es wieder zu Gewalttätigkeiten, die alles verderben. Die Euphorie über Mandelas Freilassung erweist sich als ziemlich kurzlebig. Obwohl der zweite Ausnahmezustand, der das Blutvergießen zwischen den Anhängern von ANC und Inkatha eindämmen sollte, am zehnten Juni aufgehoben worden ist, sendet das Radio täglich Nachrichten, vor allem aus Natal, über Zusammenstöße zwischen Mitgliedern beider Organisationen sowie ANC-Anhängern und der Polizei.

In Alexandra führen die schon lange schwelenden Spannungen zwischen den Einwohnern und den Bewohnern der Männerwohnheime, in der Regel Inkatha-Anhänger, zum schlimmsten Blutvergießen seit dem *Mzabalazo*. Die Einwohner verlangen, daß die Wohnheime aufgelöst werden, aber die Behörden weigern sich standhaft.

Die Schulen werden wieder geschlossen, da in den Straßen regelrechte Schlachten toben. Ich verbringe meine Tage zu Hause hinter verschlossenen Türen, während Banden von

Zulu-Kriegern, die sogenannten *Impis*, bewaffnet mit Speeren, Macheten, Schlagstöcken und Sturmgewehren, die Straßen unsicher machen, immer auf der Jagd nach ANC-Anhängern, die sie wahllos abschlachten. Man munkelt, daß sie dabei den Segen der Sicherheitskräfte haben und häufig sogar im Beisein der Polizei operieren.

Als Angie, Given, Mama und ich mal wieder im Wohnzimmer vor dem Fernseher sitzen, hören wir draußen plötzlich Schreie. Durchs Fenster sehen wir, wie ein Comrade von einem speerschwingenden Inkatha-Mann gejagt wird. »Hilfe, Hilfe«, schreit der Comrade und stolpert. Sein Verfolger versucht, ihn mit dem Speer aufzuspießen, aber der Comrade kann sich gerade noch auf die Seite rollen und wieder auf die Füße springen. Er läuft los, und der Inkatha-Mann, der an ihm dranbleibt, entfernt sich immer weiter von seiner Gruppe, die ebenfalls in entgegengesetzter Richtung Jagd auf Comrades macht. Dem Comrade kommen jetzt überall aus den Hütten Leute zu Hilfe, bewaffnet mit Steinen und Messern. Ein Stein trifft den Inkatha-Mann im Rücken, er strauchelt. Der nächste Stein streckt ihn nieder.

Die Leute aus den Hütten stürzen sich auf ihn wie hungrige Wölfe. »*Bulala i nja!* Tötet den Hund!« schreien sie, während sie ihn steinigen und auf ihn einstechen. Blutend und mit zerrissenen Kleidern gelingt es dem Mann, auf unser Haus zuzukriechen. Doch bevor er das Tor erreicht, tritt ein bärtiger Mann aus einer der Hütten. Er hebt einen riesigen Stein auf und zertrümmert dem Inkatha-Mann den Schädel.

Ich wende mich entsetzt ab. Angie und Given, die sich neben mir am Fenster die Nase platt drücken, fangen an zu lachen. Sie halten das ganze wohl für ein Spiel.

»Weg mit euch«, sage ich und scheuche sie vom Fenster fort.

Dann werfe ich einen Blick auf den Inkatha-Mann. Er ist mausetot.

Der grausige Anblick beschert mir in den folgenden Nächten Alpträume. Aber es sollen noch mehr davon folgen. Die Inkatha-Leute nehmen blutige Rache für den Tod ihres

Kameraden. Tagelang herrschen Mord und Totschlag in dem Viertel, in dem die Klinik liegt. Die *Impis* werfen Brandbomben in die Häuser mutmaßlicher ANC-Anhänger und töten willkürlich Menschen, die sie für ANC-Mitglieder halten. Nach Beendigung des grausamen Gemetzels ist das Viertel vollkommen verwüstet. Dutzende sind getötet worden, Unzählige verwundet, Hunderte verschwunden. Die Straßen sind übersät mit ausgebrannten Autowracks. In den Häusern herrscht gespenstische Stille. Es ist, als wäre auf das ganze Gebiet eine Bombe gefallen. Deshalb geben die Leute dem Viertel den Namen »Beirut«.

Beirut ist jetzt ein lebensgefährliches Niemandsland. Einer schwangeren Frau wird auf dem Weg zum Krankenhaus der Bauch aufgeschlitzt. Eines Tages kündigt Papa an, daß er durch Beirut zur Klinik gehen will, um sich neue Medikamente gegen seinen chronischen Husten und gegen die Schmerzen im rechten Bein zu holen.

»Die Inkatha-Leute werden dich umbringen«, sagt Mama besorgt und hält ihn am Ärmel fest.

»Ach was«, erwidert Papa. »Ich bin doch kein Comrade.«

»Das interessiert die nicht.«

Papa, stur wie immer, geht trotzdem los. Mehrere Stunden vergehen, und er ist noch nicht zurück. Die ganze Familie macht sich große Sorgen. Endlich, gegen Abend, kommt er mit der Medizin nach Hause.

»Ich hab euch doch gesagt, daß sie mir nichts tun werden«, sagt er triumphierend.

»Du hast einfach nur Glück gehabt«, behauptet Mama.

»Das war kein Glück«, entgegnet Papa. »Ich bin ein Krieger. Kein Zulu-Bürschchen würde es wagen, sich mit einem Venda-Krieger anzulegen.«

Mama ist trotzdem beunruhigt und geht zu Pfarrer Mathebula, um ihm von dem Vorfall zu berichten.

»Machen Sie sich keine Sorgen, Mrs. Mathabane. Jetzt, wo Ihr Mann Mitglied in der Twelve Apostles Church of God ist, genießt er den Schutz des Allmächtigen.«

»Aber Beirut ist fest in der Hand der Inkatha«, sagt Mama.

»Gott ist mächtiger als die Inkatha, Schwester«, beruhigt sie Pfarrer Mathebula. »Und einem Diener Gottes, der sich in dem Viertel bewegt, wird kein Haar gekrümmt werden.«

Einige Wochen darauf beschließt Papa erneut, sein Schicksal herauszufordern und zur Klinik zu gehen. Diesmal kommt er erst gar nicht bis dorthin.

»Was ist denn passiert?« fragt Mama, als Papa völlig aufgewühlt nach Hause kommt.

»Sie haben sich sofort auf mich gestürzt, als ich um die erste Ecke gebogen bin«, berichtet Papa. »Es waren zehn oder zwölf. Sie waren mit Macheten, Gewehren und Speeren bewaffnet. Wollten wissen, was ich in ihrem Territorium zu suchen hätte. Ich habe ihnen erklärt, daß ich auf dem Weg in die Klinik bin. Aber sie haben mir nicht geglaubt. Sie haben mich für einen Spion gehalten.«

Mama lacht, und ich muß grinsen. Papa, der auf dem schwarzen Ledersofa neben dem Fernseher sitzt, als er die Geschichte von seiner geglückten Flucht erzählt, zieht ein Taschentuch heraus und wischt sich die schweißnasse Stirn ab. »Dann haben sie mich in ihr Wohnheim abgeführt«, fährt Papa fort. »Immer wieder habe ich meine Unschuld beteuert, aber das hat sie überhaupt nicht interessiert. Sie haben mir gedroht, mich zu töten, wenn ich ihnen nicht die Wahrheit sage.«

»Ich hab dir doch gesagt, du sollst nicht allein durch Beirut gehen«, sagt Mama. »Aber du wolltest ja nicht auf mich hören.«

»Unterbrich Papa nicht, Mama«, sagt Florah. »Laß ihn erzählen, was passiert ist.«

»Im Wohnheim haben sie mich in ein Zimmer geführt, wo ihr *Induna*, ihr Häuptling, an einem Tisch saß«, sagt Papa, »ein bulliger Mann mit einem grimmigen Gesicht. Er hatte eine Pistole in der Hand. Er wollte wissen, warum sie mich zu ihm gebracht haben. Sie sagten, ich wäre ein Spitzel. Der *Induna* sah mich an und fragte: ›Bist du ein Spitzel?‹ Das habe ich natürlich heftig bestritten. Eine Zeitlang saß der *Induna* nur schweigend da, dann merkte ich, daß er auf meine rechte Hand starrte. ›Woher hast du die Armbanduhr?‹ fragte er und zeigte auf die goldene Uhr, die ihr mir aus Amerika mitgebracht habt. Ich hab ihm erklärt, mein Sohn, der in Amerika lebt, hätte sie mir geschenkt. Er wollte sie sehen, und ich habe sie abgenommen und ihm gegeben. Was sollte ich denn tun? Dann hat er mich noch mal gefragt, ob ich ein Spitzel bin. Und ich hab wieder nein gesagt. Daraufhin hat er seinen Männern befohlen, mich freizulassen.«

»Und was ist mit der Uhr?« fragt Mama.

»Ich hab sie ihm gelassen«, erwidert Papa.

»Es ist doch nicht zu fassen, daß du als Venda-Krieger einem Zulu-Bürschchen einfach deine Uhr überläßt«, sagt Mama spöttisch.

»Ich war schließlich unbewaffnet«, entgegnet Papa. »Hätte ich meinen Speer dabeigehabt, ich hätte mich zweifellos zur Wehr gesetzt. Ihn zu einem Zweikampf herausgefordert.«

Wir müssen alle lachen.

Als die Frau von Pfarrer Mathebula mal wieder vorbeikommt, um Mama zu besuchen, sagt sie ganz unvermittelt: »Wissen Sie, Schwester, Sie hatten recht.«

»Womit?«

»Was die Inkatha angeht.«

»Was ist denn passiert?«

»Pfarrer Mathebula ist von Inkatha-Leuten überfallen und ausgeraubt worden.«

»O Gott! Wo denn?« Mama reißt vor Schreck die Augen weit auf.

»Auf dem Weg zur Klinik.«

»Und wie geht es ihm jetzt?« Nicht auszudenken, wenn ihrem verehrten Pfarrer etwas zugestoßen wäre.

»Es geht ihm gut«, sagt Mrs. Mathebula lächelnd. »Er ist nur um drei Rand ärmer. Unsere Männer sind sich sehr ähnlich, wissen Sie. Sie sträuben sich beide, von ihren Frauen einen Rat anzunehmen. Nachdem Sie neulich bei ihm waren, habe ich ihm gesagt, Sie hätten recht, sich Sorgen zu machen, wenn Ihr Mann dauernd in Beirut herumläuft, und ihn gebeten, auf dem Weg zur Klinik nicht mehr durch das Viertel zu gehen.«

»Er ist auch durch Beirut gegangen?«

»Ja. Und er hat meine Bitte einfach vom Tisch gewischt. Er meinte, wir Frauen wären einfach überängstlich. Er behauptete, keiner würde es wagen, einen Gottesmann zu überfallen. Aber die Inkatha-Leute interessiert das nicht. Kurz bevor er in der Klinik ankam, gleich bei dem großen Wasserturm, haben sie ihn aufgehalten und ihm die drei Rand gestohlen, die er bei sich trug, um seine Medikamente zu bezahlen. Ich habe ihm gesagt, er hat noch Glück gehabt, daß er mit dem Leben davongekommen ist.«

Mama und Mrs. Mathebula lachen herzlich über ihre starrköpfigen Männer.

45

Seit die Inkatha-Anhänger ihn überfallen haben, geht Papa nicht mehr zur Klinik, um sich seine Medikamente zu holen. Aber seine Schmerzen und der Husten gehen nicht weg. Schließlich bittet er mich, an Johannes zu schreiben und ihm von seinen gesundheitlichen Problemen zu berichten. Einen Monat später ruft mein großer Bruder an und sagt, er möchte, daß Papa mit Mama nach Amerika kommt, um sich dort von Spezialisten untersuchen zu lassen.

Papa gefällt die Idee sofort. Er erklärt, er will nach Amerika, um das Land kennenzulernen und seine Kinder zu sehen, die ihm schrecklich fehlen.

Linda, der uns schon so oft geholfen hat, begleitet Papa zum Paßamt, damit er nicht so schikaniert wird wie damals Maria und ich. In weniger als drei Wochen hat Papa seinen Paß. Einen Tag später fährt Linda mit ihm nach Johannesburg zur amerikanischen Botschaft, wo er problemlos ein Visum erhält.

Am Tag vor der Abreise meiner Eltern nach Amerika bringt Pfarrer Mathebula einen Brief von der Kirche vorbei, in dem die Gemeinde den beiden eine angenehme Reise wünscht.

»Aber daß Sie mir nicht für immer dortbleiben«, scherzt Pfarrer Mathebula. »Die Kirche braucht Sie hier.«

»Keine Sorge, wir kommen wieder zurück«, verspricht Mama.

Ich sehe Papa an, und mir fällt auf, wie abgemagert er ist. Ich frage mich, was ihm fehlt. Hoffentlich finden die amerikanischen Ärzte es heraus.

Linda stellt unserer Familie einen Wagen mit Fahrer zur Verfügung, der uns zum Jan Smuts Airport bringt. Maria, Florah und ich weinen, als wir uns von unseren Eltern verabschieden und ihnen zusehen, wie sie in den Jumbo-Jet von British Airways steigen, der sie über London nach New York bringt.

Das Jahr 1990 geht zu Ende. Zwischen ANC- und Inkatha-Anhängern tobt nach wie vor ein schrecklicher Kampf. Fast jede Woche wird in den Zeitungen und Fernsehnachrichten von neuen Massakern berichtet, vor allem in Kwazulu Natal und Ost Rand. Mandela wird zitiert; er ist der festen Überzeugung, daß die gewalttätigen Ausschreitungen auf das Konto einer »finsteren dritten Gewalt« gehen, die sich zum Ziel gesetzt hat, die schwarze Mehrheit in der Regierung zu verhindern.

In Alexandra werden die Killerkommandos dieser dritten Gewalt für das Massaker verantwortlich gemacht, das unter Comrades während einer Mahnwache angerichtet wurde. Trotz der Gewalttätigkeiten bleiben die Schulen geöffnet, und die Lehrer erklären uns, daß es am Ende des Schuljahres Prüfungen geben wird.

Ich wage mich abends nur selten aus dem Haus, denn die Zahl der Vergewaltigungen hat drastisch zugenommen.

Eines Abends lädt Sabelo Fikile und mich zu einer Party bei einem seiner Freunde ein. Ich habe eigentlich gar keine Lust, aber Fikile, die gern auf Partys geht, überredet mich mitzukommen.

Auf der Party fühle ich mich überhaupt nicht wohl. Die laute Musik und die vielen Betrunkenen, die sich hemmungslos auf der Tanzfläche vergnügen, stoßen mich ab. Nach einer Stunde bitte ich Sabelo, mich nach Hause zu bringen. Fikile kommt auch mit. Als wir aus der Gasse treten, die auf die 15th Avenue führt, stürzen sechs bewaffnete Männer aus einem leerstehenden Haus und richten ihre Sturmgewehre auf uns. »Keine Bewegung, oder ihr seid tot«, schreit einer der Männer.

Sie packen Fikile und mich und zerren uns auf das leerstehende Haus zu. Sabelo versucht uns zu Hilfe zu eilen, aber einer der Typen schubst ihn mit dem Gewehrlauf zurück.

»Bitte, Brüder«, fleht Sabelo. »Laßt sie gehen.«

»Schnauze!« bellt der Anführer.

Ich habe panische Angst. Ich zittere am ganzen Körper. Sie werden es mit uns tun. Ich sehe es schon vor mir, ich will nicht, ich fange an, ein Gebet vor mich hin zu sprechen, während wir vorwärts gezerrt werden.

»Jesus Christus! Bitte, hilf mir!«

»Halt die Klappe!« brüllt der Mann, der mich gepackt hält.

Aber ich bin nicht still. Ich höre nicht auf, mein Gebet zu sprechen. Plötzlich reißt Fikile sich los. Sie ist eine schnelle Läuferin und auf und davon, bevor unsere Angreifer reagieren können. Sie rennt durch die schwach erleuchtete Straße und schreit: »Hilfe! Hilfe! Hilfe!«

»Bitte, laßt sie gehen, Brüder«, fleht Sabelo. »Sie ist meine Frau.«

»Sag ihr, sie soll die Klappe halten!« raunzt wieder der Anführer.

»Das hat keinen Zweck«, sagt Sabelo. »Die ist besessen. Die ist ein Jesus-Freak.«

Ich weiß nicht, ob es Fikiles Geschrei oder mein unablässiges Beten oder Sabelos Flehen ist, das ihn schließlich dazu bringt, von mir abzulassen. Ich bekomme noch nicht einmal mit, wohin die Typen plötzlich gehen. Sie verschwinden einfach in der Dunkelheit.

Wenige Wochen später, kurz vor den Abschlußprüfungen, bin ich mit Fikile zu Hause. Ich pauke für die drei wichtigsten Fächer: Englisch, Muttersprache und Afrikaans. Wenn ich in einem von den dreien versage, falle ich durch das gesamte Examen und muß die Standard Nine wiederholen. Fikile paßt solange auf Angie, Given und Sibusiso auf. Sie sind im Wohnzimmer und sehen fern, während ich in der Küche sitze.

Plötzlich geht die Tür auf, und Sabelo kommt rein. Er ist betrunken. Es ist das erstemal, daß ich ihn so betrunken erlebe, obwohl ich weiß, daß er trinkt.

»Ich will, daß du mitkommst«, sagt er.

»Wohin denn?«

»Auf eine Party.« Er schwankt bedenklich.

»Ich habe zu tun«, sage ich herablassend und will mich wieder meinen Büchern zuwenden. Er macht einige Schritte auf mich zu und sieht mir über die Schulter.

»Was denn, wenn ich fragen darf?«

»Ich lerne. Morgen sind Prüfungen.«

»Du kannst später lernen.« Sabelo wird langsam ungeduldig.

»Was ist mit den Kindern?« frage ich. »Ich muß auf die Kinder aufpassen. Florah und Maria sind nicht da.«

»Fikile soll sich um sie kümmern.«

»Sie muß vor Einbruch der Dunkelheit zu Hause sein«, erkläre ich ihm. »Du weißt doch, wie gefährlich es abends auf den Straßen ist.«

Plötzlich packt Sabelo mich an der Hand und zerrt mich nach draußen.

»Was tust du da?« schreie ich und versuche, mich loszureißen.

»Ich hab gesagt, du sollst mit mir auf eine Party kommen«, lallt er.

»Und ich hab dir gesagt, ich muß lernen«, sage ich wütend. »Außerdem weißt du, daß ich Partys nicht ausstehen kann.«

Sabelo läßt nicht von mir ab. Ich fange an zu schreien. Leute kommen neugierig aus ihren Häusern gelaufen, aber keiner hilft mir. Es kommt selten vor, daß jemand einschreitet, wenn ein Mann seine Frau oder seine Freundin mißhandelt, weil jeder fürchtet, er könnte getötet werden.

Sabelo zerrt mich die ganzen acht Blocks bis zu dem Haus auf der 4th Avenue hinter sich her, wo sein Freund wohnt. Sein Freund ist nicht zu Hause. Also schleift er mich in die entgegengesetzte Richtung zur 16th Avenue, wo ein anderer seiner Freunde wohnt.

»Warum tust du das?« frage ich ihn.

»Hast du Lügen über mich verbreitet?«

»Was denn für Lügen?«

»Wieso hast du Mrs. Xele erzählt, ich würde dich mit anderen Frauen betrügen?«

Mrs. Xele ist die Frau von Sabelos Arbeitgeber. Sie ist eine liebe, kinderlose Frau, die ganz vernarrt in Sibusiso ist, und sie war die erste, die mir gesagt hat, Sabelo hätte noch andere Frauen. Aber ich habe ihr nicht geglaubt, weil ich Sabelo nicht zutraue, daß er mich betrügt.

»Und, hast du dich mit anderen Frauen getroffen?« frage ich herausfordernd.

»Natürlich nicht«, erwidert Sabelo.

»Und warum regst du dich dann so auf?«

Sabelo sagt nichts. Wir treffen seinen Freund zu Hause mit einer Frau an. Sabelo erbleicht, als er die Frau sieht.

»Warum hast du sie hergebracht?« will Sabelo von seinem Freund wissen.

»Sie hat dich gesucht.«

»Ist das deine kleine Freundin?« fragt die Frau Sabelo sarkastisch und zeigt mit dem Finger auf mich. Sie ist älter als ich, etwa fünfunddreißig, und elegant gekleidet.

Sabelo antwortet nicht. Aber die Schuld steht ihm ins Gesicht geschrieben. Er kennt diese Frau. Ich bin davon überzeugt, daß sie eine seiner Freundinnen ist.

Wütend schlage ich ihn ins Gesicht. »Hast du mich etwa nur hierhergeschleppt, um mich zu demütigen?«

»Du verdammtes Miststück«, faucht Sabelo. Ehe ich weiß, wie mir geschieht, landet seine Faust mitten in meinem Gesicht. »Du bildest dir wohl ein, du würdest mich besitzen. Das wird dir eine Lehre sein.«

In meinem ganzen Leben bin ich noch nie so schlimm verprügelt worden. Sabelo schlägt und tritt wie von Sinnen auf mich ein. Ich schreie und versuche, wegzulaufen. Als ich stolpere und hinfalle, trampelt er auf mir herum.

»Hör auf, Sabelo!« ruft plötzlich sein Freund. Ich kann kaum noch etwas sehen. Meine Augen sind beide völlig zugeschwollen.

Aber Sabelo hört nicht auf. Irgendwie gelingt es mir schließlich zu entkommen. Ich flüchte durch das Labyrinth von Hütten, aber Sabelo bleibt mir auf den Fersen. Als mir klar wird, daß er schneller ist als ich, verstecke ich mich in einer Hütte, vor der mehrere Frauen hocken. Hastig verriegle ich die Tür von innen.

Sabelo trommelt mit den Fäusten gegen die Tür. »Mach auf, du verdammtes Miststück! Mach gefälligst auf!«

»Hau ab, du Arschloch!« brülle ich. »Ich will deine widerliche Visage nie wieder sehen!«

»Kann mir mal jemand diese verdammte Tür aufmachen?« fährt Sabelo die Frauen draußen an. »Das ist meine Frau da drinnen.«

Eine weibliche Stimme antwortet: »Man kann die Tür nicht von außen aufmachen. Sie hat sie von innen verriegelt.«

Fast eine Stunde lang trommelt Sabelo an die Tür und verlangt, daß ich rauskomme. Doch ich weigere mich standhaft. Schließlich herrscht Stille vor der Hütte. Ich sehe mich in der Hütte um. Es ist fast Mitternacht.

»Er ist weg«, höre ich eine Frau sagen. »Du kannst jetzt rauskommen.«

Vorsichtig öffne ich die Tür. Vor mir steht eine große, schlanke Frau, dahinter recken einige andere neugierig die Hälse.

»Vielen Dank«, sage ich.

»Mein Gott«, ruft die Frau aus. »Seht euch bloß ihr Gesicht an! Hat dieser Mistkerl dir das etwa angetan?«

»Ja.«

»Wo wohnst du?«

»In der 12th Avenue. Aber meine Granny wohnt nur einen Block weiter. Ich kann zu ihr gehen.«

»Du solltest das Schwein anzeigen«, sagt die Frau.

»Ich komme schon klar«, erwidere ich und mache mich auf den Weg zu Granny.

46

Die enge Gasse, die zur 12th Avenue führt, ist von armseligen Hütten gesäumt, und in der Mitte der Gasse verläuft eine offene Abwasserrinne. Kaum biege ich um die Ecke, als ich eine kalte Hand spüre, die mich von hinten packt.

Ich erstarre.

»Wag es nicht zu schreien«, höre ich Sabelo sagen.

Ich mache mich auf weitere Schläge gefaßt.

»Ich werde dir nicht weh tun«, sagt er. »Ich will nur mit dir reden.«

Er führt mich zu einer Straßenlaterne. Ich merke, wie er zusammenzuckt, als er meine geschwollenen Augen und die blutende Lippe sieht.

»O mein Gott!«, ruft er entsetzt aus. »Das habe ich nicht gewollt, Miriam. Wirklich nicht. Du hast mich einfach so wütend gemacht.«

»Ist schon gut«, sage ich. Ich will nur noch von ihm weg. »Laß mich gehen.«

»Willst du etwa mitten in der Nacht allein bis in die 12th Avenue laufen?« fragt er.

»Nein, ich gehe zu Granny.«

Seine Augen weiten sich vor Schreck. »In diesem Zustand lasse ich dich nicht zu deiner Großmutter gehen.«

»Laß mich los, bitte. Ich muß morgen zur Schule. Wir haben Abschlußprüfung.«

»Bist du verrückt? Ich kann nicht zulassen, daß deine Großmutter dich so sieht. Ich besorge etwas Eis. O mein Gott! Es tut mir leid. Es tut mir so leid.«

»Ist schon gut. Laß mich einfach gehen.«

»Geht das denn schon wieder los?« faucht er mich an. »Ich will dich nicht schlagen. Und jetzt komm endlich mit, damit wir irgendwo Eis auftreiben.«

Vor Angst, daß er mich wieder schlägt, folge ich ihm zu seiner Hütte. Er holt Eiswürfel aus dem Kühlschrank und packt sie mir auf die geschwollenen Lippen und Augen. Dabei wiederholt er immer wieder, wie leid ihm das alles tut.

»Du weißt doch, daß ich dich nirgendwo hinlassen kann, solange du so aussiehst«, sagt er. »Warte bis morgen. Dann wird die Schwellung abgeklungen sein.«

»Aber ich habe morgen Abschlußprüfung.«

»Die wirst du schon nicht verpassen.«

Ich weigere mich, bei ihm im Bett zu schlafen und rolle mich statt dessen auf dem Sofa zusammen. Der ganze Körper tut mir weh, außerdem habe ich fürchterliche Kopfschmerzen. Sabelo schließt die Tür ab und steckt den Schlüssel ein, damit ich nicht weglaufen kann. Im Morgengrauen werde ich durch lautes Klopfen an der Tür geweckt.

»Mach auf, Sabelo! Mach auf!« Es ist seine Freundin. »Ich weiß, daß diese Hure aus der 12th Avenue bei dir ist. Mach endlich auf!«

»Geh raus und rede mit deiner Freundin«, sage ich verbittert.

Sabelo zögert.

»Los, geh schon raus!« wiederhole ich. Dann breche ich in Tränen aus.

Er geht hinaus. Nach etwa fünf Minuten kommt er zurück. »Ich kann dich nicht in die Schule gehen lassen«, erklärt er.

»Was?« schreie ich fassungslos und springe auf, obwohl mein Kopf sich anfühlt, als wäre er mit Blei gefüllt.

»Du hast genau gehört, was ich gesagt habe«, erwidert er. »So wie du aussiehst, kann ich dich nicht zur Schule gehen lassen.«

»Aber heute finden die Abschlußprüfungen statt. Wenn ich nicht hingehe, falle ich durch.«

»Du kannst sie ein andermal wiederholen.«

»Nein, das kann ich nicht.«

»In diesem Zustand kann ich dich jedenfalls nicht gehen lassen«, sagt er. Er schnappt sich den Schlüssel, verriegelt die Tür und geht fort. Ich trommle mit den Fäusten gegen das Holz, aber niemand läßt mich raus. Die Hütte hat keine Fenster. Schluchzend werfe ich mich auf das Sofa. Es ist alles aus. Ich werde durch die Prüfungen fallen. Ich werde die Klasse wiederholen müssen. Ein ganzes Jahr vergeudet! Mein Haß auf Sabelo kennt keine Grenzen. Ich schwöre mir, daß ich ihn verlassen werde.

Sabelo weiß genau, daß meine Eltern in Amerika sind, und hält mich den halben Tag lang in der Hütte eingesperrt. Gegen ein Uhr mittags läßt er mich frei, und ich eile nach Hause. Als Florah mein Gesicht sieht, will sie sofort wissen, was passiert ist. Ich breche in Tränen aus und erzähle ihr schluchzend, was Sabelo mir angetan hat. Sie ist so wütend, daß sie auf der Stelle zu Sabelo geht und ihn einen räudigen Hund schimpft, der keine Frau verdient hat.

Ich mache mir vor allem um Sibusiso Sorgen. Als der Kleine mich fragt, was passiert ist, verschweige ich ihm die Wahrheit. Ich möchte nicht, daß er seinen Vater hassen lernt. Obwohl ich Sabelo jetzt zutiefst verabscheue, möchte ich, daß er ein normales Verhältnis zu seinem Sohn hat.

Noch tagelang, nachdem Sabelo mich verprügelt hat, kann ich nicht aufhören zu weinen. Ich bin am Boden zerstört. Am liebsten würde ich mich umbringen. Daß ich die Standard Eight wiederholen muß, zerstört meinen größten Traum, die Reifeprüfung abzulegen und nach Amerika zu gehen. Ich weiß gar nicht, was ich Johannes erzählen soll, wenn er anruft, um sich nach meinen Prüfungsergebnissen zu erkundigen. Er rechnet schließlich damit, daß ich in einem Jahr mit der Schule fertig bin, und jetzt muß ich die Klasse wiederholen. Wie soll ich ihm nur erklären, daß ich durchgefallen bin? Wird er mich für dumm halten und mich dann doch nicht nach Amerika holen?

Eine Woche später ruft Johannes an. Ich traue mich gar nicht ans Telefon, also nimmt Florah das Gespräch entgegen. Ich höre sie schreien. Dann bricht sie in Tränen aus.

»Was ist denn los?« fragen Maria und ich gleichzeitig.

»Johannes sagt, Papa hat Krebs«, berichtet sie schluchzend.

Die Neuigkeit schlägt ein wie ein Blitz. Ich fühle mich völlig benommen. Ich habe einmal ein Referat über Krebs gehalten, und eins weiß ich: Diese Krankheit ist tödlich.

Florah unterhält sich eine Weile mit Johannes, dann legt sie auf.

»Wie schlimm ist es denn?« frage ich.

»Der Krebs hat in der Prostata angefangen und sich dann ausgebreitet. Papa hat Metastasen in einem Bein und in der Lunge. Der Husten, der ihn schon so lange quält, kommt vom Krebs.«

Ich weine, aber es kommen keine Tränen. Ich bin vor Kummer wie betäubt.

»Wird er überleben?«

»Johannes sagt, er ist gestern operiert worden«, erzählt Florah. »Der Arzt hat ihm die Prostata und die Hoden entfernt. Der Arzt sagt, das könnte sein Leben ein wenig verlängern.«

Papa und Mama kommen zwei Wochen vor Weihnachten zurück. Papa wirkt erstaunlich gesund. Er klagt nicht mehr über Schmerzen im Bein, aber er wird nur schwer damit fertig, daß ihm beide Hoden entfernt wurden. Außerdem plagen ihn häufig Hitzewellen. Aber wie immer lehnt er jedes Mitleid ab. Er ist wild entschlossen, die Zeit, die ihm noch bleibt, auf seine Weise zu verleben. Jeden Sonntag geht er in die Kirche. Er baut einen kleinen Laden an unser Haus an, und dort sitzt er jetzt den ganzen Tag in der Sonne und verkauft Tomaten, Zwiebeln, Süßigkeiten, gekochte Hühnerfüße, Wassereis und kühle Getränke an Passanten und Nachbarskinder.

Im Schlafzimmer hat er ein großes Foto von sich und Johannes aufgehängt. Stolz erzählt er allen Leuten, daß er mit einem Flugzeug geflogen ist und im großartigen Amerika war. Wenn man ihn nach seinem Eindruck von Amerika fragt, behauptet er, es war »langweilig«. Es gibt keinerlei Anzeichen dafür, daß er langsam stirbt. Johannes hat ihn gebeten, für die weitere Behandlung in Amerika zu bleiben, aber er wollte lieber wieder nach Hause.

Ich erzähle Mama, daß Sabelo mich verprügelt hat und ich deswegen bei der Reifeprüfung durchgefallen bin. So wütend habe ich Mama noch nie gesehen. Sie droht, Sabelo anzuzeigen, aber ich bitte sie, das nicht zu tun.

»Laß ihn in Ruhe.«

»So eine Gemeinheit«, schimpft Mama. »Dich einfach in seiner Hütte einzusperren.«

»Vielleicht sollte es so sein«, erwidere ich. »Jetzt weiß ich wenigstens, daß wir beide nicht zusammengehören.«

»Das Jahr wird schnell vorbei sein«, tröstet Mama mich. »Ehe du dich's versiehst, bist du schon in der Standard Nine.«

»Ich habe Angst, daß Johannes mich nicht nach Amerika kommen läßt, wenn er davon erfährt. Dann kann ich auch die Ausbildung als Krankenschwester nicht machen.«

»Du meinst, wir sollen ihm nichts davon erzählen?«

»Ja.«

Aber ich bin nicht die einzige in der Familie, die geschlagen wird. Während der Weihnachtsferien begleitet Maria ihren Mann, der Taxifahrer ist, nach Venda. Bei einem Streit um eine andere Frau verprügelt er sie so schlimm, daß er ihr den rechten Arm bricht. Sie schwört, ihn zu verlassen, obwohl sie wieder schwanger ist.

Als ich mich im Januar 1991 für die Standard Eight einschreibe, schäme ich mich in Grund und Boden. Miss Jones ist überrascht, mich zu sehen, und als sie sich erkundigt, wieso ich durchgefallen bin, erkläre ich ihr, ich sei krank gewesen, als der Prüfungstermin war. Die Standard Eight zu wiederholen, fällt mir schwerer als alles, was ich je getan habe. Cynthia hat bestanden und geht jetzt in die Standard Nine. Zum erstenmal, seit wir auf der Bovet School in die Sub A eingeschult wurden, gehen wir in verschiedene Klassen. Besonders wurmt mich der Gedanke, daß ich die Prüfung mit Leichtigkeit bestanden hätte, wenn ich nicht verhindert gewesen wäre. Aber die Vorschrift lautet nun mal, daß man keine zweite Chance bekommt, an der Prüfung teilzunehmen. Ich werde also ein Jahr lang herumsitzen und die Zeit totschlagen. Jetzt verstehe ich auch, warum so viele Schüler, die durch die Prüfung fallen, nie zurückkehren, um die Klasse zu wiederholen.

Wegen der anhaltenden Kämpfe werden die Schulen erneut geschlossen. In Alexandra herrscht Kriegszustand. ANC-Anhänger töten Inkatha-Anhänger und Inkatha-Anhänger töten ANC-Anhänger. Killerkommandos, die angeblich von der südafrikanischen Polizei gesteuert werden, schüren die Gewalt. Die Leidtragenden sind die Einwohner von Alexandra, vor allem die Schüler

Im März werden innerhalb einer Woche einundsechzig Menschen getötet. Kurz darauf fallen die Vigilantes über die Schulen her, die sie für Brutstätten der Comrades halten. Panische Angst überkommt mich, als ich höre, daß die Inkatha-Leute von Schule zu Schule gehen und wahllos Schüler erschießen und totschlagen. Die Lehrer schicken uns sofort nach Hause. In unserer Küche sitzt Maria, sie ist völlig aufgelöst. Angie und Given sind nicht nach Hause gekommen. Wir laufen zusammen zur Bovet School. In den Straßen wimmelt es von schreienden Kindern, die aus allen möglichen Schulen flüchten. Aus der Bovet School kommt niemand.

Als wir dort ankommen, sehen wir die Schüler weinend aus dem Gebäude rennen. Verzweifelt suchen wir nach Angie und Given. Zum Glück entdecken wir sie bald unter den verängstigten Jungen und Mädchen, die uns entgegenströmen.

Wir packen sie an der Hand, rennen nach Hause und verbarrikadieren die Tür.

Die Schulen bleiben mehrere Wochen lang geschlossen. Ich sitze von morgens bis abends vor dem Fernseher. Südafrika ist ein einziges Schlachtfeld. Überall werden Massaker verübt, die wiederum blutig gerächt werden. Mandela macht de Klerk dafür verantwortlich, und de Klerk macht Mandela dafür verantwortlich. Immer mehr deutet darauf hin, daß Polizei und Todesschwadronen die Gewalttätigkeiten unter den Schwarzen schüren, vor allem die Auseinandersetzungen zwischen ANC und Inkatha.

In Alexandra ist die dritte Gewalt besonders aktiv. Es gibt immer mehr Schußwaffen, und kein Mensch scheint zu wissen, woher sie kommen. Die Killerkommandos verüben Massaker unter Trauergesellschaften, den Comrades und ANC-Aktivisten. Die Comrades wiederum rächen die Greuel mit der Halskrause. Phineas, Alexandras Freund, wird beschuldigt, ein *Impimpi* zu sein, und wird mit der Halskrause bestraft.

Obwohl kein Ende der Ausschreitungen in Sicht ist, werden die Schulen wieder geöffnet. Am Ende des Schuljahres nehme ich an den Prüfungen teil. Wundersamerweise bestehe ich. Weihnachten wird aber im ganzen Land dieses Jahr kaum gefeiert, wir verbuchen also eine weitere »schwarze Weihnacht«. Tausende sind bereits umgekommen, und das Morden geht weiter.

Zu den wenigen Lichtblicken zählt, daß die Regierung gemeinsam mit dem ANC und über einem Dutzend weiterer Organisationen ein historisches Dokument für die CODESA, die verfassunggebende Versammlung, für ein demokratisches Südafrika erarbeitet hat. In dieser Absichtserklärung verpflichten sich alle beteiligten Gruppen auf ein ungeteiltes Südafrika hinzuarbeiten, das allgemeine Bürgerrechte garantiert und die Apartheid und andere Formen der Diskriminierung abschafft.

47

Im Februar 1992 fliegen Florah und Angie nach Amerika. Johannes und Gail haben ein Buch veröffentlicht mit dem Titel *Love in Black and White*. Sie haben inzwischen zwei kleine Kinder, Bianca Ellen, die nach Granny benannt ist, und Nathan Philip, nach Gails Großvater. Sie möchten, daß Florah sich um Bianca und Nathan kümmert, während die beiden auf einer Lesereise durch die USA unterwegs sind. Linah und Diana gehen auf ein Internat, und George besucht mittlerweile das College.

Florah kommt ohne Angie aus Amerika zurück. Wir haben inzwischen die gesamte Familie ihres Mannes bei uns aufgenommen – seine Mutter und ihre fünf Kinder –, nachdem sie ihr Haus auf der Flucht vor der Inkatha verlassen mußten. Jetzt leben fast zwanzig Menschen in einem Haus, das eigentlich für höchstens fünf Personen vorgesehen ist. Durch die Enge in dem überfüllten Haus entstehen viele Reibereien. Papa, der sehr ordentlich ist und gern seine Ruhe hat, kommt mit dem Chaos überhaupt nicht zurecht.

»Sie sind schon viel zu lange hier«, beschwert er sich bei Mama. »Können sie sich nicht ein eigenes Haus mieten?«

»Es gibt keine leerstehenden Hütten mehr in Alexandra«, entgegnet Mama. »Die Leute, die aus ihren Häusern vertrieben wurden, hausen immer noch in *Shelters*.«

Diese provisorischen Massenunterkünfte sind hoffnungslos überfüllt. In einem Kirchengebäude sind beispielsweise über hundert Familien zusammengepfercht. Und noch ein Problem ist aufgetaucht. Flüchtlinge aus Mozambique, die der Armut in ihrer Heimat entfliehen und Südafrika als das neue Paradies betrachten, strömen in Scharen in das Ghetto. Überall entstehen provisorische Hütten. Als wir vor etwas mehr als zwei Jahren in die 12th Avenue zogen, war der gegenüberliegende Hof noch ein offenes Feld, auf dem Angie, Given, Tsepo und ihre Freunde oft gespielt haben. Jetzt ist das Gelände mit armseligen Hütten übersät. Von unserem Traumhaus aus blickt man nun auf eine lange Reihe von Klohäuschen. Und vor unserem Haus verläuft wieder eine offene Abwasserrinne, weil die Toiletten dauernd überlaufen und die Leute aus den Hütten ihr schmutziges Wasser einfach auf der Straße ausschütten.

Siphos Familie zieht schließlich aus und richtet sich in Florahs kleiner Hütte auf der 17th Avenue ein. Das ist eine große Belastung für Florahs Ehe. Außerdem ist es ihr peinlich, im selben Zimmer mit ihrer Schwiegermutter schlafen zu müssen. Aber sie kann nichts dagegen tun. In weniger als zwei Jahren ist die Bevölkerung des Ghettos, das eine Fläche von etwa anderthalb Quadratkilometern umfaßt, von etwas über 200 000 auf weit über 400 000 Menschen angewachsen. Die Arbeitslosigkeit liegt immer noch weit über 50 Prozent. Die Kriminalitätsrate steigt stetig, und inzwischen kursieren auch alle Arten von Drogen: Kokain, Heroin, Mandrax und Crack. Nach der Abschaffung des Kommunalrats und der Peri-Urban herrscht keinerlei Recht und Ordnung mehr. Ich tue mein Möglichstes, um mich auf die Schule zu konzentrieren, denn ich weiß, daß mein Traum, in Amerika eine Ausbildung als Krankenschwester zu machen, von meinem Schulabschluß abhängt. Ich lerne gemeinsam mit einigen Freundinnen, und wir verbringen oft drei bis vier Stunden nach der Schule damit, uns gegenseitig abzufragen.

Außerdem lese ich alle Bücher, die Linah und Diana mir aus Amerika schicken. Und ich sehe mir regelmäßig die

Nachrichten an. Ich tue alles, um sicherzustellen, daß ich für die schwerste Prüfung meines Lebens vorbereitet bin. Diejenigen, die die Prüfungsaufgaben ausarbeiten, interessiert es nicht im geringsten, daß ich von diversen Schulboykotts und Lehrerstreiks betroffen war. Es interessiert sie nicht, daß ich mit Hilfe der Regeln der Volksbildung, die die Comrades während des *Mzabalazo* proklamiert haben, in die Standard Seven versetzt worden bin, ohne das Pensum der Standard Six absolviert zu haben. Es interessiert sie auch nicht, daß es in der Schule ein Drogenproblem und Lehrermangel gibt. Und es interessiert sie erst recht nicht, daß ich völlig überfordert bin, weil ich neben der Schule noch einen kleinen Sohn zu versorgen habe, von einem gewalttätigen Freund gequält werde und jede Menge Hausarbeit erledigen muß.

Irgendwie sagt mir eine düstere Vorahnung, daß ich durchfallen werde. Im vergangenen Jahr sind die Prüfungen katastrophal schlecht ausgefallen. Nur 36,4 Prozent der schwarzen Schüler, die in ganz Südafrika an den Prüfungen teilgenommen haben, waren erfolgreich. Im Vergleich dazu haben 97 Prozent der Weißen, 95 Prozent der Inder und 79 Prozent der Mischlinge bestanden.

Es geht das Gerücht, daß die Ergebnisse in diesem Jahr noch schlechter ausfallen werden. Als das ganze Land während der ersten Januarwoche 1993 gespannt auf die Bekanntgabe der Ergebnisse wartet, bin ich ein reines Nervenbündel. Ich kann weder essen noch schlafen.

»Mach dich doch nicht verrückt«, sagt Florah. »Warte ab, bis die Ergebnisse veröffentlicht werden.«

»Ich weiß einfach, daß ich es nicht geschafft habe.«

»Du bist immer so pessimistisch. Du hast doch dein Bestes getan, oder?«

»Aber es war vielleicht nicht genug.«

Am Tag darauf kommt Sarah, Georges ehemalige Freundin, die inzwischen einen Job hat, ganz aufgeregt hereingestürmt.

»Hast du den *Star* von heute schon gelesen?«

»Nein, ich kaufe mir in letzter Zeit keine Zeitung. Ich fürchte mich viel zu sehr vor dem, was drinsteht.«

»Du dumme Gans«, sagt Sarah. »Dann weißt du also noch nicht, daß du zu den wenigen Schülern der Alexandra High-School gehörst, die bestanden haben.«

Ich bin wie vom Donner gerührt. »Über solche Dinge macht man keine Witze, Sarah«, sage ich.

»Warum sollte ich Witze machen?«

»Wie kann ich denn bestanden haben?«

»Weil du fleißig gelernt hast, darum. Ich habe die Ergebnisse zweimal gelesen. Es besteht kein Zweifel. Dein Name war dabei. Ich hab mich so für dich gefreut, daß ich mitten auf der Straße einen Freudentanz aufgeführt habe. Die Leute dachten, ich wäre völlig durchgedreht.«

Ich lese die Ergebnisse im *Star*. Nicht nur ich, sondern alle meine Freundinnen, die sich mit mir gemeinsam vorbereitet haben – Petronella, Joyce, Julia und Ophelia –, haben bestanden. Als ich die Liste überfliege, stelle ich verblüfft fest, daß all die guten Schüler, die glaubten, sie hätten es nicht nötig zu lernen, durchgefallen sind. Wir mittelmäßigen Schüler dagegen, die wir hart für die Prüfungen gearbeitet haben, zählen zu den Glücklichen.

Seltsamerweise stellt sich jedoch kein Hochgefühl ein. Nur Erleichterung. Ich stoße einen tiefen Seufzer aus. Irgendwie stehe ich immer noch unter Schock. Ich kann es einfach nicht fassen, daß ich es nach allem, was ich durchgemacht habe, endlich geschafft habe. Ich fange allmählich an, das Wunder zu begreifen, als alle möglichen Leute zu mir kommen, um mir zu gratulieren. Mama ist außer sich vor Glück. »Ich hab dir doch gesagt, du würdest es schaffen, mein Kind«, sagt sie. »Gott läßt seine Kinder in Zeiten der Not nie im Stich.«

Johannes ruft aus Amerika an. »Wie hast du bei den Prüfungen abgeschnitten?«

»Ich habe bestanden.«

Johannes jauchzt vor Freude. »Kommst du jetzt nach Amerika?« fragt er. »Ich möchte, daß du Sibusiso mitbringst.«

Das Herz schlägt mir bis zum Hals. Ich traue meinen Ohren

kaum. Tränen treten mir in die Augen. »Ich danke dir so sehr«, stammle ich. »Wann soll ich denn kommen?«

»Im Frühjahr. Ich schreibe gerade ein Buch über Mama, Granny und Florah. Gail kommt nach Südafrika, um sie für mich zu interviewen.«

»Sie kommt her?«

»Ja. Sie ist ganz wild darauf, Südafrika endlich kennenzulernen.«

Während ich auf Nachrichten von Gail warte, bereite ich Sibusisos Anmeldung in der Bovet School vor. Genau wie ich vor siebzehn Jahren, ist er sehr ängstlich. Er will mir nicht von der Seite weichen, aber ich tue mein Bestes, um ihn zu beruhigen. Ich erkläre ihm, wie wichtig eine gute Schulbildung ist. Ich kaufe ihm eine nagelneue Uniform, eine Krawatte, Schuhe und Socken. Ich schneide ihm die Fingernägel und kämme ihm die Haare. Ich gebe ihm Geld für ein Mittagessen.

Während der ersten Wochen macht ihm der Unterricht großen Spaß. Vor allem, weil er in dieselbe Klasse geht wie Marias Sohn Tsepo. Er mag seine Lehrerin, die sagt, daß er ein guter Schüler ist. Und er kommt immer ganz aufgeregt aus der Schule gelaufen, um mir seinen Haken auf der Schiefertafel zu zeigen.

»Ich bin sehr stolz auf dich«, erkläre ich ihm.

Doch eines Tages geschieht etwas, das mich erschüttert. Sibusiso kommt weinend aus der Schule.

»Was ist denn passiert?« frage ich.

Eine Zeitlang bringt er keinen Ton heraus. Schließlich schluchzt er: »Die Mistress hat mich geschlagen.«

Mit einemmal kommen die Erinnerungen an meine eigenen traumatischen Erfahrungen in der Sub A wieder hoch. Ich könnte auf der Stelle in Tränen ausbrechen. Ich nehme Sibusiso in den Arm und frage: »Wo hat die Mistress dich denn geschlagen?«

»Hier«, sagt er und zeigt auf seine kleine Hand.

»Und warum hat sie dich geschlagen?«

»Sie hat gesagt, ich bin ungezogen gewesen.«

»Und, warst du ungezogen?«

Sibusiso antwortet nicht. Er schaut nur auf seine Füße.

»Wenn du ungezogen bist, wird die Mistress dich immer wieder schlagen.«

»Warum denn?« fragt Sibusiso. »Du schlägst mich doch auch nie, wenn ich ungezogen bin.«

»In der Schule ist das anders. Die Mistress schlägt dich nun mal, wenn du ungezogen bist.«

»Aber warum denn?«

»Weil sie möchte, daß du etwas lernst«, ist die einzige Antwort, die ich ihm geben kann, obwohl ich weiß, daß Schlagen nicht unbedingt zum besseren Lernen führt. Ich muß daran denken, wie aus Fikile, die eine hervorragende Schülerin war, eine Kleinkriminelle wurde, weil sie dauernd verprügelt wurde. Und ich erinnere mich noch gut daran, welche Angst ich immer vor der Schule hatte, weil ich ständig mit Schlägen rechnen mußte.

»Werden die Schulkinder in Amerika auch geschlagen, Mama?« fragt Sibusiso zu meiner Verblüffung. Ich habe ihm bereits erzählt, daß wir möglicherweise nach Amerika gehen und er dort die Schule besuchen wird.

»Nein, mein Kind«, sage ich. »Deine Tanten Linah und Diana sagen, daß sie noch nie geschlagen worden sind.«

48

Ich kann es kaum glauben. Gail ist auf dem Weg nach Südafrika. Johannes hat angerufen, um uns mitzuteilen, daß sie am Morgen des 6. April aus New York hier eintrifft und wir sie am Jan-Smuts-Flughafen abholen sollen. Wegen der immer noch vorherrschenden Gewalt wird sie in einem Apartment in Rosebank wohnen.

»Wir müssen alles tun, um sie während ihres Aufenthalts zu beschützen«, sagt Mama. »Auf keinen Fall dürfen wir zulassen, daß sie alleine durch die Gegend fährt.«

»Vor allem nicht in Alexandra«, sage ich.

»Ist es denn ratsam, daß sie alleine in dem Apartment wohnt?« fragt Florah. »Wäre es nicht besser, wenn ein paar von uns zu ihr ziehen würden?«

»Laßt uns morgen mit ihr darüber beraten, wenn wir sie abholen.«

Am nächsten Morgen wird der Kleinbus, der Florah, Fikile, Mama und mich zum Jan-Smuts-Flughafen bringt, mehrmals aufgehalten, weil er überall im Township alte Leute abholen muß, die zum Mittagstisch gebracht werden. Wir kommen eine Dreiviertelstunde zu spät am Flughafen an. Alle sind in Panik.

»Wo mag sie nur sein?« fragt Mama.

»Hoffentlich hat sie nicht versucht, auf eigene Faust mit einem Kleinbustaxi nach Alexandra zu fahren«, sagt Florah.

Mama und ich sehen uns entsetzt an. »Das würde sie nie tun!« rufe ich aus.

»Du kennst Gail nicht, Miriam«, sagt Florah. »Sie ist eine sehr unabhängige Frau. Sie war früher Journalistin und hat keine Angst, sich in gefährliche Gebiete zu begeben.«

»Ich hoffe bloß, daß sie nicht in das falsche Taxi gestiegen ist«, sage ich, als wir nach Alexandra zurückeilen.

Es herrscht ein tödlicher Konkurrenzkampf zwischen den Taxifahrern, die zur Inkatha gehören, und denen, die dem ANC treu ergeben sind. Es sind schon Menschen getötet worden, weil sie in das falsche Taxi gestiegen sind. Und Gail ist eine Weiße! Da die Gewalttätigkeiten wieder eskaliert sind, haben die Comrades einen neuen Schlachtruf: ONE SETTLER, ONE BULLET, ein Weißer, eine Kugel. Der Schlachtruf ist teilweise aus dem verbitterten Eindruck entstanden, daß alle Weißen die Apartheid aufrechterhalten wollen und daß viele von ihnen den Zusammenbruch der Regierung herbeizuführen trachten. Deswegen ist für die Comrades jeder ein Held, der einen Settler, also einen Weißen, tötet. So kommt es, daß kaum ein Weißer es mehr wagt, auch nur einen Fuß in irgendein Township zu setzen.

»Sie hätte überhaupt nicht kommen dürfen«, erklärt Florah.

»Keine Sorge«, sagt Mama. »Ihr wird schon nichts passieren.«

»Und was ist, wenn sie entführt wird?« wirft Fikile ein. »Oder wenn sie getötet wird?«

»Sag doch so etwas nicht«, ermahnt Mama sie.

Mama spricht mit uns ein Gebet für Gails Sicherheit. Als wir zu Hause ankommen, sagt Maria uns, daß Gail gerade angerufen hat. Ihr ist nichts passiert. Sie hat am Flughafen auf uns gewartet, und als niemand kam, hat sie ein Taxi genommen, in dem ein schwarzer Fahrer saß, und sich zu dem Apartment in Rosebank bringen lassen.

»Sie ist wirklich sehr mutig«, sage ich beeindruckt. »Sie ist zum erstenmal in Südafrika und hat nicht die geringste Angst, sich von einem schwarzen Taxifahrer chauffieren zu lassen.«

»Das stimmt«, pflichtet Florah mir bei. »Das traut sich kaum ein Weißer.«

»Sie ist dumm, das ist alles«, kommentiert Papa. »Das hätte sie das Leben kosten können. Ich möchte, daß ihr gut auf sie aufpaßt, solange sie hier ist, habt ihr mich verstanden?«

Ich wundere mich über Papas Sorge um Gail. Mama erklärt mir, das liegt daran, daß Gail sich so rührend um Papa gekümmert hat, als die beiden in Amerika waren, vor allem nach seiner Krebsoperation.

Florah ruft Gail an. Sie ist ganz aufgeregt, zum erstenmal in Südafrika zu sein, und kann es kaum erwarten, alle wiederzusehen und uns die Kartons voll gebrauchter Kleidung und die Geschenke zu geben, die sie aus Amerika mitgebracht hat. Aber Mama sagt, sie soll sich erst mal von dem langen Flug erholen. Gail ist einverstanden, als Florah anbietet, die Nacht bei ihr zu verbringen.

Am nächsten Tag fahren Fikile, Granny, Mama und ich mit einem Kleinbustaxi nach Rosebank. Bevor wir aufbrechen, sagt Papa uns noch, wir sollen Gail um Geld bitten.

Ich bin zutiefst beeindruckt von Gail. Sie ist sehr groß, muskulös, selbstbewußt und unglaublich warmherzig. Sie ist Schwarzen gegenüber kein bißchen verlegen. Sie umarmt und küßt uns alle ganz selbstverständlich. Trotz ihres komischen Akzents verstehe ich das meiste, was sie sagt. Sie ist unglaublich wißbegierig, und ihre ersten Eindrücke von Südafrika sind tiefgründig. Sie erzählt uns davon, während wir emsig dabei sind, in der Küche das Mittagessen vorzubereiten, bevor sie damit anfängt, Granny, Mama und Florah für das neue Buch zu interviewen, das Johannes schreibt. Es soll den Titel bekommen: *Frauen in Afrika: Drei Generationen.*

»Ich bin überrascht, wie viele Schwarze überall putzen«, sagt Gail. »Heute morgen, als ich im Supermarkt einkaufen war, habe ich in jedem Gang mindestens drei schwarze Angestellte in Uniformen gesehen, die putzten und Staub wischten und die Regale auffüllten.«

»Schwarze Arbeitskräfte sind eben billig, und die Arbeitslosenrate ist extrem hoch«, erklärt Florah. »Die Weißen können es sich leisten, so viele Dienstboten einzustellen, wie sie wollen.«

»Und gestern, kurz nach meiner Ankunft«, fährt Gail fort, »war ich in der Mall von Rosebank bummeln. Ich hatte Hunger und überlegte mir, ob ich mir in einem Restaurant einen Imbiß genehmigen sollte. In den beiden Restaurants, die ich mir angesehen habe, saß kein einziger Schwarzer an einem Tisch. Nur Weiße. Das Personal bestand allerdings ausschließlich aus Schwarzen. Also bin ich statt dessen in einen Supermarkt gegangen und habe dort eingekauft, um mir selbst etwas zu kochen.«

»Es ist den Schwarzen nicht mehr verboten, in Restaurants zu essen«, sagt Florah. »Aber nur sehr wenige können es sich leisten, weil sie so wenig verdienen.«

»Ich war in meinem ganzen Leben noch nie in einem Restaurant«, sage ich.

Während des ganzen Essens reden wir über Südafrika. Nach dem Essen fragt Mama Gail, ob sie Lust hat, mit ihr am Ostersonntag in Tembisa in die Kirche zu gehen.

»Ich glaube, das ist keine gute Idee, Mama«, gebe ich zu bedenken und erinnere sie daran, daß Johannes uns gebeten hat, Gail so wenig wie möglich mit in die Townships zu nehmen, solange die Gewalttätigkeiten noch anhalten.

»Kannst du denn mal in unsere Kirche in Alexandra kommen?« fragt Mama.

»Sobald die Situation sich beruhigt«, sagt Gail.

Nach dem Mittagessen befragt Gail Granny und Mama, und ich übersetze. Die beiden sprechen Shangaan, und Gail nimmt die Interviews auf Band auf. Immer wieder lachen sie herzlich, während sie Begebenheiten aus ihrem schweren Leben erzählen, und Gail findet es schade, daß sie nur ein paar Worte Shangaan versteht. Sie spricht fließend Deutsch und Russisch und verspricht, so bald wie möglich Shangaan zu lernen, damit sie sich besser mit uns unterhalten kann. Das beeindruckt mich sehr, denn nur wenige Weiße machen sich die Mühe, eine unserer Sprachen zu lernen.

Ich verbringe viel Zeit bei Gail in ihrem Apartment und

übersetze für sie während der Interviews. Wenn Florah da ist, übernimmt sie das Übersetzen, und ich höre einfach nur zu. Eines Tages dreht das Gespräch sich um Fikile. Mama und Granny machen sich große Sorgen um ihre Zukunft. Sie ist jetzt einundzwanzig und hat keine Arbeit. In der Standard Eight ist sie von der Schule abgegangen und hat angefangen zu trinken. Mama und Granny fürchten, daß das Leben auf der Straße sie ruiniert.

»Sie könnte doch die Sekretärinnenschule besuchen, so wie Florah«, meint Gail.

Florah findet die Idee gut, aber Granny und Mama schütteln den Kopf.

»Sie ist verhext«, erklärt Granny. »Man muß sie aus dem Land bringen. Ich habe gehört, in Amerika gibt es keine Hexen.«

Florah übersetzt. Gail ist offensichtlich verblüfft, daß es noch Leute gibt, die an Hexen glauben. Aber sie ist einfühlsam genug, um nicht laut loszulachen, wie viele Weiße es tun.

»Johannes und ich sind zur Zeit ein bißchen überlastet«, sagt Gail. »Wir unterstützen drei Mathabane-Kinder in Amerika, und wir schicken jeden Monat Geld an die Familie hier in Südafrika. Außerdem haben wir selbst zwei Kinder.«

»Das kann ich verstehen«, sagt Mama.

»Aber ich werde mit Johannes darüber sprechen.«

Die ganze Familie macht einen Ausflug mit Gail in den Zoo von Johannesburg. Es ist ein wunderbar sonniger Tag mit strahlendblauem, wolkenlosem Himmel. Während wir von Käfig zu Käfig schlendern und Gorillas, Zebras, Giraffen, Büffel, Krokodile und Löwen bestaunen, werden wir ständig von Leuten begafft. Wahrscheinlich fragen sie sich, was in aller Welt eine weiße Frau in Begleitung von siebzehn Schwarzen tut.

Alle tragen zur Feier des Tages ihre farbenfrohesten Sonntagskleider. Einige haben trotz des warmen Wetters Pullover an.

Gail spendiert allen ein Eis. Florah, die sich die ganze Zeit bei Gail eingehakt hat, erklärt dem Verkäufer stolz, daß Gail ihre *Skwiza*, ihre Schwägerin, ist.

Der Eisverkäufer lächelt und schüttelt Gail die Hand. »Wenn Sie ihre Schwägerin sind, haben Sie nichts zu befürchten. Die PAC-Leute werden Ihnen bestimmt keine Halskrause anlegen.«

Gail ist schon seit fast einer Woche in Südafrika, und sie ist noch nicht einmal in Alexandra gewesen. Die Situation im Township ist sehr gespannt. Ständig gibt es Zusammenstöße zwischen den Comrades und den Vigilantes, bei denen mehrere Menschen getötet werden. In ganz Südafrika nehmen die Spannungen zu, und das Blutvergießen geht weiter. Dabei rufen Mandela, de Klerk und Buthelezi gemeinsam zum Frieden auf.

Tante Bushy kommt vorbei und fragt, ob ich sie zu Gails Apartment begleiten kann.

»Sollen wir nicht lieber bis heute nachmittag warten, wenn wir alle zusammen hingehen?« frage ich.

»Ich möchte gerne allein mit ihr reden«, erklärt Tante Bushy.

Gail hat ein Auto gemietet. Einen alten, klapprigen VW-Käfer, eins der wenigen Autos, das sie sich leisten konnte, da die Versicherung für Mietwagen wegen der vielen Autodiebstähle so teuer ist. Gail erzählt uns, daß sie sich richtig komisch vorkommt, mit diesem alten Auto durch die reichen weißen Vororte zu fahren, wo jedes Haus mehrere Garagen hat und die Straßen voll sind mit BMWs, Rolls-Royce, Alfa Romeos, Lamborghinis und anderen teuren Autos.

»Den Weißen hier in Südafrika geht es besser als den meisten Weißen in Amerika«, sagt sie.

»Das liegt an der Apartheid«, erklärt Tante Bushy. »Ich arbeite seit 1972 als Hausmädchen für Weiße. Weißt du, wieviel sie mir bezahlen?«

»Wieviel denn?«

»Hundertfünfzig Rand im Monat.«

»Hunderfünfzig Rand?« ruft Gail ungläubig aus.

»Ja. Das reicht hinten und vorne nicht zum Leben. Und versichert bin ich auch nicht.«

Bald dreht das Gespräch sich wieder um Fikile. »Ich möchte, daß sie ein besseres Leben führt«, sagt Tante Bushy. »Darum bin ich hergekommen. Ich bitte dich, sie mit nach Amerika zu nehmen. Ich fürchte, wenn sie hierbleibt, wird sie bald sterben.«

»Wie meinst du das?«

»Sie treibt sich ständig herum«, sagt Tante Bushy. »Schläft mit allen Männern. Ich habe Angst, daß sie sich mit Aids ansteckt oder daß sie ums Leben kommt, weil irgendwelche Männer sich um sie streiten. Kannst du sie nicht mitnehmen? Bitte!«

Ich sehe, daß Gails Augen sich mit Tränen füllen.

»Außerdem ist es besser, wenn sie geht, weil sie einen schlechten Einfluß auf Nkensani hat«, fährt Tante Bushy fort. »Nkensani geht gern zur Schule. Sie ist eine gute Schülerin. Aber sie bekommt natürlich die ganze Zeit mit, was ihre ältere Schwester tut.«

»Ich werde mit Johannes darüber reden«, verspricht Gail.

»Ich danke dir so sehr«, beteuert Tante Bushy. »Es tut mir leid, daß wir dich und Johannes mit unseren Problemen belasten. Aber ich weiß einfach nicht mehr, was ich tun soll.«

49

Ich bin hin- und hergerissen. Ich weiß nicht, ob es recht ist, wenn wir Gail und Johannes immerzu mit unseren Problemen belasten. Ist es egoistisch von mir, daß ich mit Sibusiso nach Amerika gehen will, obwohl die beiden schon genug auf sich genommen haben? Und wird mir Amerika überhaupt gefallen? Wie gut werde ich in der amerikanischen Schule mitkommen? Sollte ich nicht doch lieber bleiben, mir einen Job suchen und meinen Sohn großziehen?

Diese Fragen quälen mich jedesmal, wenn ich mit Gail zusammen bin und höre, wie Familienangehörige sie um dies und das bitten. Alle wollen etwas von ihr. Papa will Geld, und er ist wütend, weil sie ihm keins gegeben hat. Maria möchte, daß Gail Given mit nach Amerika nimmt, weil sie Angst um ihren Sohn hat, der mit seinen elf Jahren schon in schlechte Gesellschaft geraten ist: Jungs, die stehlen, rauchen und töten. Sogar Onkel Piet will, daß Gail eins von seinen Kindern mit nach Amerika nimmt.

Gail möchte unbedingt nach Alexandra kommen, um zu verstehen, warum alle so dringend fort von hier wollen.

»Ist es denn immer noch so schlimm?« fragt sie Florah eines Abends nach dem Essen.

»Grauenhaft«, sagt Florah. »Schlimmer als damals, als Johannes noch da war.«

»Schlimmer als in *Kaffern Boy?*« fragt Gail ungläubig.
»Du wirst es ja selbst sehen, wenn du uns besuchst.«

Am 10. April kommt Gail endlich nach Alexandra. Während wir mit ihr durch die engen Straßen fahren, ist sie entsetzt über die armseligen Hütten, die schreckliche Armut, den Unrat und kann es kaum fassen, wie viele Menschen hier auf so engem Raum hausen. Da es Samstag ist, wimmelt es in den Straßen von Leuten.

»Wie viele Menschen leben denn hier?« will sie wissen.

»Die genaue Zahl ist nicht bekannt«, sagt Florah. »Manche behaupten, es sind fast eine Million.«

»Auf anderthalb Quadratkilometern?«

»Ja. Du müßtest mal sehen, wo die Flüchtlinge aus Mozambique hausen«, sagt Florah. »Das ist ein einziges Hüttenmeer.«

Wir fahren am Jukskei River entlang, an dessen Ufern sich zahllose Hütten aneinanderdrängen, von denen viele gefährlich nah an der Böschung stehen, als würden sie jeden Moment in das schmutzige, stinkende Wasser fallen.

Die Leute starren uns an. Aber Gail ist in Sicherheit, weil wir aus dem Ghetto sind und die Leute uns kennen. Wir kommen in der 12th Avenue an. Als Gail aus dem Auto steigt und in unser Haus geht, stehen die Nachbarn neugierig an den Türen und Fenstern und flüstern aufgeregt miteinander. Ich bin froh, daß die Situation sich ein bißchen beruhigt hat, denn sonst wäre es für Gail als Weiße äußerst gefährlich, sich hier aufzuhalten, ob wir mit ihr verwandt sind oder nicht.

Das ganze Haus ist voll von Mitgliedern der Familie. Papa verhält sich Gail gegenüber sehr reserviert, weil sie ihm kein Geld gibt. Dabei hat sie ihm schon hundert Rand geschenkt. Außerdem will er, daß Johannes ihm eine neue Uhr schickt, um die zu ersetzen, die ihm die Inkatha-Leute gestohlen haben.

Wir reden den ganzen Nachmittag, und abends ißt Gail mit uns *Pap* und *Vleis*. Während des Essens hören wir draußen Geräusche. Florah sieht nach, was los ist, und kommt mit aschfahlem Gesicht zurück. »Chris Hani ist ermordet worden«, sagt sie atemlos.

Alle halten den Atem an. Wir schalten den Fernseher ein. Es stimmt. Chris Hani, der Generalsekretär der South African Communist Party und populärste schwarze Führer nach Nelson Mandela, wurde im Beisein seiner Tochter Nomakwezi von einem weißen Neonazi erschossen, als die beiden vor ihrem Haus in Dawn Park, einem überwiegend von Weißen bewohnten Vorort, aus dem Auto stiegen.

Der Mord schockiert uns und macht uns angst. Das könnte erneut Krieg bedeuten. Chris Hani war *das* Idol der Comrades. Und weil ihn ein Weißer erschossen hat, wird jetzt jeder Weiße zur Zielscheibe ihrer Racheaktionen. Und Gail ist in Alexandra, einer Hochburg der Chris-Hani-Anhänger.

»Wir müssen sie sofort von hier fortbringen«, sagt Mama aufgeregt.

»Wie denn?« Florah schaut fragend in die Runde. »Wenn wir jetzt mit ihr auf die Straße gehen und sie Gail entdecken, werden sie ihr die Halskrause anlegen.«

»Laß uns warten, bis es dunkel wird«, sagt Mama. »Dann schmuggeln wir sie raus.«

Es folgen mehrere Stunden angespannten Wartens. Wir verriegeln die Tür und ziehen die Vorhänge zu. Niemand wagt es, laut zu sprechen. Hin und wieder geht einer von uns hinaus, um die Stimmung in den Straßen abzuschätzen. Die Situation hat sich noch mehr zugespitzt. Die Schwarzen sind sehr aufgebracht; sie schreien überall nach Rache. Viele skandieren den Schlachtruf der Comrades: ONE SETTLER, ONE BULLET. In anderen Townships werden von Weißen gelenkte Autos mit Steinen beworfen und angezündet. In Kapstadt sind bereits mehrere Menschen ermordet worden. Es heißt, die Weißen würden in Scharen aus dem Land fliehen, und diejenigen, die bleiben, haben sich bis an die Zähne bewaffnet.

Mandela spricht im Fernsehen und ruft zur Besonnenheit auf.

»Die Comrades werden nicht auf ihn hören«, sagt Florah

und schaltet den Fernseher aus. »Chris Hani war ihr Anführer.«

»Ich frage mich, was jetzt passieren wird«, sagt Gail.

»Es wird Krieg geben«, sagt Florah.

»Am besten, ich fahre zurück in mein Apartment«, sagt Gail. »Es ist jetzt dunkel genug.«

»Du kannst unmöglich allein fahren«, sagt Florah. »Laß uns warten, bis Sipho nach Hause kommt. Er wird dich bringen.«

Als Sipho kommt, hüllen wir Gail in eine Decke und schmuggeln sie aus dem Haus. Sie kauert sich auf den Boden ihres alten Käfers. Langsam fährt Sipho los, und das Auto verschwindet um die Ecke. Wir beten alle, daß er sie sicher aus Alexandra herausbringt.

Eine Stunde später ruft Gail an, um uns zu sagen, daß sie wohlbehalten in ihrem Apartment angekommen ist. Alle sind erleichtert. Sie bittet uns, Johannes nichts zu erzählen, er würde sich nur Sorgen machen.

Den Nachmittag nach der Ermordung von Chris Hani verbringe ich bei Gail und übersetze für sie. Als Florah von der Arbeit kommt, hilft sie auch mit.

Gail sagt: »Ich habe gestern abend mit Johannes darüber gesprochen, wen von euch wir nach Amerika holen können. Im Moment können wir uns leider nur leisten, dich und Sibusiso zu uns zu nehmen. Die Flugkosten belaufen sich auf etwa fünftausend Dollar. Am liebsten würde ich auch Fikile, Given und all die anderen mitnehmen, aber es geht einfach nicht. Selbst das Geld für deinen und Sibusisos Flug müssen wir uns schon leihen.«

»Ich möchte dir und Johannes nicht zur Last fallen«, sage ich. »Ihr braucht euch kein Geld zu leihen, um uns beide nach Amerika zu holen. Ich habe die Reifeprüfung bestanden und kann mir einen Job suchen. Und vielleicht kann ich mir eines Tages, wenn ich genug gespart habe, selbst ein Flugticket kaufen.«

»Nein, nein«, widerspricht Gail heftig. »Du hast die Chance verdient. Wir wollen dir gerne helfen.«

Tante Bushy, Mama und Granny flehen Gail erneut an, auch Fikile mitzunehmen. Die Frau meines Bruders, verständnisvoll und geduldig wie immer, verspricht ihnen, noch einmal mit Johannes darüber zu reden. Sie ruft ihn an, aber er sagt, daß sie im Moment nicht genug Geld haben, um den Flug für Fikile zu bezahlen.

»Aber ich soll schon mal einen Paß für sie beantragen, damit sie vielleicht später nachkommen kann«, berichtet Gail.

Sie fährt kurz darauf mit mir, Sibusiso und Fikile zum Paßamt nach Johannesburg. Ich hatte damit gerechnet, daß man uns alle möglichen Schwierigkeiten machen würde. Aber zu meiner großen Überraschung ist die weiße Frau hinter dem Schalter sehr freundlich. Diesmal verlangt sie nicht ständig neue Papiere. Ohne großes Aufheben zu machen, gibt sie uns die Pässe.

»Weißt du was, Gail«, sage ich, als wir das Büro verlassen, »wenn wir allein hergekommen wären, hätte sie uns keine Pässe gegeben.«

»Ich weiß. Ich habe schon davon gehört, wie schwierig es für Schwarze ist, Papiere zu bekommen«, erwidert Gail.

Die amerikanische Botschaft stellt uns problemlos die benötigten Visa aus.

Die Gewalttätigkeiten gehen leicht zurück, nachdem Chris Hani beerdigt ist und Mandela erneut zu Ruhe und Besonnenheit aufruft. Gail kommt uns noch mehrere Male in Alexandra besuchen, ohne daß sie belästigt wird. Das liegt zum Teil auch daran, daß sie ein Gast von Linda Twala ist, der zu den angesehensten Männern im Township gehört. Einmal besucht sie das *Phutadichaba* Community Center, wo Linda sie den alten Leuten stolz als seine *Makoti*, seine Schwiegertochter, vorstellt. Gail hilft beim Austeilen der Mahlzeiten, und es ist herzergreifend zu sehen, wie sie als eine der unseren aufgenommen wird, weil sie mit Johannes verheiratet ist.

Ein andermal begleitet Gail uns ins Stadion, wo eine große, von Linda organisierte Feier stattfindet. Damit sollen die

Schwarzen begrüßt werden, die aus dem Exil zurückgekehrt sind. Tausende sind zu dem Fest zusammengeströmt. Es werden Revolutionslieder gesungen und Reden gehalten, sogar eine Blaskapelle spielt. Die Exilanten, viele von ihnen ehemalige ANC- und PAC-Kämpfer, tragen ihre schicken braunen Uniformen und schwarze Barette. Unter den Zurückkehrern sind auch einige Comrades, die während des *Mzabalazo* geflohen sind, und mehrere Schüler, die das Land 1976 während des Schüleraufstands verlassen haben.

Ich kann es kaum glauben, daß mein Sohn und ich in drei Tagen nach Amerika aufbrechen und ein neues Leben beginnen werden. Gail bittet mich, mit dem Packen anzufangen. Sie will sich in der Zwischenzeit um die Tickets kümmern. Ich bete, daß im letzten Augenblick nichts mehr schiefgeht.

Gail ruft an und sagt, sie kann das Reisebüro nicht erreichen. Alle Leitungen sind besetzt. Die Weißen flüchten in Scharen aus dem Land, weil Mandela, erbost über de Klerks Verrat und Rassismus, damit gedroht hat, zur Wiederaufnahme des bewaffneten Kampfes aufzurufen.

»Heißt das, wir können nicht fliegen?« frage ich entgeistert.

»Ich weiß es nicht«, sagt Gail. »Ich fahre gleich morgen früh selbst hin. Ich hoffe bloß, daß es noch billige Tickets gibt.«

Am nächsten Tag ruft Gail an, um mir Bescheid zu sagen, daß sie die Tickets hat. Nicht nur das, sie konnte ihre Kreditkarte sogar so weit überziehen, daß es für ein weiteres Ticket reicht. Fikile kann also mitkommen.

»Sag ihr, sie soll schnell ihre Sachen packen«, sagt Gail.

»Sie ist nicht da.«

»Wo ist sie denn?«

»Sie ist gestern abend nicht nach Hause gekommen.«

»Weißt du, wo sie hingegangen ist?«

»Sie könnte bei ihrer Freundin in Soweto sein oder bei einem ihrer Verehrer.«

»O mein Gott. Was soll ich jetzt bloß mit dem Ticket machen? Sie zahlen einem das Geld nicht zurück.«

»Ich werde sofort Tante Bushy Bescheid sagen«, schlage ich vor. »Vielleicht weiß sie, wo wir Fikile finden.«

Eine halbe Stunde später meldet sich Gail wieder.

»Du wirst nicht glauben, was gerade passiert ist«, sagt sie ganz aufgeregt. »Ich habe Fikile zufällig getroffen.«

»Wo denn?«

»In Sandton City, als ich die Tickets abgeholt habe. Ich habe ihr die Neuigkeit gleich berichtet, und sie ist mir vor Freude um den Hals gefallen und hat gar nicht mehr aufgehört, Luftsprünge zu machen.«

»Wo ist sie jetzt?«

»Auf dem Weg nach Hause. Ich habe ihr gesagt, sie soll zur Alexandra High-School fahren, um sich Zeugniskopien zu besorgen. Ihr braucht auch beide eure Impfpässe.«

Daß ich mit Sibusiso nach Amerika gehe, habe ich Sabelo lediglich aus dem Grund gesagt, damit er sich von seinem Sohn verabschieden kann. Er fragt, ob er uns zum Flughafen begleiten darf.

»Ich halte das nicht gerade für eine besonders gute Idee. Du kannst dich hier von ihm verabschieden.«

»Ich möchte Sibusiso etwas Geld für die Reise geben«, erklärt er, »aber ich kann jetzt nicht zur Bank gehen.«

»Okay«, sage ich.

Am nächsten Tag begleitet uns Sabelo zum Flughafen. Wie immer fährt Linda uns großzügigerweise in seinem Kleinbus. Es fließen viele Tränen, als wir uns am Flughafen trennen müssen. Sabelo nimmt Sibusiso beiseite, und sie reden eine Weile miteinander. Ich weiß, daß ich Sabelo nicht wiedersehen werde, dennoch will ich meinen Sohn aus der Sache raushalten. Also lasse ich die beiden in Ruhe sprechen.

Als die Passagiere des Flugs nach New York aufgefordert werden, an Bord zu gehen, möchte Sabelo mit mir unter vier Augen sprechen.

»Paß auf dich auf«, flüstert er, »und schreib mir bitte.«

Ich sage nichts.

»Ich weiß, daß ich dir sehr weh getan habe«, sagt er dann, »aber ich bin bereit, mich zu ändern.«

Am liebsten würde ich ihn beschimpfen und ihn an all seine Freundinnen erinnern, zum Beispiel an die eine, die von ihm schwanger wurde und eine Fehlgeburt hatte, oder an diejenige, die gerade ein Kind von ihm bekommen hat. Aber ich sage kein Wort. Es lohnt sich nicht. Ich bin nicht verbittert. Er tut mir nur leid. Sabelo langt in seine Hosentasche und bringt zwei Rand zum Vorschein. »Ich hatte versprochen, dir fünfhundert Rand für Sibusiso zu geben«, sagt er. »Aber ich hab's mir anders überlegt.«

Ich starre ihn ungläubig an. »Wieso hast du es dir anders überlegt?«.

»Man hat mir erzählt, daß dein Bruder in Amerika ein reicher Mann ist«, erwidert er.

Einen Augenblick lang glaube ich, er scherzt. Aber er meint es ernst. Er glaubt allen Ernstes, daß Johannes, der sich Geld leihen mußte, um Sibusisos Flugticket zu bezahlen, Geld in Hülle und Fülle hat. In diesem Moment wird mir endgültig klar, daß ich recht hatte: Sabelo und ich haben keine gemeinsame Zukunft. Daher sage ich nur: »Paß auf dich auf. Ich werde Sibusiso bitten, dir zu schreiben.«

Dann nehme ich meinen Sohn auf den Arm. Zusammen mit Fikile und Gail gehen wir durch die Paßkontrolle. Ich frage mich, was uns in Amerika erwartet. Aber was immer es sein mag, es kann nicht schlimmer sein als das schwere Leben, das ich hinter mir lasse.

Epilog

Ich lebe jetzt seit acht Jahren in Amerika und erinnere mich wie heute an die erwartungsvollen Gesichter von Johannes' Kindern, die mich damals am Flughafen mit einem strahlenden Lächeln empfangen haben. Die erste Zeit in dem fremden Land ist mir sehr schwer gefallen. Sibusiso hat viel schneller Freundschaft mit Gleichaltrigen seiner neuen Schule geschlossen. Er hat ohne Probleme Englisch gelernt, und es kommt heute noch vor, daß ich ihn ab und zu nach der Bedeutung des einen oder anderen Wortes frage. Aber die Sprache ist nicht das einzige, was mir am Anfang Schwierigkeiten gemacht hat. Ich hatte in der Schule eine gründliche Ausbildung in Hauswirtschaft, konnte nähen, kochen und wußte auch einiges darüber, wie man einen Garten pflegt. Wovon ich so gut wie nichts wußte, waren Fächer wie Weltgeschichte, Naturwissenschaften, Politik, Soziologie und Psychologie. Als ich mit knapp vierundzwanzig Jahren nach Amerika kam, hörte ich zum ersten Mal von Hitler, dem Holocaust und der Sklaverei in Amerika. Daß die Schwarzen auch in diesem Land lange Zeit unterdrückt worden sind, hat mein Bild von Amerika erschüttert und gründlich korrigiert.

Mark und seine Frau Gail haben mich und Sibusiso in den ersten Jahren nach allen Kräften unterstützt. Als alleinerziehende Mutter mußte ich meine Zeit für eine eigene weiterführende Schulbildung gut einteilen. Gail hat mir immer wieder Mut gemacht. Trotzdem hatte ich am Tag der Einschreibung weiche Knie. Was, wenn ich die zwei Jahre bis zum Abschluß nicht durchhalten würde?

Im Herbst 1993 wurde ich in die elfte Klasse der East Forsythe High-School in Winston-Salim, North Carolina, eingestuft. Ich fand es hart, wieder die Schulbank zu drücken, zumal ich als Vierundzwanzigjährige zwischen lauter Teenagern saß. In den ersten Monaten fürchtete ich mich jeden Tag davor, ausgelacht zu werden, die Schule wieder verlassen zu müssen, weil ich schon zu alt war. Die Tatsache, daß ich bereits einen siebenjährigen Sohn hatte, verschwieg ich geflissentlich.

Zunächst hatte ich auch große Probleme, dem Unterricht zu folgen. Die Lehrer sprachen Englisch mit einem mir unverständlichen Akzent, und vieles von dem, was ich lernen sollte, setzte Dinge voraus, die man uns in Afrika nie beigebracht hatte. Meine Mitschüler konnten es gar nicht fassen, wie ernst ich die Ausbildung in der Schule nahm; für sie waren Partys und Football das ganze Leben. Manchmal hätte ich mir gewünscht, ihnen von meiner schweren Vergangenheit in Afrika erzählen zu können. Oft fühlte ich mich fremd und einsam, und mehr als einmal war ich kurz davor, alles aufzugeben und in meine Heimat zurückzukehren. Zu meiner Familie, zu meinen Freundinnen.

In meinen Träumen nimmt seitdem ein anderes Bild von Afrika Gestalt an. Ich sehe die farbenprächtigen Gärten von Venda vor mir, die hügelige Landschaft und die bunten Hütten mit ihren Palmblattdächern, die in der Sonne glänzen. Selbst die Erinnerung an die Abende in unserer ärmlichen Hütte in Alexandra, wenn die ganze Familie um die sanft glusende *Mbawula* versammelt war, läßt mich ganz wehmütig werden.

Tief in meinem Herzen weiß ich, daß ich zu den Menschen in Alexandra gehöre. Sie sind ein Teil von mir, anders als die Menschen in Venda. Wir haben so viel zusammen durchgemacht, so viel Trauer und Schmerz. Und haben Leid und Freude miteinander geteilt. Die unbeschwerten und fröhlichen Stunden mit meinen Freundinnen fehlen mir sehr. Hier in Amerika haben die Menschen nicht so viel Zeit füreinander, sie sind viel nüchterner und haben kein Vertrauen in das Wissen ihrer Ahnen. Mich hat der Schutz der Geister nie verlassen, Mamahulus Amulett, der Armreif aus Kupfer, gibt mir täglich neue Kraft. Manchmal fühle ich mich wie eine alte afrikanische Jakaranda, die allmählich wieder ihre Wurzeln ausstreckt. Es wird sicher noch viel Zeit vergehen, bis ich hier zu Hause bin. Und ich weiß jetzt: Mein Herz bleibt für immer in Afrika.

Kadiatou Diallo

Mein afrikanischer Himmel

Eine Muslimin befreit sich vcn den Fesseln ihrer Familie

ISBN 978-3-548-36863-4
www.ullstein-buchverlage.de

Als die 13-jährige Kadiatou mit einem doppelt so alten Mann verheiratet wird, ahnt sie nicht, welche Qualen ihr in der Ehe bevorstehen. Aufgewachsen in der strengmuslimischen Kultur Guineas, glaubt sie lange Zeit, sich in das Schicksal einer unmündigen Muslima fügen zu müssen. Doch eines Tages ist sie stark genug, für sich und ihre Kinder zu kämpfen. Sie erwirkt die Scheidung – ihr Leben scheint eine hoffnungsvolle Wendung zu nehmen. Doch wie sich bald herausstellt, muss sie für ihre neugewonnene Freiheit einen hohen Preis bezahlen …

US234

ullstein

Immaculée Ilibagiza

Aschenblüte

Ich wurde gerettet, damit ich erzählen kann

Mit zahlreichen Abbildungen

ISBN 978-3-548-36981-5
www.ullstein-buchverlage.de

»Ich hörte sie meinen Namen brüllen. Meine früheren Freunde und Nachbarn – jetzt liefen sie mit Macheten durchs Haus und suchten nach mir …«
In einem winzigen Versteck überlebt Immaculée Ilibagiza den Völkermord in Ruanda. Mit Hilfe ihres Glaubens gelingt es ihr, die Angst vor Entdeckung und das Grauen der Massaker zu ertragen – aber auch, den Mördern ihrer Familie zu verzeihen und ein neues Leben zu beginnen.

»Ein kostbarer Beitrag zu einer Literatur, die versucht, den Untiefen menschlicher Verkommenheit ein Stück Hoffnung entgegenzusetzen.« *Publishers Weekly*

US276

ullstein

Waris Dirie

Brief an meine Mutter

Mit zahlreichen Abbildungen

ISBN 978-3-548-37219-8
www.ullstein-buchverlage.de

Wien, im Herbst: Nach zehn Jahren der Trennung holt Waris Dirie ihre Mutter aus Afrika zu sich. Doch die anfängliche Freude über das Wiedersehen schlägt bald um in gegenseitige Vorwürfe und Missverständnisse. Waris muss erkennen, wie groß der Graben zwischen ihr und der Mutter immer noch ist und wie eng Leid und Liebe verkettet sind. Sie beschließt, der Mutter nach deren Abreise einen langen Brief zu schreiben, in dem sie ihr auch von einem Geheimnis erzählen will, das sie bislang niemandem anvertraut hat.

»Mein intimstes Buch« *Waris Dirie*

»In ihrem neuen Buch spricht die Somalierin offen über seelische Wunden – und die Sehnsucht, sich ihrer Mutter wieder nahe zu fühlen.« *Freundin*

ullstein

US297